보험절세모음.ZIP 개인편 정오표

2025.6.30. 소득세법 시행령 제25조 개정사항 반영

1. 38p 표 「저축성보험 비과세 규정 연혁」 내용 추가
   ➡ 2025.7.1. 이후: 보장성보험 감액분 연금형태로 수령시 저축성보험 비과세한도 포함
   1. 월적립식 한도(150만원)에 추가
   2. 1호 요건 불충분시 일시납 한도(1억 또는 2억원)에 추가

2. 38p 그림 「한눈에 보는~~변천사」 내용 추가(화살표 부분)
   ➡ 2025.7.1. 보장성보험 감액분 연금수령시 저축성보험 한도 포함

3. 49p 표 「보험료 증액~~저축성보험으로 변경시 비과세 기준」 내용 추가 '변경 시점 기준 10년이상 유지 조건 재계산'
   ➡ 변경 시점 기준 10년이상 유지 조건 재계산
   단, 2025.7.1 이후 계약한 보장성보험의 감액분을 연금형태로 수령함에 따른 저축성보험 변경일 경우에는, 다음 각 호의 요건을 충족할 시 10년유지 기산일을 최초 계약일로 한다.
   1. 기존의 보장성보험계약이 피보험자의 사망·질병·부상 또는 그 밖의 신체상의 상해를 보험금의 지급 사유로 하는 월적립식 보험계약으로서 보험금이 9억원 이하일 것
   2. 최초연금지급일 전에 보험료 납입이 완료되었을 것
   3. 계약변경에 따른 저축성보험계약의 계약자, 피보험자 및 수익자가 같은 사람일 것
   4. 계약자가 55세 이후부터 보험금감액분을 연금형태로 분할하여 지급받을 것

4. 49p 「보험료 증액~~저축성보험으로 변경시 비과세 기준」 하단 그림 부분 내용 추가(화살표)
   ➡ 2025.7.1. 보장성보험 감액분 연금수령시 저축성보험 한도 포함

5. 57p 「관련 법규」 조항 중 소득세법(제9조) (이자소득) 제1항9호
   ➡ 소득세법(**제16조**) (이자소득) 제1항9호

6. 60p 「관련 법규」 조항 중 소득세법(제9조) (이자소득) 제1항9호
   ➡ 소득세법(**제16조**) (이자소득) 제1항9호

7. 69p 보장성보험의 연금전환시(단, 2013.2.15. 이후 저축성보험으로 변경시 10년 유지 기산일 : 변경 시점)
   ➡ (단, 2013.2.15. 이후 저축성보험으로 변경시 10년 유지 기산일 : 변경 시점)
   단, 2025.7.1. 이후 계약한 보장성보험의 감액분을 연금형태로 수령함에 따른 저축성보험 변경일 경우에는, 다음 각 호의 요건을 충족할 시 10년유지 기산일을 최초 계약일로 한다.
   1. 기존의 보장성보험계약이 피보험자의 사망·질병·부상 또는 그 밖의 신체상의 상해를 보험금의 지급 사유로 하는 월적립식 보험계약으로서 보험금이 9억원 이하일 것

2. 최초연금지급일 전에 보험료 납입이 완료되었을 것
   3. 계약변경에 따른 저축성보험계약의 계약자, 피보험자 및 수익자가 같은 사람일 것
   4. 계약자가 55세 이후부터 보험금감액분을 연금형태로 분할하여 지급받을 것)

8. 69p 「사례 예시」 그림 부분 내용 추가(화살표 부분)
   ➡ 2025.7.1. 보장성보험 감액분 연금수령시 저축성보험 한도 포함

9. 74p A 비과세.
   종신보험의 생활자금은 연금보험과 달리 보험가입금액(사망보험금) 일부를 대신 지급합니다. 보장성보험의 성격을 계속 유지하므로, 과세 제외됩니다.
   ➡ A 비과세.
   종신보험의 생활자금은 연금보험과 달리 보험가입금액(사망보험금) 일부를 대신 지급합니다. 보장성보험의 성격을 계속 유지하므로, 과세 제외됩니다
   단, 2025.7.1. 이후 계약한 보장성보험의 경우에는 사망보험금의 감액분에 해당하는 보험료 계산 금액에 대해서는 저축성보험으로 보고, 기존 저축성보험의 비과세 한도에 포함하여 비과세 여부를 판단합니다.
   ※ 보장성보험 생활자금의 저축성보험에 해당하는 보험료 계산식 [소득세법 시행규칙 제12조의2(저축성보험의 보험료 합계액 계산 등)]

$$\text{계약변경 전에 납입한 보장성보험계약의 보험료} \times \frac{\text{기존의 보장성보험계약의 보험금 감액분에 상당하는 금액}}{\text{기존의 보장성보험계약의 보험금}}$$

10. 75p 표 「종신보험의생활자금 vs 연금전환 비교」 내용 추가
    ➡ 보장성보험에 준함 (단, 2025.7.1. 이후 가입 계약은 저축성보험에 준함)

11. 75p 본문 중 '따라서, 종신보험의 연금전환과는 다르게 저축성보험의 조건과는 상관없이 보장성 보험의 비과세 요건에 해당하여 과세 제외됩니다.'
    ➡ 따라서, 종신보험의 연금전환과는 다르게 2025.7.1. 전에 가입한 계약에 대해서는 저축성보험의 조건과는 상관없이 보장성 보험의 비과세 요건에 해당하여 과세 제외되지만, 이후에 가입한 계약에 대해서는 감액분에 해당하는 보험료는 저축성보험으로 보기 때문에 유의하셔야 합니다.

12. 75p 「관련 법규」 조항 중 소득세법시행령(제25조) (저축성보험의 보험차익) 제1항
    ➡ - 소득세법시행령(제25조) (저축성보험의 보험차익) 제9항
       - 소득세법시행규칙(제12조의2) (저축성보험의 보험료 합계액 계산 등) 제4항

13. 172p 「노란우산공제의 혜택」 중 '사업소득이 4,000만원 이하인 개인사업자는 연간 최대 500만원을 공제받을 수 있습니다. 그리고 사업소득이 4,000만원 초과 1억원 이하이면'
    ➡ **소득금액**이 4,000만원 이하인 개인사업자는 연간 최대 500만원을 공제받을 수 있습니다. 그리고 **소득금액**이 4,000만원 초과 1억원 이하이면

2025 개정세법 반영 | 개인편

보험
절세
모음.zip

2025 개정세법 반영 | 개인편

보험 Agent, FP, PB, WM를 위한 보험세금 실무 지침서

보험절세모음.zip

메트라이프생명 노블리치센터 솔루션랩

엮은이 조미정 | 지은이 조영호·조하림·김대근·고경남·고재현·김인태·신일환·안종현·이은철·최은주

맑은샘

일러두기

이 책은 보험 세금에 관한 정보를 제공할 목적으로 제작되었습니다. 2025년 개정세법 및 관련 판례를 반영하였으며, 내용의 정확성과 공정성을 위해 경험 있는 전문가들이 다각도로 검토하였습니다. 그러나 개인이 가진 다양한 요인에 따라 과세결과가 다르게 나타날 수 있으므로, 실제로 적용할 경우에는 충분히 검토하고 저자 또는 전문가와 상의하시기 바랍니다. 개별성에 대한 고려와 충분한 검토 없이 진행된 적용 결과에 대해 저자와 출판사는 법적 책임이 없으며, 이 도서는 메트라이프생명과 직접적인 관련이 없습니다.

머리말

펴내며

20년, 보험과 절세를 위한 컨설팅의 생생한 경험을 담아

매년 7천 건이 넘는 컨설팅을 진행하며 얻은 깨달음은, 우리는 고객의 자산을 불리는 사람이 아니라 지키는 사람이라는 겁니다. 고객이 일구어 온 소중한 자산을 온전히 지키도록 돕는 일, 그중에서도 합법적이며 정당한 방법으로 세금을 줄일 방법을 찾는 것은 늘 우선순위의 앞줄을 차지해 왔습니다. 이 책은 노블리치센터가 쌓은 20년간의 절세 노하우를 현장에 계신 보험 설계사들과 나누기 위해 제작되었습니다. 특히 현장에서 가장 궁금해하고 필요로 하는 '보험을 활용한 절세 방법'에 대해 집중적으로 다루었습니다.

보험업계의 현장 종사자들에게 도움이 되도록 정확한 최신 정보를 더 쉽게, 더 편하게

그동안 보험과 관련한 세법이 여러 차례 개정되면서, 업계 종사자조차 그 내용을 정확하게 알지 못하는 경우가 종종 있어 왔습니다. 보험회사의 직원, 고객, 그리고 직접 보험 상품을 설명하고 판매하는 설계사들까지, 다양한 관계자들에게 매일 보험 세금과 관련한 비슷한 문의를 수없이 받으며, 보험세금에 대한 종합적이고도 구체적인 정리가 필요함을 느꼈습니다.

답변을 듣기 위해 여기저기 헤매지 않게, 필요한 내용을 언제든지 찾아볼 수 있게 정리하는 것만으로도 현장의 어려움을 조금은 덜 수 있지 않을까, 그런 욕심으로『보험절세모음.zip』은 출발하였습니다.

보험 판매 실무를 담당하는 설계사들이 꼭 알아야 할 '보험 관련 세금과 활용법'을 총망라하여 한 군데 모았습니다. 특히 세금이라는, 다소 어려운 주제를 최대한 쉽게 이해하고 고객과의 상담에서 필요할 때마다 손쉽게 찾아볼 수 있도록, 현장에서 가장 잦은 질문들을 모아 정리하였습니다.

개인편 / 법인편 2권으로 보험을 활용한 절세 방안을 망라한 실무백과사전

1권 개인편에서는 보험을 활용한 종합소득세와 상속증여 절세 방안을 다루었으며 2권 법인편에서는 법인에서 보험을 활용하는 다양한 방법을 정리하였습니다.

초보자도 부담 없이 접근할 수 있도록 쉽게, 하지만 그 안에는 수만 건의 실전 컨설팅 결과와 세무, 금융, 투자 전문가들의 논의와 검토를 거친 결과들을 정리하여 신뢰도를 높였습니다.

우리는 이 책이 세금 전문 서적이 아니라 보험 설계사를 위한 현장 활용 서적이 되기를 바랍니다. 보험과 관련한 세금, 보험을 활용한 절세 방법의 실무백과로 자리매김하였으면 합니다. 무엇보다 보험업계 현장의 설계사분들이 보험 전문가로 성장하는 길에, 한 걸음의 진보를 이루는 밑거름이 되기를 희망합니다.

추 천 사

전문가들의 몫과 역할을 보여준 책!
현장에 꼭 필요한 보험세금 지침서

2005년 외국계 보험사 최초로 VIP 전담 자산관리 센터인 노블리치센터를 설립한 지 어느덧 20년이 되었습니다. 한 생명이 태어나 어엿한 성인으로 자랄 만큼 충분한 시간입니다. VIP 자산관리에 쏟은 애정과 세월만큼 우리에게는 고객의 이야기가 쌓였습니다. 통산 7만여 건의 상담경험, 그 단단하게 축적된 노하우와 전문성을 나누기 위해 2021년, 노블리치센터 산하에 솔루션연구소를 설립하였습니다. 그 설립 취지에 걸맞은 결과물을 오늘, 한 권의 책으로 선보이게 돼 기쁘게 생각합니다.

보험은 계약자가 누구인가, 실제 보험의 이익과 혜택을 누가 누리는가, 실제 보험료를 납입한 사람은 누구인가와 같은 쟁점에 따라 서로 세금을 부과하는 기준이 달라지게 되는 상품입니다. 그리고 보험료를 납입하는 시기와 보험 혜택을 보는 시기가 동일하지 않아, 언제를 기준으로 세금을 부과해야 하는지도 살펴봐야 합니다. 또한 그동안 보험과 관련한 세법이 수차례 개정되어, 시기별로 서로 다른 기준이 적용되기도 합니다.

보험세무는 다양한 쟁점이 존재하는 만큼 고객의 상황에 따라 정확한 정보를 전달

하는 데에 어려움이 있었던 것도 사실입니다. 현장 종사자들에게 이 책이 꼭 필요하며 도움이 될 것이라 믿어 의심치 않습니다.

제가 읽은 결과, 『보험절세모음.zip』은 크게 두 가지의 장점을 갖고 있습니다.

첫째, 보험세무와 관련한 궁금증을 한 권으로 모두 해결할 수 있다는 점입니다. 더 이상 여기저기 자료를 뒤적이며 정확한 사실을 파악하기 위해 고생할 필요가 없다는 것만으로도 가치가 있습니다.

둘째, 고객을 만나고 컨설팅해야 하는 보험 설계사의 필요와 눈높이에 맞춰져 있다는 점입니다. 흔한 이론서가 아니라 상담 현장의 실무 지침서로 활용하기에 부족함이 없습니다. 책의 저자들이 가진 풍부한 현장 경험이 뒷받침되었기에 가능한 일이었을 겁니다.

설계사분들이 보험의 혜택뿐 아니라 고객에게 세금을 절약하는 정확하고도 다양한 방안을 제안하는 전문가로 성장하는 길에, 이 책이 도움이 되기를 바랍니다.

끝으로 현실에 안주하지 않고 도전하며 진취적인 상품과 서비스로 시장을 개척해 온 메트라이프생명의 저력과 참된 전문가의 힘을 보여준 솔루션연구소 위원 여러분께 감사의 말을 전합니다.

송영록 메트라이프생명 CEO

차
례

머리말	펴내며	005
추천사	전문가들의 몫과 역할을 보여준 책! 현장에 꼭 필요한 보험세금 지침서	007
인트로	놀라운 보험과 세금의 세계(보험 활용 절세 사례)	014

PART 1 소득세 줄이기 - '보험차익의 소득세 비과세' 활용하기

01 금융소득 세금 알기 021
(1) 금융소득이 2천만 원을 넘으면 종합과세대상자가 됩니다 021
(2) 금융소득종합과세 대상자는 세금이 무섭다 : 당신이 내는 종합소득세는 얼마? 024

02 보험 세금 알기 028
(1) 보험에는 어떤 세금이 매겨질까요? 028
(2) 비과세 되는 보험을 활용하세요 [저축성보험 비과세 요건, 완벽 정리] 031
★ 저축성보험 비과세 점검표 036
(3) 세월과 세금은 거슬러 흐르지 않는다 [보험 비과세 혜택은 어떻게 축소되어 왔는가?] 037

03 FAQ. 보험 비과세, 그것이 궁금하다 [상담하면 꼭 나오는 질문 17가지] 039
(1) 월납입 보험료의 비과세 한도는 어떻게 계산할까요? [월 150만원 한도] 039
(2) 보험이 여러 개면 비과세 대상을 선택할 수 있을까요? 041
(3) 특약보험료는 비과세 한도에 포함될까요? 046
(4) 보험료를 증액하면 비과세 한도에 포함될까요? 047
(5) 일시납 보험의 비과세 한도는 어떻게 계산할까요? 051
(6) 추가납입 해도 비과세 될까요? [저축성 보험의 추가납입과 중도인출] 054

(7) 종신형연금에서 중도인출 해도 비과세 될까요?
　　　　[종신형 연금보험의 추가납입과 중도인출] 058
　　(8) 보험계약자를 변경해도 계속 비과세 될까요? 061
　　(9) 보험을 연금으로 받으면 모두 비과세 될까요? [연금전환특약 활용시 비과세 요건] 068
　　(10) 종신형연금을 받을 때 100세 보증으로 해도 비과세 될까요?
　　　　[종신형연금의 지급보증기간] 070
　　(11) 사망보험금 대신 월생활비를 받아도 비과세 될까요? [생활비지급형 종신보험] 073
　　(12) 종신보험을 저축성보험으로 전환해도 비과세 될까요? [전환형 종신보험] ... 076
　　(13) 종신보험에 추가납입 해도 비과세 될까요? 078
　　(14) 법인계약도 10년 이상 유지하면 비과세 될까요? 081
　　(15) 법인계약을 대표이사의 퇴직금으로 받으면 비과세 될까요? [저축성보험의 경우] 083
　　(16) 법인계약을 대표이사의 퇴직금으로 받으면 비과세 될까요? [종신형 연금보험의 경우] 085
　　(17) 법인계약을 대표이사의 퇴직금으로 받으면 비과세 될까요?
　　　　[종신보험 사망보험금을 받을 경우] 087

04 보험 비과세 혜택, 이렇게 활용하세요 – 저축성보험 비과세를 활용한 고객 제안법 088
　　(1) 저축성보험을 활용한 고객 제안법 088
　　(2) 연금보험을 활용한 고객 제안법 092

PART 2 보험 외 다른 금융상품 활용하기

01 금융상품별 세금과 절세 방법 완벽 정리 098
　　(1) 금융상품과 세금 098
　　(2) 주식과 채권, 직접투자상품의 세금 099
　　(3) 펀드, ETF 등 간접투자상품의 세금 101
　　(4) 절세 가능한 투자상품 총정리 103
　　(5) 금융자산, 어디에 얼마나 넣는 게 좋을까요? 104
　　(6) 금융 고소득자, 상품선택만 잘해도 세금 반은 줄어든다 [금융 절세 컨설팅 사례] 108

PART 3 보험으로 세액공제

01 당신의 노후를 결정할 연금상식 점수는? — 116
- ★ 연금 상식 진단 테스트 — 117

02 모을 때부터 절세 되는 3층 보장 연금, 어떤 것들이 있을까요? — 122
- (1) 세액공제 되는 연금과 안 되는 연금, 어떤 게 유리할까요? — 122
- (2) 세액공제 되는 퇴직연금, 개인형 IRP를 활용하세요 — 125
- (3) 연금계좌와 세액공제, 한도까지 욕심 내세요 — 127
- (4) 비과세 종합통장 ISA 시대가 온다 — 129

03 연금을 적립하는 중에도 세금이 있을까요? — 133
- (1) 연금계좌에서 발생하는 금융소득, 세금은 언제 낼까요? — 133
- (2) 세제혜택을 받았던 연금계좌, 중도해약해도 괜찮을까요? — 135
- (3) 연금보험 납입 중 해약이나 인출해도 비과세 될까요? — 139

04 연금을 받을 때도 세금이 있을까요? — 144
- (1) 국민연금의 노령연금을 받을 때도 세금을 내나요? — 144
- (2) 퇴직급여를 일시금으로 받으면 세금을 얼마나 내나요? — 147
- (3) 퇴직급여, 일시금과 연금 중 어떤 게 유리한가요? — 150
- (4) 연금계좌 적립금을 효과적으로 인출하는 방법이 있을까요? — 153
- (5) 연금보험에서 연금을 받으면 비과세 되나요? — 155

05 연금을 상속·증여받을 때 세금은 어떻게 낼까요? — 160
- (1) 국민연금에서 유족연금을 받을 때도 세금을 내나요? — 160
- (2) 연금저축, 가입자가 사망하면 해약해야 할까요? — 163
- (3) 연금보험을 자녀에게 증여하거나 상속할 수도 있나요?
  - [연금보험 증여·상속시 평가 방법] — 165

06 보장성보험, 잘못하면 세액공제를 못 받을 수도 있다고요? — 167
- (1) 보장성보험이라고 해서 무조건 세액공제를 받는 건 아니라고요? — 167
- (2) 맞벌이 부부, 보험가입 방법에 따라 세액공제 여부가 달라진다?
  - [맞벌이 부부의 보장성보험 세액공제] — 169

07 개인사업자도 가입한 보험에 대해 비용처리 받을 수 있을까?	170
(1) 개인사업자가 종업원을 위해 가입한 보험의 보험료는 비용처리가 가능할까요?	170
(2) 기타 개인사업자의 보험 활용 방법 [노란우산공제]	172

PART 4 상속·증여에서 보험 활용하기

01 상속세는 남의 일? 알고 보니 나의 일! : 상속세와 증여세, 나와 상관있을까요?	178
02 상속·증여, 이 정도는 알아야 절세한다	181
(1) 상속세와 증여세, 같은 듯 다른 듯 서로 닮은 둘	181
(2) 증여세, 어떻게 계산할까요?	183
(3) 상속세, 어떻게 계산할까요?	184
(4) 증여세, 어떻게 줄일 수 있을까요?	186
(5) 상속세, 어떻게 줄일 수 있을까요?	189
03 증여에서 보험 활용하기	192
(1) 미래의 증여, 보험으로 지금 실행하세요 [보험금의 증여신고시기]	192
(2) 장애인에게 증여하고 싶다면 보험을 활용하세요	193
(3) 증여받은 돈으로 보험료를 납부하면 증여세를 안 내도 될까요?	194
(4) 계약자를 변경하면 증여세를 내야 할까요?	196
04 상속에서 보험 활용하기	198
(1) 사망보험금도 상속세를 내야 할까요?	198
(2) 사망시 수익자를 지정하면 사망보험금을 상속인 중 한 명에게만 줄 수도 있을까요?	200
(3) 빚 때문에 상속포기 해도 사망보험금은 상속인이 받을 수 있을까요?	202
(4) 상속세, 더 이상 부자들만의 세금이 아닙니다 [상속세 재원 마련은 종신보험을 활용하세요]	203
05 알아두면 세금이 줄어드는 보험종류별 상속증여 활용법	206
(1) 연금보험으로 상속 증여세 줄이는 법 [정기금평가의 활용법]	206

(2) 손자녀에게 줄 때는 보험이 유리합니다 [3대 자산이전 플랜 설계법]   213

(3) 자녀가 종피보험자인 어린이 VUL(변액유니버셜보험) 상속증여 활용법   216

(4) 법인 종신보험을 활용한 개인 상속세 절세 설계법   220

(5) 법인 대표의 상속세는 법인 종신보험으로 준비하세요   223

(6) 종신보험이 유류분 반환청구 소송의 위험을 줄일 수 있을까요?   226

| 꼬리말 | 마무리 하며   229

인
트
로

놀라운 보험과 세금의 세계
(보험 활용 절세 사례)

보험은 살아가는 동안 느닷없이 맞닥뜨릴 수 있는 만약의 불행에 대비하는, 그 본연의 목적만으로도 충분히 가치로운 상품입니다. 아프거나 다쳤을 때 적어도 걱정 없이 치료에 전념할 수 있도록 도와주고, 나에게 불행이 닥쳐 어느 날 생을 마감하더라도 사랑하는 가족들이, 남겨진 이들이 다시 살아갈 경제적인 지원을 이어줍니다. 또 노후에 다달이 지급되는 연금은 든든한 여느 효자 못지않은 힘을 발휘합니다.

보험의 가치는 여기서 그치지 않습니다. 무심하게 지나치던 보험의 장점 중 '세금을 줄일 수 있는' 절세 효과는 생각보다 강력합니다. 중력이 한 방향으로 작용하듯 과세 정책 또한 일관되게 강화되어 왔습니다. 금융실명제에 이어 금융소득 종합과세가 강화되었고, 금융투자 소득세 신설 논의도 끊이지 않습니다. 이런 흐름 속에서 보험을 활용한 세금 혜택을 눈여겨보고, 합법적이고 정당한 절세 방안을 모색하는 것은 이제 선택이 아닌 필수가 되었습니다.

이 장에서는 세금 컨설팅에서 보험을 활용한 몇 가지 사례를 소개합니다. 에피타이

저처럼 가볍게 보험 절세의 맛을 느껴 보시기 바랍니다.

"같은 자산, 다른 세금" – 합법적이고 정당한 절세의 놀라운 세계

> **Q** 안보험 씨는 은퇴 후 부동산 임대소득으로 고정수입을 마련하기 위해 오피스텔을 구입하였습니다. 생활비 마련에 큰 도움을 받았지만 예상하지 못한 지출이 발생하여 고민입니다. 자녀의 피부양자로 등록하는 것이 불가하여 납부하지 않던 건강보험료를 납부하게 된 것입니다. 안보험 씨가 오피스텔 구입 전 세무 상담을 받았다면, 결과는 달라졌을까요?

오피스텔은 비교적 소액으로 취득할 수 있고 꾸준한 월세 수입을 기대할 수 있어 현금 흐름을 만들기 좋은 대표적인 투자처입니다. 다만, 은퇴 후 고정수입을 오피스텔에서 발생하는 월세로 마련할 계획이라면 그에 따른 추가 지출도 고려해야 합니다.

대다수의 은퇴 생활자는 자녀의 피부양자로 등록되어 건강보험료를 납부하지 않습니다. 하지만 은퇴 후에도 다른 사업소득이 있는 경우에는 피부양자 등록이 불가합니다. 지역가입자가 되어 재산 및 소득에 따른 건강보험료 납부 의무가 발생합니다.

시가 6억원 아파트 한 채를 보유하고 있고, 국민연금을 매달 100만원 수령하고 있는 은퇴 생활자가 오피스텔을 취득하고 월 80만원의 월세 수입이 발생했을 때 예상 건강보험료 부담 금액을 계산해봤습니다. 종전에는 피부양자여서 납부하지 않던 건강보험료가 오피스텔 취득 후 지역가입자로 전환되어 월 20만원가량 부과됩니다.

보험을 활용하면 추가 지출없이 은퇴 후 고정수입을 만들 수 있습니다. 오피스텔 구입자금으로 연금보험에 가입했다면, 매월 수령하는 연금으로 월세를 대신할 수 있습니다. 보험의 경우 납입한 보험료부터 인출하고 다음으로 보험차익이 인출됩니다. 따라서 수령한 연금액이 납입한 보험료를 초과하기 전까지는 수익이 발생하지 않습니다. 결국 고정적인 현금 흐름은 확보하면서 건강보험료 피부양자 자격도 유지할 수 있게 됩니다. 납입한 보험료를 초과하는 시점부터는 이자소득세가 부과되지만,

종신형 연금보험을 가입하는 경우에는 비과세가 가능하여 여전히 피부양자 자격을 유지할 수 있습니다.

 요약 정리
보험을 활용하는 경우 피부양자 자격을 유지할 수 있어, 건강보험료에 대한 부담을 줄일 수 있습니다.

"단지 보험에 가입했을 뿐" - 보험 절세의 효과

세금 컨설팅을 통해 절세 혜택을 받은 또 하나의 사례를 소개합니다.

> **Q** 김메트 씨는 본인 사망 시 발생할 상속세가 걱정입니다. 알고 지내던 보험 설계사와 상담 중 종신보험의 사망보험금으로 상속세 재원 마련이 가능하다는 얘기를 들었습니다. 본인이 피보험자로 된 종신보험을 가입하면 사망 시 상속인이 사망보험금을 받게 되고 그 금액으로 상속세를 납부하는 플랜입니다. 그런데, 보험을 가입할 때 보험 계약자와 수익자 지정 방법에 따라 세금이 크게 달라질 수 있다고 합니다. 김메트 씨의 보험, 어떻게 설계해야 가장 큰 절세 효과를 누릴 수 있을까요?

종신보험은 피보험자가 사망했을 때 사망보험금을 지급하는 보험입니다. 그리고 상속세를 납부해야 하는 시점도 바로 그때입니다. 세금 납부를 위해 필요한 목돈을 보험사로부터 받게 되는 구조입니다.

그래서 종신보험으로 상속세 재원을 마련하는 플랜은 인기가 높습니다.

사망보험금을 200% 활용하려면 사망보험금에 부과되는 상속세가 없어야 합니다. 만약 피보험자를 계약자로 하여 종신보험에 가입했다면 상속인이 받는 사망보험금도 상속재산가액에 포함되어 상속세 부담이 발생합니다.

김메트 씨는 세무 컨설팅 후 계약자를 부인으로 하고 피보험자를 본인으로 하는 종신보험을 가입하였습니다. 이 경우 사망 시 계약자인 부인이 수령하는 사망보험금은 상속재산이 아닌 부인의 재산에 해당하여 상속세가 부과되지 않아 상속세 절세가 가능합니다.

종신보험 10억원 가입시	종신보험 10억원 가입시
계약자 = 김메트 피보험자 = 김메트 수익자 = 상속인 (또는 배우자) 계약자인 김메트가 보험료 납입 **지급받은 사망보험금에 대한 상속세 5억 원**	계약자 = 배우자 피보험자 = 김메트 수익자 = 배우자 계약자인 배우자가 보험료 납입* **지급받은 사망보험금에 대한 상속세 0억 원**

상속세 과세표준 30억원 초과, 상속세율 50% 가정

지금의 선택이 미래의 세금을 결정합니다. 사전 세무 컨설팅을 통해 절세까지 고려한 최적의 선택을 하시기 바랍니다.

 요약정리

종신보험을 가입할 때 계약자, 피보험자, 수익자 설정 및 보험료 납입을 누가 할지 섬세하게 설계하여야 상속세 재원도 마련하고, 추가적인 세금 부담도 덜 수 있습니다.

※ 배우자가 소득이 있어 실제로 보험료를 납부하였을 경우

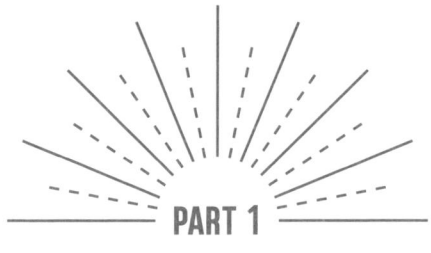

소득세 줄이기

'보험차익의 소득세 비과세' 활용하기

PART 1

옛말에 "돈은 벌어서 모이는 게 아니라 안 써야 모인다."는 말이 있습니다. 절약을 염두에 둔 격언이지만, 오늘날에는 소비를 조절하는 '아껴 쓰기' 외에 다른 덕목이 하나 더 필요합니다. 바로 '세금을 줄이는 것'입니다. 세금 중에서도 가장 민감한 분야는 '소득세'일 것입니다.

따라서, 이 장에서는 보험차익 비과세 요건을 활용해 소득세를 줄이는 방법부터 집중적으로 살펴보겠습니다.

그동안 저축성보험의 비과세 요건은 수차례의 세법개정을 거쳐 변경되어 왔습니다. 자칫 헷갈리기 쉬운 보험 관련 세금과 비과세 활용법을 살펴보고자 합니다. 그리고 보험세금에 관해 가장 빈도가 높았던 질문을 정리해 상세한 답변을 달아 두었습니다.

01 금융소득 세금 알기

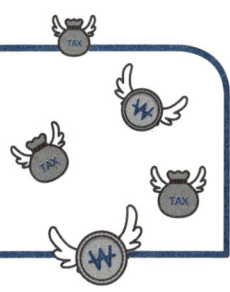

(1) 금융소득이 2천만원을 넘으면 종합과세대상자가 됩니다

Q 금융소득에는 어떤 세금이 매겨질까요?

보험 또한 금융상품 중 하나인 만큼, 보험세금을 알아보기 전에 먼저 금융소득에는 어떤 세금이 매겨지는지 알아보겠습니다.

예금, 적금, 보험 같은 금융상품은, 만기나 해약할 때 발생하는 이자 또는 배당에 대해 소득세를 납부해야 합니다. 이자소득세는 15.4%(지방소득세 포함)의 세율을 적용하여 계산합니다.

> **예시** 금융상품 가입 후 만기시 이자가 1,000만원일 때 소득세(지방소득세 포함)
> 1,000만원 × 15.4% = 154만원

다만 금융소득이 2천만원을 초과하는 경우 종합소득과 합산하여 소득세를 계산합니다. 이를 '금융소득종합과세'라고 합니다. 이때 2천만원을 초과하는 금융소득에 대해 15.4%보다 높은 종합소득세율이 적용되어 세금이 늘어날 수 있습니다.

금융소득종합과세란?
금융소득이란 이자소득과 배당소득을 말합니다. 금융소득종합과세는 개인별 연간 금융소득이 2천만원을 초과하는 경우, 다른 종합소득과 합산하여 세금을 계산하는 것을 의미합니다. 이 때 누진세율인 종합소득세율을 적용합니다.

Q 금융소득종합과세 되면 세금이 얼마나 달라질까요?

금융소득의 종합과세 방식은 다음과 같습니다.

2천만원 이하의 금융소득은 15.4%(지방소득세 포함)의 세율로 소득세를 납부하면 더 이상의 세금은 부과되지 않습니다. 금융기관에서는 대부분의 금융소득에 15.4%를 제외한 금액을 지급하고 해당 세금을 대신하여 납부합니다. 이를 원천징수라 합니다. 따라서 금융소득이 2천만원 이하인 경우 금융소득에 대해 신고를 하지 않아도 됩니다.

하지만, 2천만원을 초과하는 금융소득이라면, 다른 종합소득과 합산하여 소득이 발생한 다음 연도 5월 말일까지 종합소득세 합산 신고를 해야 합니다. 종합소득세 신고 시에는 최대 49.5%의 누진세율이 적용되기 때문에 소득이 클수록 더 많은 세금을 납부해야 합니다. 저축성보험의 보험차익도 이자소득에 해당하기 때문에 비과세 요건을 충족하지 못하고 2천만원을 초과한다면, 다음 연도 5월 말일까지 종합소득세 합산 신고를 해야 합니다.

금융소득종합과세 대상이 되면, 세금부담이 얼마나 늘어날까요? 다음 장에서 자세히 살펴보겠습니다.

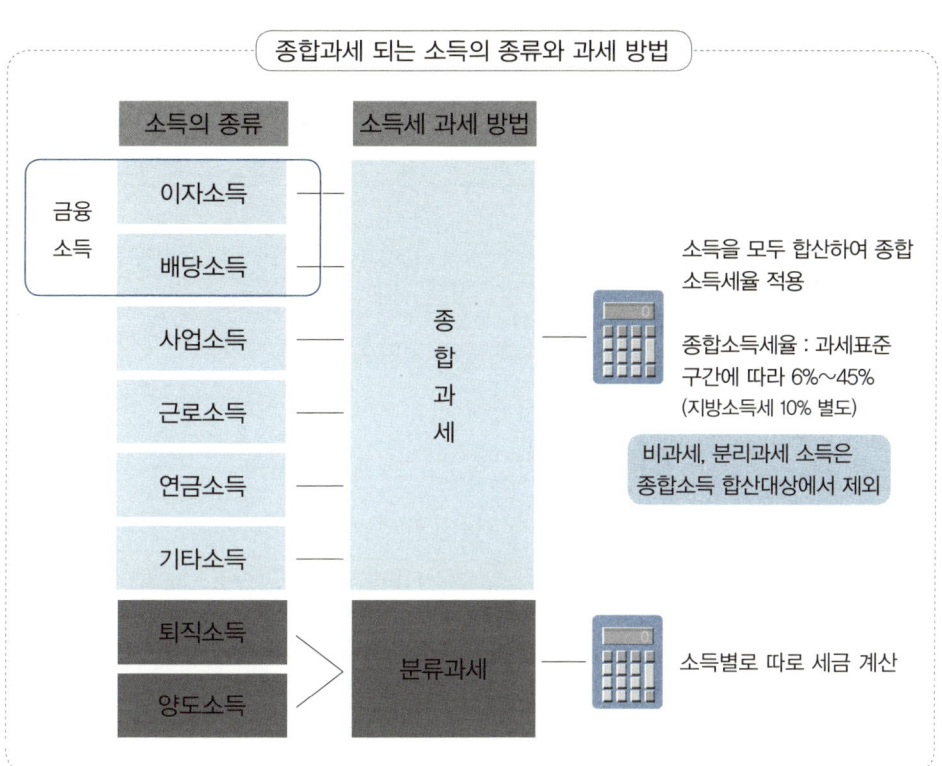

종합소득세 계산 구조와 세율

2023 개정세법 반영

	종합소득세 계산 구조	과세표준	세율	지방소득세 10% 포함시 세율
+	종합소득금액			
−	종합소득공제			
=	과세표준	1,400만원 이하	6%	6.6%
×	세율(누진세율) 6~45%	1,400만원 초과 ~ 5,000만원 이하	15%	16.5%
=	산출세액	5,000만원 초과 ~ 8,800만원 이하	24%	26.4%
−	세액공제·감면	8,800만원 초과 ~ 1.5억원 이하	35%	38.5%
=	결정세액	1.5억원 초과 ~ 3억원 이하	38%	41.8%
−	기납부세액	3억원 초과 ~ 5억원 이하	40%	44%
=	종합소득세 납부세액	5억원 초과 ~ 10억원 이하	42%	46.2%
+	지방소득세(10%)	10억원 초과 (2021년개정)~	45%	49.5%
=	총납부세액			

PART 1 소득세 줄이기 – '보험차익의 소득세 비과세' 활용하기

(2) 금융소득종합과세 대상자는 세금이 무섭다 : 당신이 내는 종합소득세는 얼마?

Q 금융소득종합과세 대상자가 되면 세금을 얼마나 더 많이 내야 할까요?

앞서 살펴본 것처럼 금융소득이 2천만원을 넘지 않으면 15.4%(지방소득세 포함)의 소득세율로 분리과세 한 후 종결되며, 2천만원을 초과할 경우에만 종합과세 됩니다. 금융소득종합과세 적용 방법은 다음 그림과 같습니다.

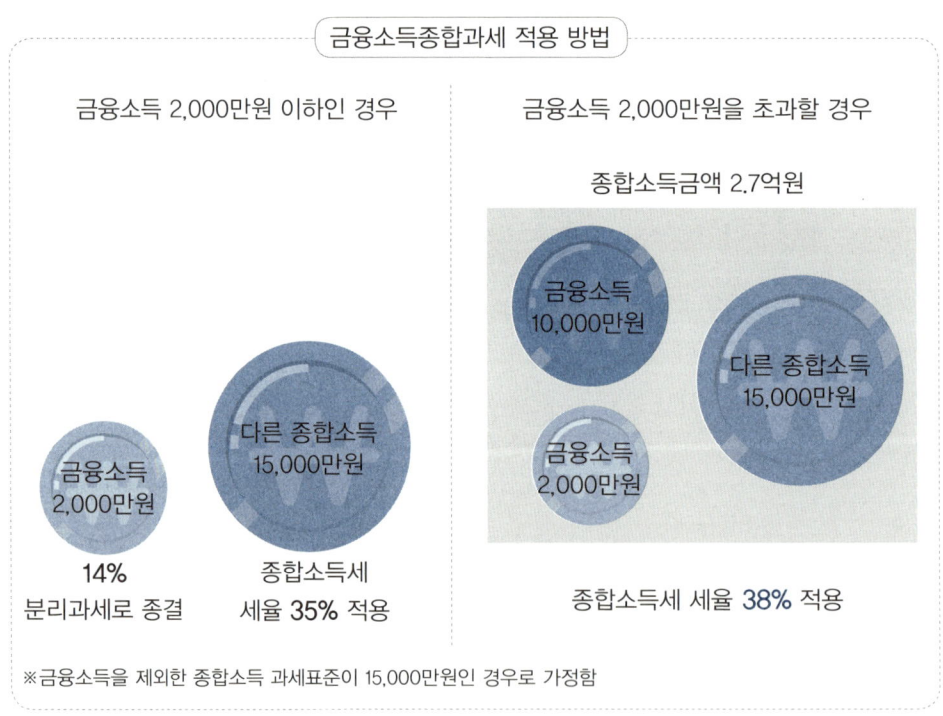

결국 적용되는 종합소득세율이 몇 %인가에 따라 세금부담도 달라지겠지요. 종합소득세율은 최고 45%로 소득이 많을수록 높은 세율을 적용받게 됩니다. 따라서 고액 연봉의 근로소득자, 고소득 자영업자, 부동산 임대소득이 많은 자산가처럼 사업소득이나 근로소득에서 이미 높은 소득세율을 적용받는 경우, 금융소득종합과세로 인한 추가 세금부담이 클 수밖에 없습니다.

앞 그림의 예시처럼 기존 종합소득세 과세표준이 1억5천만원인 사람의 금융소득이 1억2천만원이라면 14% 분리과세로 종결되는 금융소득 2천만원 외 나머지 1억원의 금융소득에 대한 종합소득세율은 38%.

1억원의 금융소득에 부과되는 세금이 무려 3,800만원, 지방소득세를 포함하면 4,180만원에 이릅니다. 2023 개정세법 반영

Q 금융소득이 어느 정도일 때 종합과세 대상이 되는지 알고 싶어요.

물론 금융소득종합과세에 해당한다고 해서 무조건 세금을 더 많이 내지는 않습니다. 전체 금융소득의 14% 이자소득세율로 원천징수한 금액이 금융소득종합과세 계산 시 세금보다 크다면 추가로 납부할 세금은 없습니다.

다음 사례처럼 세금을 실제 계산했을 때, 금융소득종합과세로 인해 추가적인 세금 부담이 늘어나는 것은 [사례3]의 경우입니다. 즉, 다른 종합과세대상 소득이 있는 경우, 금융소득종합과세에 대한 부담이 훨씬 커진다는 것을 알 수 있습니다.

사례1 ◇금융소득만 3천만원만 있을 때

세금종류	계산 방법	산출세액	추가납부세금
①금융소득 원천징수 세금	3천만원 × 14%	기납부 420만원	
②금융소득 종합과세 추가 세금	Max(ⓐ, ⓑ)		② − ① ≤ 0 이므로 없음
a. 일반산출세액	종합과세 대상(세율 6%)	331만원	
b. 비교산출세액	비교과세(세율 14%)	420만원	

사례2 ◇금융소득만 6천만원만 있을 때

세금종류	계산 방법	산출세액	추가납부세금
①금융소득 원천징수 세금	6천만원 × 14%	기납부 840만원	
②금융소득 종합과세 추가 세금	Max(ⓐ, ⓑ)		② − ① ≤ 0 이므로 없음
a. 일반산출세액	종합과세 대상(세율 15%)	731.5만원	
b. 비교산출세액	비교과세(세율 14%)	840만원	

사례3 ◇ 금융소득 3천만원 + 사업소득금액 5천만원 있을 때

세금종류	계산 방법	산출세액	추가납부세금
① 금융소득 원천징수 세금	3천만원 × 14%	기납부 420만원	② − ① = 681만원 > 0
② 금융소득 종합과세 추가 세금	Max(ⓐ, ⓑ)		
a. 일반산출세액	종합과세 대상(세율 24%)	1,108만원	금융소득종합과세로 인한 추가 납부 세금 681만원
b. 비교산출세액	비교과세(세율 14%)	1,021.5만원	

※ 사례1~3 (1) 기본공제 150만원 및 표준세액공제 7만원 가정 (2) 금융소득종합과세 계산시 배당세액공제는 고려하지 않음
※ 사례3 : 사업소득금액(5천만원)만 있을 때 납부세액 594만5천원

다른 종합과세대상 소득이 없고 금융소득만 있는 경우, 연간 8,190만원의 금융소득은 금융소득종합과세 대상자가 되더라도 추가 납부할 세금이 없다는 것을 알 수 있습니다. (기본공제 150만원, 표준세액공제 7만원 가정)

이 점을 활용하여 다른 소득이 없는 자녀나 배우자에게 증여할 때, 배당이나 이자소득을 연간 8,190만원 이내로 만드는 전략을 사용하기도 합니다.

금융소득종합과세 세금 계산 및 비교 `2023 개정세법 반영`

금융소득 8,190만원 (다른 종합소득 없음 / 기본공제 150만원 / 표준세액공제 7만원 가정)

A. 금융소득 원천징수 세금 = 8,190만원 × 14% = **1,146.6만원**
B. 금융소득 종합과세 세금
   ① 2천만원 이하 금융소득 : 2천만원 × 14% = 280만원
   ② 2천만원 초과 금융소득 : (6,190만원 − 150만원) × 세율 − 7만원 = 866.6만원
   ① + ② = 280만원 + 866.6만원 = **1,146.6만원**

A ≥ B 이므로 원천징수로 종결, 금융소득종합과세 추가부담 없음.

Q 금융소득종합과세를 피할 수 있는 방법이 있을까요?

금융소득종합과세 대상자가 되면 여러 가지 불편과 불이익을 감수해야 합니다.
앞서 살펴본 것처럼 세금부담이 늘어날 가능성이 매우 높습니다. 다른 종합소득이

많은 고소득자들은 특히 주의해야 합니다. 게다가 준 조세 성격을 띤 건강보험료까지 덩달아 높아질 수 있습니다.

따라서 금융소득종합과세 대상자가 되지 않도록 금융자산을 선택하고 전략을 세우는 일이 대단히 중요합니다.

금융소득종합과세를 피하는 절세 방법은 크게 3가지로 구분할 수 있습니다.

첫째, 비과세 및 분리과세 대상 금융상품을 적극 활용하는 겁니다.

대표적인 상품으로 10년 이상 유지하면 보험차익을 비과세 해 주는 저축성보험, 200만원까지 비과세하고 초과분은 9.9%로 분리과세 하는 개인종합자산관리계좌 ISA 등이 있습니다. (※상품의 특징, 요건 등은 다음 장에서 자세히 다룹니다.)

둘째, 특정 연도에 금융소득이 집중되지 않도록 금융소득을 분산하여 수령하는 게 좋습니다. 예를 들어 예금의 만기를 1년, 2년, 3년 등으로 나누어 이자소득이 발생하도록 합니다.

셋째, 금융소득은 개인별로 과세하므로 사전증여를 활용해 배우자나 자녀 등으로 금융소득의 수령자를 분산합니다. 특히, 근로소득 등 다른 종합소득이 없는 경우 금융소득 8,190만원까지는 종합과세로 인한 추가 부담세액이 없다는 점을 기억한다면 효과적인 증여 플랜과 종합과세 대비가 가능합니다.

금융소득종합과세를 피하는 3가지 방법

✔ 1. 비과세, 분리과세 상품을 선택하라
   (1) 10년 이상 저축성보험 보험차익 비과세 활용 (2) 개인종합자산관리계좌(ISA) 활용
✔ 2. 기간을 분산하라 : 특정 연도에 이자, 배당이 집중되지 않도록 만기 분산 관리
✔ 3. 수령자를 분산하라 : 소득세는 개인별로 계산되므로, 한 사람에게 집중되지 않도록 명의 분산

🔍 **관련 법규**

- 소득세법 제14조 (과세표준의 계산)
- 소득세법 제62조 (이자소득 등에 대한 종합과세 시 세액 계산의 특례)

02 보험 세금 알기

(1) 보험에는 어떤 세금이 매겨질까요?

> **Q** 사회초년생인 김성실 씨는 재테크 고민을 하던 중 저축성보험에 가입했습니다. 적금처럼 매월 납입 후 만기에 원금과 이자를 함께 받을 수 있고, 사고 발생 시 보장 기능도 있어 일석이조라고 생각했습니다.
>
> 그런데 적금은 만기 수령 시 세금을 내야 하는데, 저축성보험도 만기 수령 시 세금을 내야 하는지 궁금해졌습니다. 저축성보험도 만기에 세금을 내야 할까요?

보장성보험은 비과세, 저축성보험은 이자소득세

적금, 예금과 같은 금융상품의 만기 해약 시에는 원금 외 발생하는 이자에 대해 이자소득세를 납부합니다. 이와 달리 일반적인 보험은 각종 위험 대비를 위한 금융상품으로 보험금 수령 시에 소득세를 납부하지 않습니다(소득세법 시행령 25조 - 저축성보험의 보험차익). 다만, 위험 보장의 기능보다 저축의 기능이 더 큰 저축성보험은 그 구조가 적금 또는 예금과 크게 다르지 않아, 만기 해약 시 이자소득세를 납부해야 합니다. 소득세법에서 정해 둔 이자소득의 범위를 보면, 다음과 같이 '대통령령으로 정하는 저축성보험의 보험차익'이 포함되어 있음을 알 수 있습니다.

다만, 저축성 보험차익 중 과세하지 않는 몇 가지 예외의 경우가 존재하며, 절세 플래닝의 핵심이 되는 부분입니다.

| 이자소득의 범위 |

[소득세법 제16조] 이자소득

변경 전	변경 후
제16조(이자소득) ① 이자소득은 해당 과세기간에 발생한 다음 각 호의 소득으로 한다.	제16조(이자소득) ① 이자소득은 해당 과세기간에 발생한 다음 각 호의 소득으로 한다. 〈개정 2016.12.20〉
9. 대통령령으로 정하는 저축성보험의 보험차익.	9. 대통령령으로 정하는 저축성보험의 보험차익. 다만, 다음 각 목의 어느 하나에 해당하는 보험의 보험차익은 제외한다. 가. 최초로 보험료를 납입한 날부터 만기일 또는 중도해약일까지의 기간이 10년 이상으로서 대통령령으로 정하는 요건을 갖춘 보험 나. 대통령령으로 정하는 요건을 갖춘 종신형 연금보험

보험에 부과되는 세금을 정확히 알기 위해서는 먼저 '어떤 보험을 저축성보험이라고 정의하는가?'를 분명히 파악해야 합니다.

세법에서는 보장성보험과 저축성보험을 어떻게 구분하고 있을까?

■ 보장성보험
- 보험의 본래 기능대로 각종 위험에 대비한 순수 보장 기능만을 갖춘 보험
- 생존 시 지급되는 보험금 ≤ 납입보험료

만기환급금이 납입보험료보다 더 작은 상품으로 위험 보장에 중점을 둔 보험

■ 저축성보험
- 위험 보장 기능보다 목돈 마련, 노후 대비 등 저축의 기능에 초점을 맞춘 보험
- 생존 시 지급되는 보험금 > 납입보험료

만기환급금이 납입보험료보다 더 큰 상품으로 저축 기능을 강화한 보험

다만, 주의할 점은 세법에서 정의하고 있는 저축성보험의 의미입니다.

세법에서 정의하는 저축성보험은 명칭 여하와 관계없이 보험사고가 발생하지 않고 보험기간의 만기가 되었을 때 환급되는 만기환급금이 납입한 보험료를 초과하는 보험을 가리킵니다. 따라서 보험업감독규정상 규정하고 있는 저축성보험과 보장성보험 모두 대상이 될 수 있습니다.

저축성보험의 보험차익에는 세금이 얼마나 매겨질까요?

그렇다면, 저축성보험의 보험차익(만기환급금 − 납입보험료)에는 얼마의 세금이 부과될까요?

세법에서는 이자소득에 대해 14%의 세율을 적용하고 있으며, 해당 세율에 지방소득세 10%를 추가로 부과하고 있습니다. 즉, 전체 이자소득세율은 15.4%가 됩니다.

> 이자소득세율 14% + 지방소득세율 1.4%(= 14% × 10%) = 15.4%

예시 저축성보험 보험차익의 이자소득세 계산
- 납입보험료 합계 : 1,000만원
- 만기환급금 : 1,500만원
- 저축성보험의 보험차익 ⇒ 500만원
- 보험차익에 대한 이자소득세 : 500만원 × 15.4% = 77만원
  (단, 보험차익이 2,000만원 초과시에는 금융소득종합과세 대상이 됨)

다만, 보험차익 중 과세대상 이자소득에서 제외되는 몇 가지 예외가 있는데, 이는 보험절세에서 매우 중요한 비중을 차지하고 있습니다. 따라서 다음 장부터는 '저축성보험의 비과세 요건'에 대해 자세히 알아볼까 합니다.

1. 보장성보험은 비과세 된다. (소득세법 시행령 제25조)
2. 저축성보험의 보험차익은 원칙적으로 '이자소득세'가 부과된다. (소득세법 제16조)
3. 예외적으로 저축성 보험차익 중 몇 가지 요건에 해당하면 비과세가 가능하다.

🔍 관련 법규

- 소득세법 제16조 (이자소득)
- 소득세법 시행령 제25조 (저축성보험의 보험차익)
  소득세법 제129조 (원천징수세율)

(2) 비과세 되는 보험을 활용하세요 [저축성보험 비과세 요건, 완벽 정리]

> **Q** 저축성보험에 가입한 김성실 씨는 담당자로부터 만기에 세금을 내지 않을 수 있다는 설명을 들었습니다. 일정한 요건을 갖추면 보험차익에 대해 이자소득세를 납부하지 않아도 되는 비과세가 가능하다는 이야기인데, 저축성보험이 비과세가 되기 위한 요건은 무엇일까요?

저축성보험의 보험차익이 비과세를 적용받으려면, 세법에 정해진 요건을 모두 만족해야 하며, 가입한 시기에 따라 요건은 달라집니다. 소득세법에 따르면, 이자소득세 과세대상에서 제외되는 보험의 보험차익은 다음과 같습니다.

> [소득세법 제16조] (이자소득)
> 이자소득은 해당 과세기간에 발생한 다음 각 호의 소득으로 한다.
>
> 9. 대통령령으로 정하는 저축성보험의 보험차익. 다만, 다음 각 목의 어느 하나에 해당하는 보험의 보험차익은 제외한다.
> 가. 최초로 보험료를 납입한 날부터 만기일 또는 중도해약일까지의 기간이 10년 이상으로서 대통령령으로 정하는 요건을 갖춘 보험
> 나. 대통령령으로 정하는 요건을 갖춘 종신형 연금보험

가장 최근 개정된 2017.4.1. 이후에 가입하는 보험을 기준으로 보험차익 비과세 되는 보험은 다음 3가지로 정리할 수 있습니다.

① **월적립식 저축성보험** 중 5년 이상 납입, 10년 이상 유지하고 6개월 이내 선납하였으며 매월 납입하는 보험료 합계액이 150만원 이하인 경우 (연 납입한도 1,800만원 이하)

② **일시납 저축성보험** 중 10년 이상 유지하고 보험료 합계액이 1억원 이하, 10년 내 확정형 연금으로 분할지급 받지 않은 경우

③ **종신형연금**으로 계약자, 수익자, 피보험자가 동일하고 55세 이후부터 사망시까지 연금을 지급받고 사망시에 연금재원이 남지 않은 경우 (금액 한도 없음)

좀 더 구체적으로, 가입 시점에 따라 비과세 요건이 어떻게 달라지는지 알아볼까요? 시기적으로 저축성보험 비과세 요건이 크게 강화된 2013.2.15.과 2017.4.1. 전후로 구분할 수 있습니다.

1) 월적립식 저축성보험 비과세 요건

가입 시점	월적립식 비과세 요건
2013.2.14. 이전	최초납입일부터 만기일 또는 중도해약일까지 기간이 10년 이상일 것
2013.2.15. 이후	① 최초납입일부터 만기일 또는 중도해약일까지 기간이 10년 이상일 것 ② 납입기간이 5년 이상인 월적립식 계약일 것 ③ 매월 납입하는 기본보험료가 균등하고, 기본보험료의 선납기간이 6개월 이내일 것
2017.4.1. 이후	① 최초납입일부터 만기일 또는 중도해약일까지 기간이 10년 이상일 것 ② 납입기간이 5년 이상인 월적립식 계약일 것 ③ 매월 납입하는 기본보험료가 균등하고, 기본보험료의 선납기간이 6개월 이내일 것 ④ 매월 납입하는 보험료 합계액이 150만원 이하일 것* (연 1,800만원)

2) 일시납 저축성보험 비과세 요건

가입 시점	일시납 비과세 요건
2013.2.14. 이전	최초납입일부터 만기일 또는 중도해약일까지 기간이 10년 이상일 것
2013.2.15. 이후	① 최초납입일부터 만기일 또는 중도해약일까지 기간이 10년 이상일 것 ② 가입한 모든 저축성보험의 납입 보험료 합계액**이 2억원 이하일 것 ③ 10년이 경과하기 전에 확정형 연금으로 분할하여 지급받지 않을 것
2017.4.1. 이후	① 최초납입일부터 만기일 또는 중도해약일까지 기간이 10년 이상일 것 ② 가입한 모든 저축성보험의 납입 보험료 합계액**이 1억원 이하일 것 ③ 10년이 경과하기 전에 확정형 연금으로 분할하여 지급받지 않을 것

■ 월적립식/일시납 저축성보험 계약자 변경 시

계약자 변경이 있는 때에는 그 변경일을 보험계약의 최초납입일로 하여 10년 이상의 기간을 재계산 합니다. (2013.2.15. 이후 계약부터)

---

* 150만원 한도 계산에서 제외되는 월저축성 보험의 범위 : 저축을 목적으로 하지 않고, 피보험자의 사망, 질병, 부상, 신체상 상해, 자산의 멸실 보장을 목적으로 하고 만기 또는 보험계약기간 중 특정시점에서 생존을 사유로 지급하는 보험금이 없는 보험. (즉, 종신보험 등 순수보장성 보험은 월납입 보험료 한도 계산에서 제외)

** 월적립식 저축성 보험과 종신형 연금보험의 보험료는 제외

■ 저축성보험 1배 이상 초과 증액 시

기존 계약을 1배 이상 초과 증액시에는 증액시점의 저축성보험 비과세 요건을 새로 적용합니다. (2013.2.14. 이전 계약도 소급적용)

3) 종신형 연금보험 비과세 요건

① 55세 이후부터 사망 시까지 연금으로 지급받을 것
② 사망시* 보험계약 및 연금재원이 소멸할 것
③ 계약자, 피보험자, 수익자가 동일할 것
④ 최초 연금지급개시 이후 사망일 전까지 중도해약 할 수 없을 것
⑤ 매년 수령하는 연금액이 연금수령한도를 초과하지 않을 것

▶ 연금수령한도 : $\dfrac{\text{연금수령 개시일 현재 연금계좌 평가액}}{\text{연금수령 개시일 현재 기대여명}^{**}\text{ 연수}} \times 3$

저축성보험 비과세 요건 강화 과정

- 10년 이상 유지시 비과세
- 2013.2.15. 저축성보험 비과세 요건 1차 강화
  · 월적립식 납입기간 신설(5년), 납입한도 없음
  · 일시납 납입한도 신설 (2억원)
  · 종신형 연금의 비과세 요건 추가
- 2017.4.1. 저축성보험 비과세 요건 2차 강화
  · 월적립식 납입한도 신설 (150만원)
  · 일시납 납입한도 축소 (1억원)

* 연금 지급 보증기간 이내 사망한 경우에는 해당 보증기간의 종료 시
** 「통계법」 제18조에 따라 통계청장이 승인하여 고시하는 통계표에 따른 성별·연령별 기대여명 연수

QUIZ 1 2014년 3월 가입한 저축성보험, 월납 보험료 500만원, 3년 납입하고 납입 중지 하여 유지 중 11년 차에 해약하였습니다. 해약환급금 2억 1천만원 수령 시 보험차익 3천만원은 비과세인가요?

정답 : 3천만원 보험차익은 비과세

　　　① 10년 이상 유지 여부 : YES (11년 유지)

　　　② 5년 이상 납입 조건 : NO (3년 납입) / 월납 한도 : YES (조건 없음)

　　　③ 일시납 2억원 이하 조건 : YES (500만원 × 12개월 × 3년 = 1억 8천만원)

QUIZ 2 월적립식 상품에 20년간 매월 150만원, 총 3억 6천만원을 납입하고 마지막 달에 1만원을 추가 납입한 경우 비과세되나요?

정답 : 월납 비과세 요건 중 월납 150만원 한도 초과하여 비과세 제외

QUIZ 3 종신보험의 경우 중도에 해약하지 않고 사망보험금으로 지급되는 경우 저축성보험 차익은 비과세되나요?

정답 : 보장성보험의 보험사고로 인한 보험금은 한도 없이 비과세

관련 법규

- 소득세법 제16조 (이자소득)　　- 소득세법시행령 제25조 (저축성보험의 보험차익)

저축성보험 비과세 점검표

저축성보험의 비과세 요건을 확인하기 위한 점검표입니다.
저축성보험 비과세 점검표를 통해 보험차익 비과세 여부를 손쉽게 확인할 수 있습니다.
내 보험이 과연 비과세 가능한 상품인지, 지금부터 점검표를 따라 확인해 볼까요?

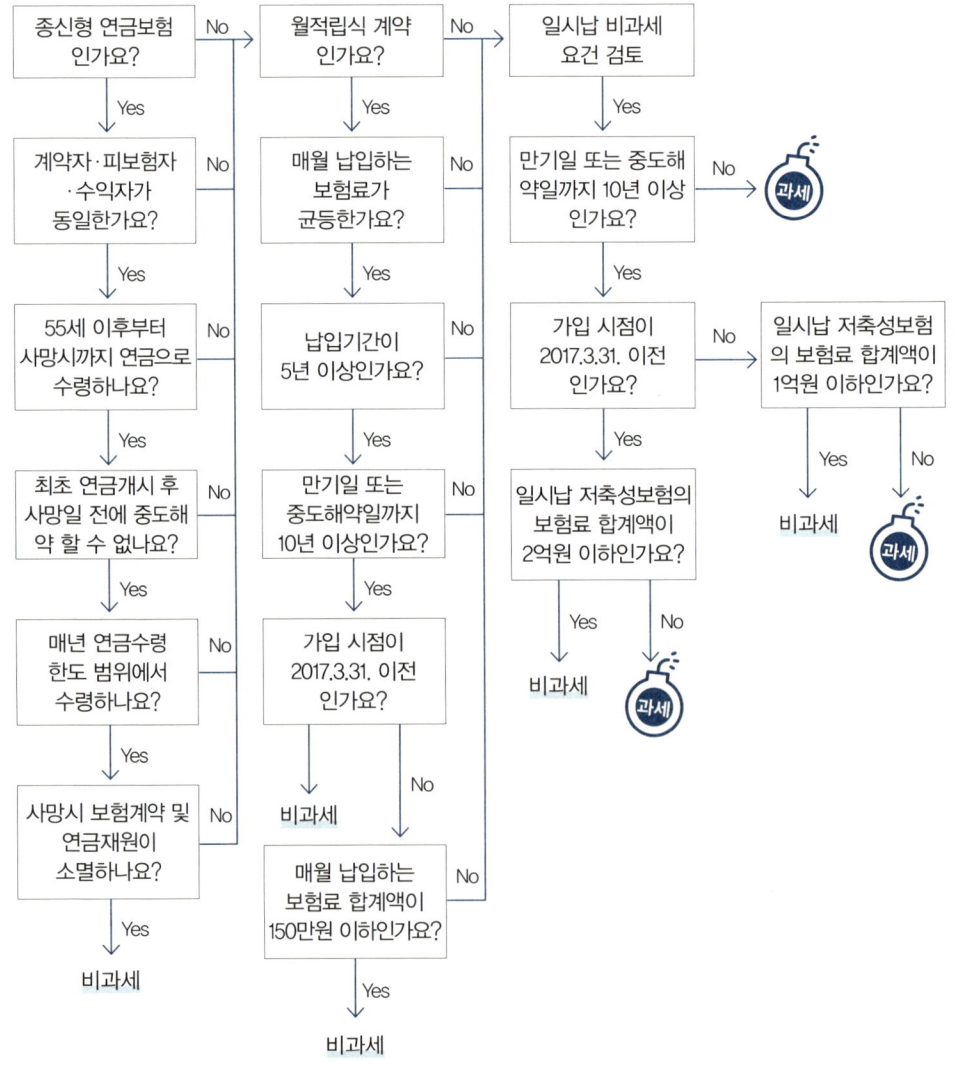

※ 2013.2.15. 이후 가입분에 한함

(3) 세월과 세금은 거슬러 흐르지 않는다 [보험 비과세 혜택은 어떻게 축소되어 왔는가?]

점점 늘어나는 보험 유지기간

저축성보험의 보험차익 비과세 규정은 최초 시행일인 1991.1.1. 이후를 시작으로 만기일 또는 중도해약일까지의 기간이 3년 이상 → 5년 이상 → 7년 이상 → 10년 이상으로 개정되었습니다. 비과세 혜택을 받기 위해 기다려야 하는 시간이 점점 길어지고 있습니다.

까다로워지는 조건, 줄어드는 한도

특히 2013.2.15. 이후 가입하는 저축성보험은 10년 기간 요건을 기본적으로 충족하고, 추가적으로 금액 한도 요건 등 정해진 요건을 모두 충족하는 경우에만 저축성보험의 보험차익에 대해 비과세를 적용받을 수 있습니다.

2017.4.1. 개정세법은 월적립식과 일시납 저축성보험의 비과세 한도를 더욱 축소하였습니다.

물론, 종신형 연금보험은 여전히 한도 없이 비과세가 가능하지만 비과세 요건을 만족시키는 일은 점점 어려워지고 있는 추세입니다.

미룰수록 누릴 수 있는 혜택은 줄어들 것

과거는 미래를 비추는 거울이라고 합니다. 저축성보험에 대해 비과세 요건이 강화되고, 혜택이 축소되어온 것은 매우 지속적이고 일관된 방향이었습니다. '그때 가입했으면 한도 없이 비과세 되었을 텐데' 하는 아쉬움을 느낀다면, 지금 우리가 할 수 있는 선택은 하나뿐입니다. 지금이라도 비과세 되는 저축성보험에 가입해 남아있는 혜택을 누리는 겁니다. 지금보다 더 혜택이 줄어들기 전에 말입니다.

저축성보험 비과세 규정 연혁

가입 시점	저축성보험의 보험차익 비과세 기간 요건
1994.10.1. 전	최초납입일부터 만기일 또는 중도해약일까지 기간이 3년 이상일 것
1994.10.1. 이후	최초납입일부터 만기일 또는 중도해약일까지 기간이 5년 이상일 것
1996.5.13. 이후	최초납입일부터 만기일 또는 중도해약일까지 기간이 7년 이상일 것
2004.1.1. 이후	최초납입일부터 만기일 또는 중도해약일까지 기간이 10년 이상일 것
2013.2.15. 이후	**월적립식 저축성보험** [월납 요건] 추가 – 납입기간이 5년 이상인 월적립식 계약일 것 – 매월 납입하는 기본보험료가 균등하고, 기본보험료의 선납기간이 6개월 이내일 것 **일시납 저축성보험** – [한도 요건] 추가 – 납입 보험료 합계액*이 2억원 이하일 것 – [수령 요건] 추가 – 10년이 경과하기 전에 확정형 연금으로 분할하여 지급받지 않을 것 **종신형 연금보험 비과세 요건 신설**
2017.4.1. 이후	**월적립식** : [한도 요건] 추가 – 매월 납입하는 보험료 합계액이 150만원 이하일 것 **일시납** [한도 요건] 축소 – 납입 보험료 합계액*이 1억원 이하일 것

한눈에 보는 저축성보험 비과세 요건 변천사

유지기간	1994.10 3년 이상	1996.5 5년 이상	2004.1 7년 이상	2013.2.15. 10년 이상	2017.4.1. 10년 이상	10년 이상	향후는?
납입기간				– 5년 이상 – 기본보험료 균등 – 6개월 내 선납 – 1배 이내 증액	– 5년 이상 – 기본보험료 균등 – 6개월 내 선납 – 1배 이내 증액		?
납입한도				– 총납입 2억원 – 월납 한도없음	– 총납입 1억원 – 월납 150만원		
종신형연금				계=피=수 55세부터 사망시까지 연금으로만 수령	계=피=수 55세부터 사망시까지 연금으로만 수령		

* 월적립식 저축성보험과 종신형 연금보험의 보험료는 제외

03
FAQ. 보험 비과세, 그것이 궁금하다
[상담하면 꼭 나오는 질문 17가지]

(1) 월납입 보험료의 비과세 한도는 어떻게 계산할까요? [월 150만원 한도]

> **Q** 장기목적자금을 준비하기 위해서 직장인 왕보험 씨는 비과세 되는 월납 저축성보험이 좋다고 추천을 받은 후 2022년 9월 25일, 가입하였습니다. 월 100만원씩 납부하면서 중간중간 여유 자금이 있거나 보너스를 타면 추가납입을 할 생각입니다. <u>그런데 월적립식 보험은 비과세 한도가 150만원이라고 하는데, 매월 100만원씩 납부하면 추가납입은 매월 50만원씩만 가능한가요?</u>

A 2022년 기준, 연간 추가납입 총한도는 200만원 / 2023년부터 연간 추가납입 한도 600만원

세법에서는 장기(10년 이상) 저축성보험에 대해서 일정 요건을 충족한다면 일정한 한도 내에서 보험차익 이자소득에 대해 소득세를 과세하지 않는 것으로 규정하고 있습니다.

- ■ 일시납 비과세 요건
  - 1억원 이하, 10년 이상 유지
  - 10년 이내 확정형 연금으로 수령하지 않을 것

■ **월적립식 보험 비과세 요건**
- 월납 150만원 이하, 10년 이상 유지
- 월납 보험료 균등, 5년 이상 납입
- 기본보험료 선납기간 6개월 이내

일시납 vs 월적립식 보험 비과세 한도 비교

일시납	구분	월적립식
총납입 보험료 2억원	2013.2.15. 이후	–
총납입 보험료 1억원	2017.4.1. 이후	월 150만원 (연 1,800만원)
	비고	한도 초과하여 비과세 요건 미충족 시, 최종 일시납 요건 다시 적용하여 비과세 여부 판단

장기 저축성보험의 형태에 따라 한도를 다르게 정하고 있는데, 사례와 같이 월적립식으로 납부를 한다면 월 150만원을 한도로 비과세 혜택을 받을 수 있습니다.

만약 왕보험 씨가 매달 추가납입 보험료 50만원을 포함해 월 150만원씩 일정하게 납입한다면 월 150만원 한도 계산은 간단하게 할 수 있겠지요. 하지만, 여유 자금이 생길 때마다 수시로 추가납입을 할 경우에는 어떻게 될까요?

무조건 한 달에 50만원까지만 추가납입 할 수 있는 걸까요?

아니면 연간으로 한도를 계산해 추가납입 600만원까지 한꺼번에 가능할까요?

'월 150만원 한도'는 어떤 기준으로 계산해야 하는 걸까요?

한도 계산은 두 가지 방식으로 계산을 하는데, 어느 것 하나라도 초과하게 되면 바로 과세됩니다.

첫째, 월 납입보험료 150만원 초과 여부

둘째, 1년 합산 총납입보험료 1,800만원 초과 여부

(연도 중간에 가입하여 12개월 미만 납입 시 월 환산하여 계산)

$$\frac{\text{해당연도의 기본보험료와 추가로 납입하는 보험료의 합계액}}{\text{보험 계약기간 중 해당연도에서 경과된 개월 수}} \leq 150만원$$

왕보험 씨는 월 100만원씩 납부하면서 여유 자금이 있을 때 추가납입을 한다고 했으니 첫째 요건은 충족하고, 둘째 요건 한도를 계산해야 합니다. 그럼 다음의 계산 방식에 의해 2022년에는 총 200만원을 한도로 추가납입 할 수 있습니다.

A 왕보험 씨의 2022년 추가납입 가능 금액은? 200만원

계산 예시 가입일: 2022.9.25.   납입보험료: 100만원/월
- 2022년 총납입 개월 수 : 4개월 (9~12월)
- 총납입가능액 : 150만원×4개월 = 600만원
- 기 납부금액 : 100만원×4개월 = 400만원
- 추가 납입가능액 : 600만원 - 400만원 = 200만원

🔍 관련 법규

- 소득세법시행령(제25조) (저축성보험의 보험차익) 제3항제2호다목
- 소득세법시행규칙(제12조의2) (저축성보험의 보험료 합계액 계산 등) 제2항

(2) 보험이 여러 개면 비과세 대상을 선택할 수 있을까요?

Q 왕보험 씨는 목돈 마련에는 단기저축보다는 장기저축을, 은행적금보다는 보험상품을 선호하는 편입니다. 지출 통제 효과와 비과세 혜택 때문입니다. 긴급자금 및 단기 필요자금을 제하고, 급여가 인상되거나 상여금을 탈 때마다 투자수익률과 금리가 높은 저축성보험을 선택해 가입했습니다. 그러다 보니 여러 보험사에 걸쳐 여러 개의 보험상품을 갖게 되었는데요. 예전에는 한도 없이 비과세 혜택을 주던 보험상품이 어느 순간부터 150만원까지만 비과세가 된다는 사실을 알게 되면서 고민이 시작됐습니다.

> 왕보험 씨가 가입한 상품의 납입보험료 총계는 150만원을 훨씬 초과합니다. 그럼 가입한 상품 모두가 비과세가 안 되는 걸까요? 어디까지 비과세가 되고, 어디서부터 과세가 되는 걸까요?

A 2017.4.1. 이후 가입 계약부터 가입한 순서로 합산, 150만원을 초과하는 계약부터 비과세 제외

장기저축을 장려하는 차원에서 과거에는 장기 저축성보험에 대해서는 일시 납입이든, 월 저축성보험이든 10년 이상 장기 저축성보험에 대해서는 한도 없이 비과세 혜택을 주었습니다. 하지만, 월 저축성보험에 대해서는 2017.4.1. 이후부터 150만원까지로 한도가 축소되었습니다.

왕보험 씨처럼 여러 건의 보험을 가입한 경우, 비과세 요건은 어떻게 적용될까요?

■ **월적립식 보험 비과세 요건**
- 2017.4.1. 이후 가입한 저축성보험
- 10년 이상 유지
- 월납 150만원 이하 (연금보험 및 보장성보험 제외)
- 월납 보험료 균등, 5년 이상 납입
- 기본보험료 선납기간 6개월 이내

월적립식 보험 비과세 요건 변화

연혁	구분	월적립식 보험
2013.2.14. 이전 계약		한도 없음 (단, 10년 유지)
2013.2.15. 이후 계약	요건 추가-1	5년 납입, 균등보험료, 6개월 내 선납
2017.4.1. 이후 계약	요건 추가-2	150만원 한도 (연간 1,800만원)

월적립식 장기 저축성보험의 비과세 한도(150만원) 계산은 2017.4.1. 이후 가입한 계약부터 가입한 순서로 합산하여 계산합니다. 여러 회사에 가입하더라도 합산 시 150만원을 초과하는 계약부터는 비과세가 안 되는 것으로 판단합니다.

비과세 가능한 보험 계산 예시

가입 시기	상품	월납 보험료	계산	과세 여부
2015.7.1.	월납 저축성보험A	70만원	비과세 월납 한도 신설 이전 계약	비과세
2017.5.1.	월납 저축성보험B	50만원	비과세 한도 계산: 월납 합산 50만	비과세
2018.5.1.	월납 저축성보험C	70만원	비과세 한도 계산: 월납 합산 50 + 70 = 120만	비과세
2019.5.1.	월납 저축성보험D	50만원	비과세 한도 계산: 월납 합산 120 + 50 = 170만 : 150만원 한도 초과	과세※

여기서 주의할 점은 B+C 저축성보험의 월납입 보험료 합계가 120만원인 상태에서 월납 50만원짜리 D보험을 가입할 때, 150만원 한도를 계산해 30만원은 비과세, 20만원은 과세하는 식으로 계산하지 않는다는 것입니다. 즉, 150만원 한도를 1원이라도 초과하면, 해당 계약 전체가 비과세에서 제외됩니다.

이런 경우, D 보험을 월납 30만원과 20만원짜리 두 개로 나누어 가입하면 훨씬 유리해집니다. 월 150만원 한도까지 비과세 가능하고, 마지막에 가입한 월 20만원의 보험 1건만 과세되니까요.

하지만 실제로 보험을 가입하면서 일일이 비과세 요건을 따질 필요는 없습니다. 보험회사별로 가입 시점에 150만원 한도 초과 여부를 확인하므로 가입하는 보험의 비과세 여부를 미리 알 수 있기 때문입니다.

결론적으로, 여러 개의 보험 중 가입자가 비과세 되는 보험을 임의로 선택할 수는 없지만, 가입 시점에 비과세 가능한지를 미리 알려드리므로 차후 비과세가 안 될 수도 있는지, 염려하실 필요는 없습니다.

그런데 월납 보험상품에는 기본보험료 이외에 추가납입 기능도 있어서 많이 활용하고 있습니다. 이럴 경우, 저축성보험 150만원 한도는 어떻게 계산할까요?

비과세 가능한 월납입 보험료 및 추가납입 보험료 계산 예시

Q 다음과 같이 보험에 가입한 경우, 비과세 가능한 추가납입액은 얼마일까요?

> 가입 순서
> 2017.3.1. A 보험사 저축성보험 30만원
> 2017.4.1. B 보험사 저축성보험 40만원
> 2017.4.1. B 보험사 보장성보험 20만원
> 2017.4.1. B 보험사 종신형 연금보험 20만원
> 2017.5.1. C 보험사 저축성보험 50만원

A 비과세 가능한 추가납입 보험료 월 60만원

▷ 풀이

가입 시기	상품	월납 보험료	비과세 한도 합산 여부	한도 제외 사유
2017.3.1.	A 보험사 저축성보험	30만원	×	2017.4.1. 전 가입
2017.4.1.	**B 보험사 저축성보험**	**40만원**	O	
2017.4.1.	B 보험사 보장성보험	20만원	×	보장성보험
2017.4.1.	B 보험사 연금보험	20만원	×	종신형 연금보험
2017.5.1.	**C 보험사 저축성보험**	**50만원**	O	

※ 종신형 연금보험, 보장성보험은 비과세 한도 계산에서 제외합니다.

⇨ 추가납입 가능한 월납 보험료 = 150만원 - 전체 보험회사의 월납입 보험료 합계
⇨ 60만원 = 150만원(한도) - (40만원 + 50만원)

QUIZ 1 월적립식 저축성보험을 다음과 같이 가입하였습니다.

2017.4.15.에 A생명 월 10만원 가입 후, 2017.5.15.에 B생명 월 150만원 가입. 가입한 상품은 비과세 될까요?

정답 : 월납입 150만원 한도에서 가입 순서대로 비과세 되므로, A보험은 비과세, B보험은 과세

QUIZ 2 월적립식 저축성보험을 다음과 같이 가입하였습니다.

2017.3.15.에 A생명 월 10만원 가입하고 2017.5.15.에 B생명 월 150만원 가입. 가입한 상품은 비과세 될까요?

정답 : A보험 비과세 (2017.4.1. 전 계약으로 한도 없이 비과세), B보험 비과세 (2017.4.1. 이후 150만원 한도 비과세)

관련 법규

- 소득세법(제9조) (이자소득) 제1항9호
- 소득세법시행령(제25조) (저축성보험의 보험차익)
- 소득세법시행규칙(제12조의2) (저축성보험의 보험료 합계액 계산 등)

(3) 특약보험료는 비과세 한도에 포함될까요?

> **Q** 종신보험, 실손보험, 연금보험과 저축성보험을 이미 다 가입한 왕보험 씨는 보장 확대를 위해 100세까지 보장해 주는 "54대생활질환수술특약" 등 몇 가지 새로 나온 특약을 추가하고 싶습니다.
>
> 일반적으로 특약가입은 주계약 상품에 추가로 가입해야 하기 때문에, 신규로 가입 예정인 저축성보험에 특약을 추가하기로 했습니다.
>
> 새로 가입하려는 보험은 저축성보험 주계약 10만원에 특약보험료 3만원. 왕보험 씨가 기존에 가입한 저축성보험의 보험료 합계는 140만원입니다. 그럼 총보험료가 153만원이므로, 가입한도 150만원을 초과하게 되어 비과세 혜택을 받지 못하는 걸까요?

A 비과세 (특약보험료는 한도 계산시 제외)

소득세법시행령과 시행규칙에서는 저축성보험의 월납입 비과세 한도인 150만원에 포함되는 보험료와 제외되는 보험료를 규정하고 있습니다.

구분	내용
포함되는 보험료	모든 월적립식 보험계약의 기본보험료
	추가납입 보험료
	납입기간이 종료되었으나 계약기간 중에 있는 보험계약의 기본보험료
제외되는 보험료	저축을 목적으로 하지 아니하고 피보험자의 사망·질병·부상, 그 밖의 신체상의 상해나 자산의 멸실 또는 손괴만을 보장하는 계약 및 특약보험료
	보험계약의 부활을 위하여 납입하는 보험료

위 〈표〉에 언급된 것처럼 "피보험자의 사망·질병·부상, … 보장하는" **계약 및 특약보험료**, 즉 순수보장성 성격의 보험료에 대해서는 150만원 한도 계산에서 제외되는 것으로 규정하고 있습니다.

결과적으로 왕보험 씨의 총납입 보험료 153만원에서 순수보장성 성격인 특약보험료 3만원은 제외되므로 150만원 한도 이내로 가입한 저축성보험은 비과세 적용을 받을 수 있습니다.

참고로, 월적립식 장기 저축성보험에 대한 보험차익 비과세 한도금액 150만원의 계산 방식이 궁금하다면 《PART 1. 03-(1) 월납입 보험료의 비과세 한도는 어떻게 계산할까요? [월 150만원 한도]》를 다시 보시기 바랍니다.

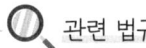
관련 FAQ
- 월납입 보험료의 비과세 한도는 어떻게 계산할까요? [월 150만원 한도]

관련 법규
- 소득세법시행령(제25조) (저축성보험의 보험차익) 제3항제2호다목
- 소득세법시행규칙(제12조의2) (저축성보험의 보험료 합계액 계산 등) 제2항

(4) 보험료를 증액하면 비과세 한도에 포함될까요?

> **Q** 매년 상당한 소득세도 내야 하고 나중에 은퇴 시에 연금도 있어야겠다고 생각한 이꼼꼼 원장님은 비과세 한도 세법개정 전인 2013년 1월에 월납 500만원의 연금성저축보험을 가입했습니다. 중도인출 기능도 있어서 필요할 때 인출해서 소득세 납부에도 활용하던 중입니다.
> 이제는 노후 준비를 더 하면 좋겠다고 생각하고 있던 차에 보험료 증액 제도를 알게 되었습니다. 이꼼꼼 원장님은 월 1,000만원으로 증액하고 싶습니다. 그런데, 최근 고액 저축성보험은 보험료 증액시 비과세 되지 않는다는 이야기를 듣게 되었습니다. 만약 증액할 경우, 이꼼꼼 원장님은 증액된 부분까지 비과세 혜택을 받을 수 있을까요?

A 비과세 (1배 이내 증액이므로 최초 계약일 기준 10년 이상 유지시 비과세)

2017.4.1.부터 월적립식 저축성보험의 월납입 보험료 비과세 한도가 신설되었습니다. 장기 저축성보험에서 일시납 1억원, 월납 150만원(연간 1,800만원)을 넘어가면 비과세 혜택을 받을 수 없습니다.

하지만 이꼼꼼 원장님의 저축성보험 계약 시기는 2013년 1월로 월납입 한도가 적용되기 이전이므로, 10년 이상 유지하면 비과세 혜택을 받을 수 있습니다.

하지만, 원장님의 계획대로 증액한다면 어떻게 될까요?

기본보험료 증액시 비과세 적용받으려면 1배 이내로

기본보험료 증액의 비과세 요건은 '1배 이내 증액'입니다. 계약 시기와 관계없이 기본보험료의 1배 이내로 증액하면 비과세가 가능합니다.

만약 1배를 초과하여 증액한다면, 과세당국은 이를 신계약으로 간주합니다. 즉, 보험료를 증액한 날로부터 다시 10년을 유지하고 기타 요건을 충족해야 비과세 혜택을 받을 수 있습니다.

따라서, 이꼼꼼 원장님이 월납 1천만원 이하로 증액하면 최초 계약일 기준 10년이 지난 2023년 1월 이후 보험금 수령시 보험차익 전체에 대해 비과세 혜택을 받을 수 있습니다.

증액 대신 추가납입을 충분히 활용

추가납입은 증액과 개념이 다르기 때문에 상품별로 가지고 있는 추가납입과 중도인출의 기능까지 잘 활용하면, 본래 원장님이 추구하던 장기목적자금과 은퇴 준비에 많은 도움을 받을 수 있습니다.

계약자의 변경 또는 보장성보험을 저축성보험으로 변경하는 경우의 비과세 요건

계약자를 변경할 때, 보장성보험을 저축성보험으로 변경할 때 저축성보험의 비과세 요건 중 계약 유지기간을 재계산합니다.

계약자 변경 등 기존 계약을 변경할 경우, 변경 시점을 기준으로 다시 10년을 유지해야 비과세 혜택이 가능합니다. 다만, 2013.2.14. 이전에 가입한 보험의 경우에는 계약자 등을 변경하더라도 최초 계약일부터 10년 이상 유지하면 비과세가 가능합니다.

보험료 증액, 계약자 변경, 보장성보험에서 저축성보험으로 변경시 비과세 기준

비과세 (최초계약일로부터 10년 유지)	2013.2.15. 기본보험료 증액 1배 이내 증액시	비과세 (최초계약일로부터 10년 유지)
신계약으로 보아 변경 시점의 비과세 요건 모두 재계산	1배 초과 증액시	신계약으로 보아 변경 시점의 비과세 요건 모두 재계산
최초 계약일 기준 10년 이상 유지	계약자 변경 또는 보장성→저축성으로 변경	변경 시점 기준 10년 이상 유지 조건 재계산

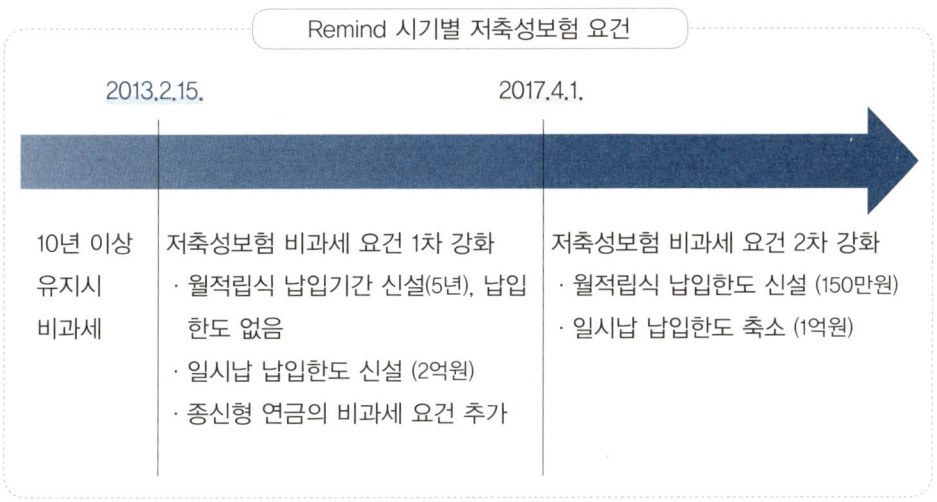

Remind 시기별 저축성보험 요건

2013.2.15.   2017.4.1.

10년 이상 유지시 비과세

- 저축성보험 비과세 요건 1차 강화
  · 월적립식 납입기간 신설(5년), 납입한도 없음
  · 일시납 납입한도 신설 (2억원)
  · 종신형 연금의 비과세 요건 추가

- 저축성보험 비과세 요건 2차 강화
  · 월적립식 납입한도 신설 (150만원)
  · 일시납 납입한도 축소 (1억원)

QUIZ 다음과 같이 계약 후 기본보험료를 증액하였습니다. 과연 비과세 될까요?
비과세가 가능하다면, 비과세 되는 시점은 언제일까요?

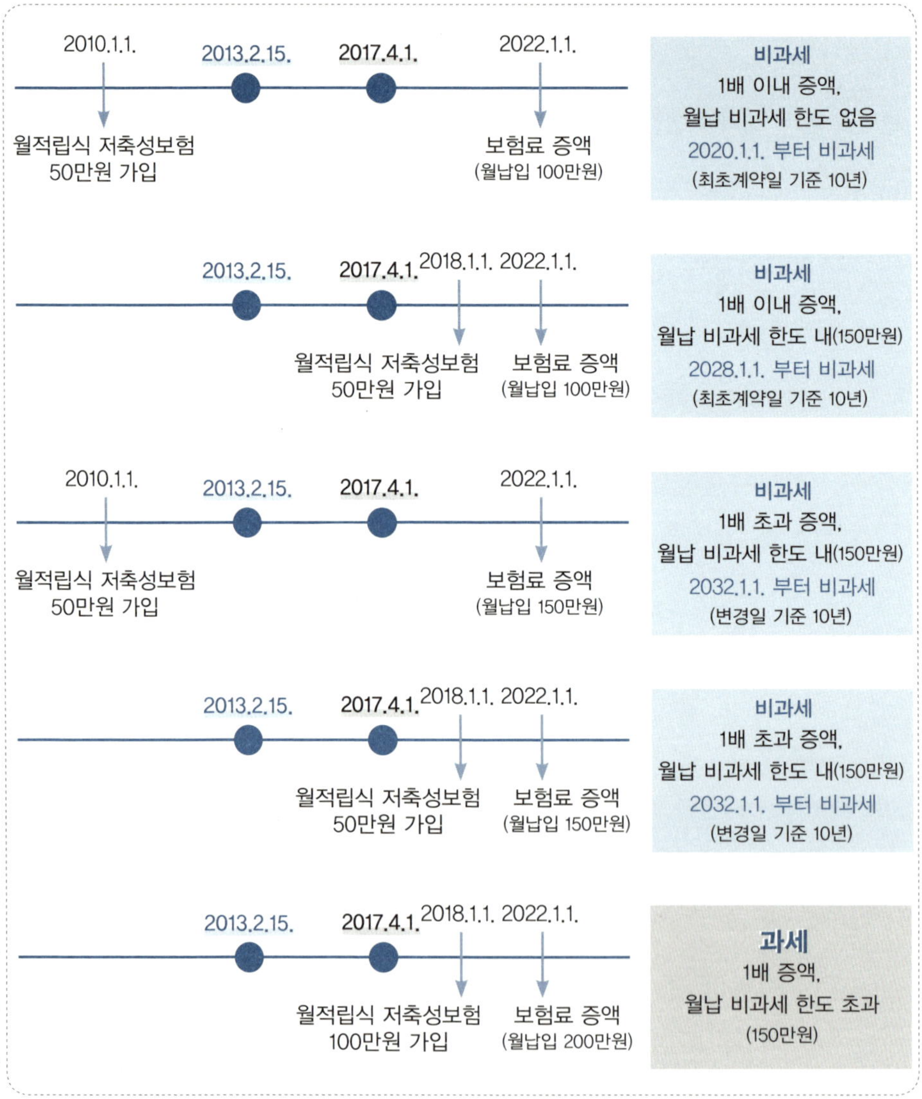

타임라인	비과세/과세 여부
2010.1.1. 월적립식 저축성보험 50만원 가입 → 2013.2.15. → 2017.4.1. → 2022.1.1. 보험료 증액 (월납입 100만원)	**비과세** 1배 이내 증액, 월납 비과세 한도 없음 2020.1.1. 부터 비과세 (최초계약일 기준 10년)
2013.2.15. → 2017.4.1. 월적립식 저축성보험 50만원 가입 → 2018.1.1. → 2022.1.1. 보험료 증액 (월납입 100만원)	**비과세** 1배 이내 증액, 월납 비과세 한도 내(150만원) 2028.1.1. 부터 비과세 (최초계약일 기준 10년)
2010.1.1. 월적립식 저축성보험 50만원 가입 → 2013.2.15. → 2017.4.1. → 2022.1.1. 보험료 증액 (월납입 150만원)	**비과세** 1배 초과 증액, 월납 비과세 한도 내(150만원) 2032.1.1. 부터 비과세 (변경일 기준 10년)
2013.2.15. → 2017.4.1. 월적립식 저축성보험 50만원 가입 → 2018.1.1. → 2022.1.1. 보험료 증액 (월납입 150만원)	**비과세** 1배 초과 증액, 월납 비과세 한도 내(150만원) 2032.1.1. 부터 비과세 (변경일 기준 10년)
2013.2.15. → 2017.4.1. 월적립식 저축성보험 100만원 가입 → 2018.1.1. → 2022.1.1. 보험료 증액 (월납입 200만원)	**과세** 1배 증액, 월납 비과세 한도 초과 (150만원)

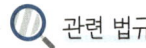 관련 법규

- 소득세법시행령(제25조) (저축성보험의 보험차익) 제6항

(5) 일시납 보험의 비과세 한도는 어떻게 계산할까요?

Q 왕보험 씨는 2019년에 원금 1억원의 ELS에 가입한 후 3년 만기가 되어 1.3억원을 수령하였습니다.

물론 발생한 수익 3천만원에 대해 배당소득세 14%를 원천징수로 납세하였습니다. 그런데 2022년 종합소득세 신고 중 다른 이자소득과 같이 금융소득종합과세 합산되어 추가 세금이 발생한다는 사실을 알게 되었습니다. 왕보험 씨의 과세표준은 1.5억원을 초과하여 무려 38% 세율로 추가 세금을 내야 합니다. 이런 일을 겪고 나니, 비과세 되는 보험에 부쩍 관심이 높아질 수밖에요.

2016년에 2억원까지 비과세 된다는 말에 우선 보험 일시납 1억원을 가입해 두었던 것이 생각나, 나머지 일시납 1억원을 추가로 가입하려고 합니다.

2017년 4월부터 일시납 저축성보험의 가입한도가 1억원으로 축소되었다고 하는데, 왕보험 씨는 과연 추가로 가입하는 1억원에 대해 비과세 혜택을 받을 수 있을까요?

A NO. 왕보험 씨는 추가 가입하는 일시납 저축성보험에 대해서 비과세 혜택을 받을 수 없다.

세법에서는 장기(10년 이상) 저축성보험에 대해서 일정 요건을 충족한다면 일정한 한도 내에서 이자소득에 대해 소득세를 과세하지 않는 것으로 규정하고 있습니다.

■ 일시납 보험 비과세 요건
 - 10년 이상 유지
 - 납입보험료 합계 2억원 이하(2013.2.15. 이후) / 1억원 이하(2017.4.1. 이후)
 - 가입 후 10년 이내 확정형 연금으로 수령하지 않을 것

■ 월적립식 보험 비과세 요건
 - 월납 150만원 이하, 10년 이상 유지

- 월납 보험료 균등, 5년 이상 납입
- 기본보험료의 선납기간 6개월 이내

일시납 보험 비과세 한도 비교

연혁	구분	일시납 보험
2013.2.14. 이전 계약		한도 없음
2013.2.15. 이후 계약	한도 기준일-1	2억원 한도
2017.4.1. 이후 계약	한도 기준일-2	1억원 한도

일시납 장기 저축성보험의 비과세 한도는 과거 2013.2.15. 이후 계약부터 합산하여 계산합니다.

현 시점의 일시납 비과세 한도는 1억원이므로, 2013.2.15. 이후의 모든 일시납 계약을 합해 1억원 미만일 경우에만 추가 가입 가능한 비과세 한도가 나오게 됩니다.

한도 계산은 추가로 일시납 보험을 가입하려는 시점의 일시납 한도를 기준으로 합니다.

❶ 가입 시점이 [2013.2.15.~2017.3.31.]인 경우, 일시납 비과세 한도는 2억원입니다.

추가 가입 가능한 일시납 보험료 = 2억원(한도) - 비과세 일시납 보험료 합계
(단, 종신연금보험 및 보장성보험 합산 제외)

예시 1 2015년 1억원 가입 후 2016년 추가 가입 가능 금액은?
 정답 : 1억원 = **2억원(한도)** - 1억원(비과세 일시납 보험료 합계)

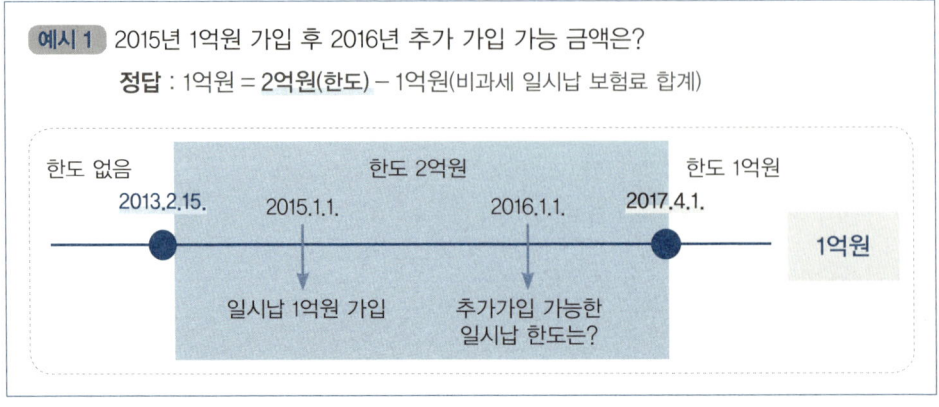

❷ 가입 시점이 [2017.4.1. 이후]인 경우의 일시납 비과세 한도는 1억원입니다.

추가 가입 가능한 일시납 보험료 = 1억원(한도) − 비과세 일시납 보험료 합계
(단, 종신연금보험 및 보장성보험 합산 제외)

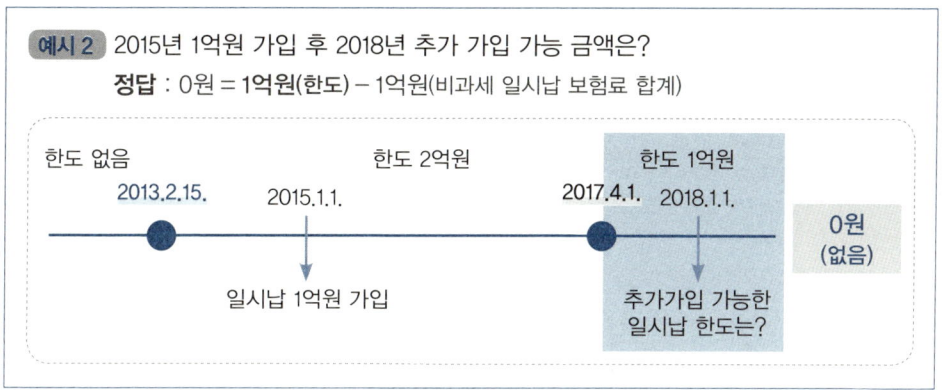

예시 2 2015년 1억원 가입 후 2018년 추가 가입 가능 금액은?
정답 : 0원 = 1억원(한도) − 1억원(비과세 일시납 보험료 합계)

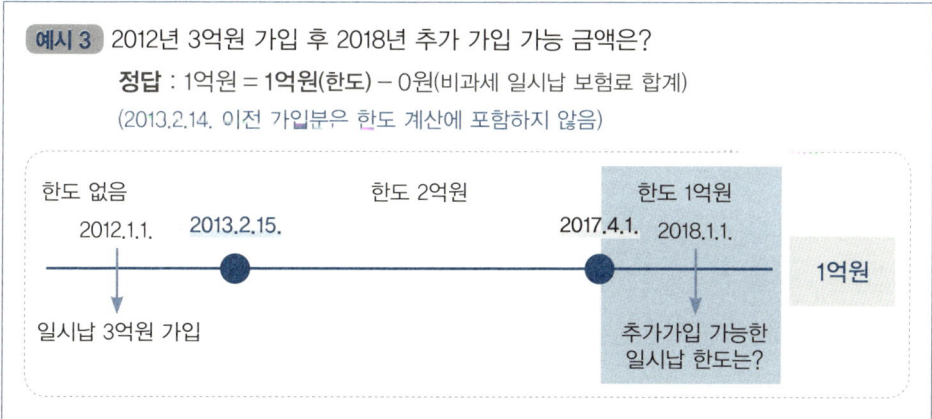

예시 3 2012년 3억원 가입 후 2018년 추가 가입 가능 금액은?
정답 : 1억원 = 1억원(한도) − 0원(비과세 일시납 보험료 합계)
(2013.2.14. 이전 가입분은 한도 계산에 포함하지 않음)

관련 법규

- 소득세법(제9조) (이자소득) 제1항9호
- 소득세법시행령(제25조) (저축성보험의 보험차익)
- 소득세법시행규칙(제12조의2) (저축성보험의 보험료 합계액 계산 등)

(6) 추가납입 해도 비과세 될까요? [저축성 보험의 추가납입과 중도인출]

Q 장기 저축성보험의 이자소득에 대한 소득세 비과세 혜택을 받기 위해 왕보험 씨는 일시납 보험 5천만원과 월적립식 보험 100만원을 가입했습니다. 상여금을 받거나 급여가 인상되면 여기에 추가해서 납입하고 중간에 급한 자금이 필요하면 중도인출도 활용할 계획입니다. 비과세 혜택은 한도가 있다는데, 추가납입이나 중도인출을 마음대로 해도 괜찮을까요?

A 중도인출 후 추가납입을 하는 경우, 추가납입한 보험료는 비과세 한도에 포함됩니다. 일시납 보험료는 추가납입 보험료를 포함해 평생 1억원, 월적립식 보험료는 추가납입 보험료를 포함해 연간 1,800만원이 넘지 않도록 주의해야 합니다.

장기 저축성보험은 상품 특성상 장기간에 걸쳐 납입, 유지해야 하는데, 중간에 계약 유지가 어려운 상황이 발생하기도 합니다. 긴급자금이 필요할 때, 중도인출과 납입중지 기능은 보험계약의 자금 활용을 돕고 해약을 방지하는 역할을 합니다. 중도인출로 긴급자금을 활용한 후에 여유 자금이 생기면 추가납입을 하는 방식으로 적절히 자금을 관리할 수 있습니다.

다만, 추가납입과 중도인출 시 보험차익 비과세 혜택을 못 받을 수도 있습니다. 따라서 이 기능이 비과세 한도에 어떤 영향을 끼치는지 충분히 숙지하고 활용하셔야 합니다.

먼저 보험차익 비과세 한도 및 추가납입에 대한 비교표를 살펴보겠습니다.

저축성보험 비과세 한도 및 추가납입 비교

	~2013.2.15.	2013.2.15.~2017.4.1.	2017.4.1.~
일시납	한도 없음	2억원	1억원
월적립식	한도 없음	한도 없음	월 150만원 (연간 1,800만원)
(신규/인출 후) 추가납입	보험계약의 중도인출 여부와 상관없이 추가납입 보험료는 납입보험료 한도에 합산됨		
계약대출 후 상환납입	보험계약대출 후 상환 시 납입보험료 한도에 합산되지 않음		

중도인출은 기 사용한 비과세 한도에 영향을 미치지 않습니다. 반면 추가납입은 기존 중도인출에 대한 재입금이 아닌 신규납입으로 보아 비과세 한도가 줄어들게 됩니다.

일시납 보험의 경우, 순수 납입원금(최초납입금 + 추가납입금 - 중도인출금)이 1억원 이하가 되더라도 총납입금(최초납입금 + 추가납입금)이 1억원을 초과하는 경우 비과세 한도를 초과한 것으로 보아 비과세 혜택을 받을 수 없습니다.

월적립식 보험의 비과세 한도는 연간 총납입금을 기준으로 합니다. 순수 납입원금이 매년 1,800만원 이하가 되더라도 매년 총납입금이 1,800만원을 초과하는 경우 비과세 한도를 초과한 것으로 보아 비과세 혜택을 받을 수 없습니다.

요약 정리

보험차익 비과세 한도는 순수 납입원금(최초납입금 + 추가납입금 - 중도인출금)이 아니라 총 납입금(최초납입금 + 추가납입금)을 기준으로 계산한다.
(일시납 1억원, 월적립식 연간 1,800만원 이하)

예시를 통하여 인출과 추가납입의 한도를 계산해 보겠습니다.

> 예시

■ 일시납 보험의 추가납입 한도 계산

2017.4.1. 일시납 5,000만원 가입 [잔여한도: 5,000만원]

(인출) 2,000만원

　　　　[납입원금: 3,000만원 = 5,000 − 2,000] [잔여한도: 5,000만원] 비과세

(추가납입) 5,000만원

　　　　[납입원금: 8,000만원 = 3,000 + 5,000] [잔여한도: 0원] 비과세

(추가납입) 2,000만원

　　　　[납입원금: 1억원 = 8,000 + 2,000] [잔여한도: −2,000만원] 과세

⇨ 추가 및 신규 납입가능 일시납 보험료 = **1억원(한도)** − 비과세 일시납 납입보험료 합계 + 추가납입 보험료

■ 월적립식 보험의 추가납입 한도 계산

2018.1.2. 월적립식 100만원 가입 [잔여한도: 600만원 = 1,800만원 − (100만원 × 12개월)]

(2021.1.2. 인출) 500만원

　　　　[2021년 총납입원금 700만원] [잔여한도: 600만원] 비과세

(2021.2.2. 추가납입) 500만원

　　　　[2021년 총납입원금 1,200만원] [잔여한도: 100만원] 비과세

(2021.3.2. 추가납입) 500만원

　　　　[2021년 총납입원금 1,700만원] [잔여한도: −400만원] 과세

⇨ 추가 및 신규 납입가능 월적립식 보험료 = **1,800만원(한도)** − (월납 보험료 × 12개월) + 추가납입 보험료

QUIZ 1 2017년 5월 일시납 1억원 가입 후 급히 자금이 필요하여 1천만원 중도인출을 하였습니다. 다시 1천만원을 상환하면 비과세 되나요?

정답 : 과세 (총 납입금 1.1억원 > 비과세 한도 1억원)

💡 중도인출 후 상환하는 것은 '추가납입'에 해당하여 비과세 한도에 포함됨

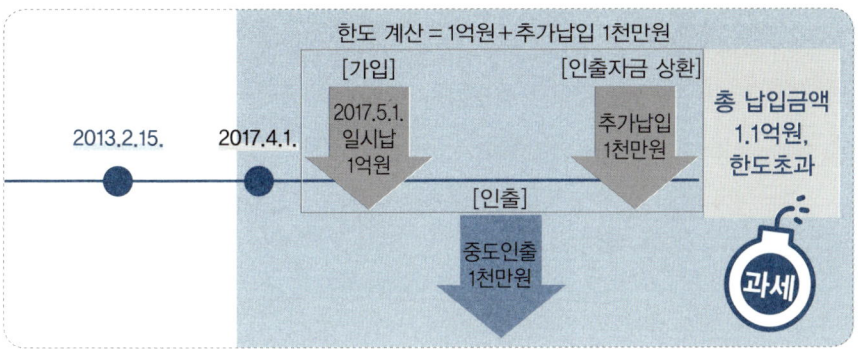

QUIZ 2 2017년 5월 일시납 1억원 가입 후 급히 자금이 필요하여 1천만원 계약대출을 하였습니다. 다시 1천만원을 상환하면 비과세 되나요?

정답 : 비과세 (총 납입금액 1억원으로 비과세 적용)

💡 계약대출 후 상환하는 것은 단순상환으로 비과세 한도에 영향을 미치지 않음

🔍 관련 법규

- 소득세법(제9조) (이자소득) 제1항9호
- 소득세법시행령(제25조) (저축성보험의 보험차익)
- 소득세법시행규칙(제12조의2) (저축성보험의 보험료 합계액 계산 등)

(7) 종신형연금에서 중도인출 해도 비과세 될까요? [종신형 연금보험의 추가납입과 중도인출]

> **Q** 왕보험 씨는 노후 대비를 위해 비과세 한도가 없는 종신형 연금보험에 가입하였습니다. 상여금을 받거나 급여가 인상되면 추가납입을 통해 노후 자금을 든든하게 준비하고, 급히 자금이 필요하면 중도인출을 통해 사용할 예정입니다. 그런데 담당 설계사로부터 종신형 연금보험은 중도인출 시 비과세 혜택을 받을 수 없다는 이야기를 들었습니다.
> 저축성보험과 달리 종신형 연금보험은 중도인출 시 무조건 비과세 혜택을 받을 수 없나요?

저축성보험과 달리 종신형 연금보험에 대해서는 일시납/월적립식 보험 모두 한도 없이 비과세 가능합니다. 종신형 연금보험의 비과세 요건은 다음과 같습니다.

종신형 연금보험 비과세 요건
- ⇨ 계약 시 요건: 계약자 = 피보험자 = 수익자 동일, 종신형연금 수령 선택
- ⇨ 유지 시 요건: 연금 외의 형태 지급 금지, 연금지급개시 후 중도해약 할 수 없을 것
- ⇨ 수령 시 요건: 55세 이후, 매년 평균연금수령액의 3배 이하 수령, 사망시까지 수령
- ⇨ 사망 시 요건: 보험계약 및 연금재원 소멸 (단, 기대수명까지 연금 수령은 가능)

> **Q** 비과세 한도가 없는 '종신형 연금보험'은 추가납입과 중도인출을 마음껏 활용해도 비과세 가능할까요?

A 종신형 연금보험의 경우 추가납입은 한도 없이 비과세 가능, 중도인출은 불가능

종신형연금의 경우, 추가납입 또한 한도 없이 비과세 가능합니다. 다만, 비과세 혜택을 받으려면 중도인출은 사실상 불가합니다. 중도인출을 하면 종신형 연금의 비과

세 요건 중 '연금 외의 형태로 지급 금지' 조항에 위배되기 때문입니다. 이럴 경우, 종신형연금이 아니라 '저축성보험'으로 보아 저축성보험의 비과세 한도를 재계산하여 비과세 여부를 판단합니다.

> **종신형 연금보험의 추가납입**
> ⇨ 일시납/월적립식 구분 없이 한도 없이 추가납입하여도 비과세 가능

> **종신형 연금보험의 중도인출**
> ⇨ 비과세 요건 중 소득세법시행령(제25조) (저축성보험의 보험차익) 제4항2호 "연금 외의 형태로 보험금·수익 등을 지급하지 아니할 것"
> ⇨ 중도인출 기능 사용 시 연금보험 비과세 요건 위배로 저축성보험 비과세 요건으로 재계산

저축성보험과 종신형 연금보험의 추가납입 및 중도인출에 대한 비과세 판단 여부에 대해 나음 〈표〉에서 비교하여 정리하였습니다.

추가납입 및 중도인출시 비과세 여부 비교

구분	종신형 연금보험	일시납 보험	월적립식 보험
납입 한도	없음	1억원	연간 1,800만원 (월 150만원)
중도인출	불가	가능 (비과세 한도에 영향을 끼치지 않음)	
추가납입	한도 없음	추가납입 보험료는 납입보험료 한도에 합산됨	
계약대출 후 상환납입	납입보험료 한도에 합산되지 않음		

QUIZ 종신형연금을 가입하고 아파트 잔금을 위해 중도인출 후 추가납입한 경우 비과세 혜택을 받을 수 있을까요?

정답 : 과세

💡 종신형 연금보험 비과세 요건 중 인출요건인 '연금 외 형태로 지급하지 말 것'에 위배됨

🔍 관련 법규

- 소득세법(제9조) (이자소득) 제1항9호
- 소득세법시행령(제25조) (저축성보험의 보험차익) 제4항2호
- 소득세법시행규칙(제12조의2) (저축성보험의 보험료 합계액 계산 등)

(8) 보험계약자를 변경해도 계속 비과세 될까요?

> **Q** 남편 명의로 가입했던 저축성보험의 계약자를 아내로 변경하였습니다. 이 경우에도 비과세 되나요?

A 2013.2.14. 이전 계약 건이면 최초 계약일 기준 10년 이상 유지시 비과세, 이후 계약 건은 계약자 변경 시점부터 10년 유지조건을 충족하고 다른 비과세 요건 충족시 비과세 가능.

보험계약 변경에 관한 비과세 규정은 2013.2.15. 기준으로 다르게 적용됩니다.
2013.2.14. 이전에 가입한 보험계약의 경우, 보험계약자를 변경하더라도 최초 계약일을 기준으로 10년 이상 유지하면 비과세 가능합니다.

❖ 2013.2.14. 이전 계약에 대해 보험계약자 변경하면
최초보험료 납입일을 보험계약 10년 비과세 기산일로 함 (기재부 소득세제과 52. 2009.1.22)

하지만, 2013.2.15. 이후 가입한 보험계약 건은 명의가 변경되면 변경 시점부터 다시 10년 유지 요건을 충족해야 비과세 가능합니다.

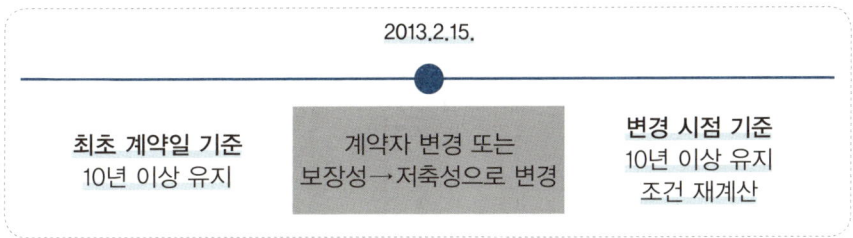

이때 월적립식과 일시납 저축성보험은 조금 차이가 있는데 각각에 대해서 알아보겠습니다.

▶ **공통 사항** (2013.2.15. 이후)
⇨ 계약변경 시점부터 10년 유지 요건을 충족

▶ **월적립식 보험** (2017.4.1. 이후)
⇨ 계약변경 이후에도 "5년납, 기본보험료 균등" 요건은 기존 계약 인정
⇨ 변경된 계약의 보험료는 기존에 가입하여 유지 중인 월적립식 보험료에 합산하여 한도 계산함
(참고로 월적립식 보험의 경우, 2017.4.1. 전 계약은 한도 없이 비과세 가능하며 한도 계산에서 제외)

계약자 변경 시 비과세 여부를 어떻게 판단할 수 있는지, 사례를 통해 좀 더 자세히 살펴보겠습니다.

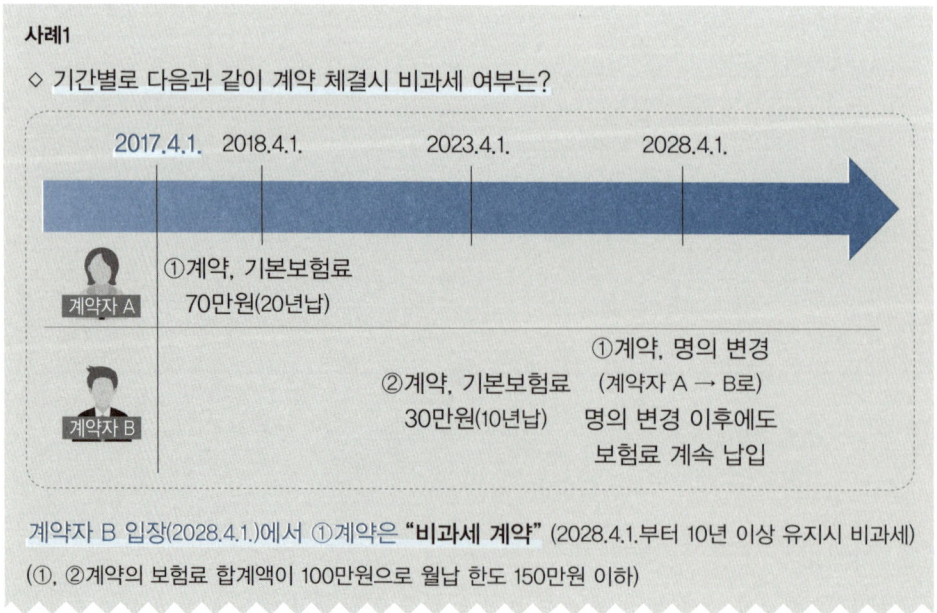

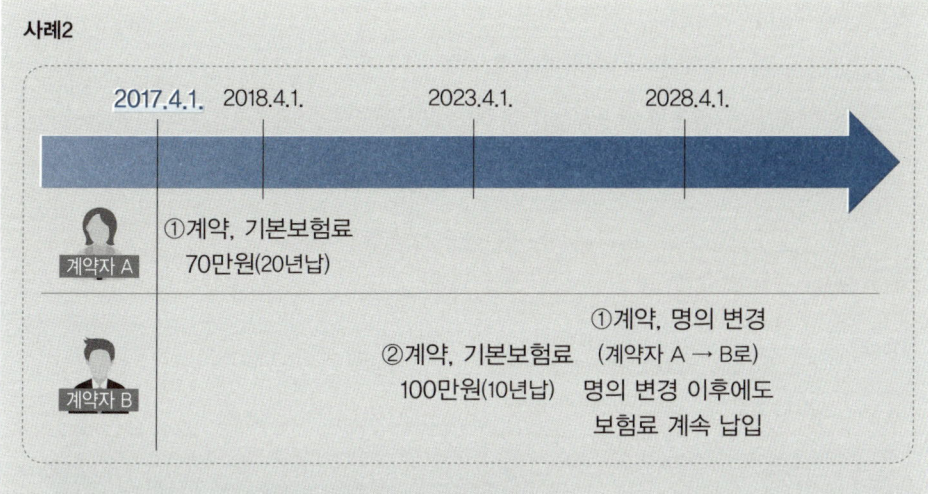

계약자 B 입장(2028.4.1.)에서 ①계약은 **"과세 계약"**
(①, ②계약의 보험료 합계액이 170만원으로 월납 한도 150만원 초과)
⇨ 가입 및 변경 순서대로 비과세 적용 (계약자 B 입장에서 가입 순서는 ② … ① 계약이므로, ②계약에 비과세 우선 적용 / ②계약은 비과세, ①계약은 월 150만원 한도 초과로 과세)

▶ 월적립식 보험 (2017.4.1. 전)

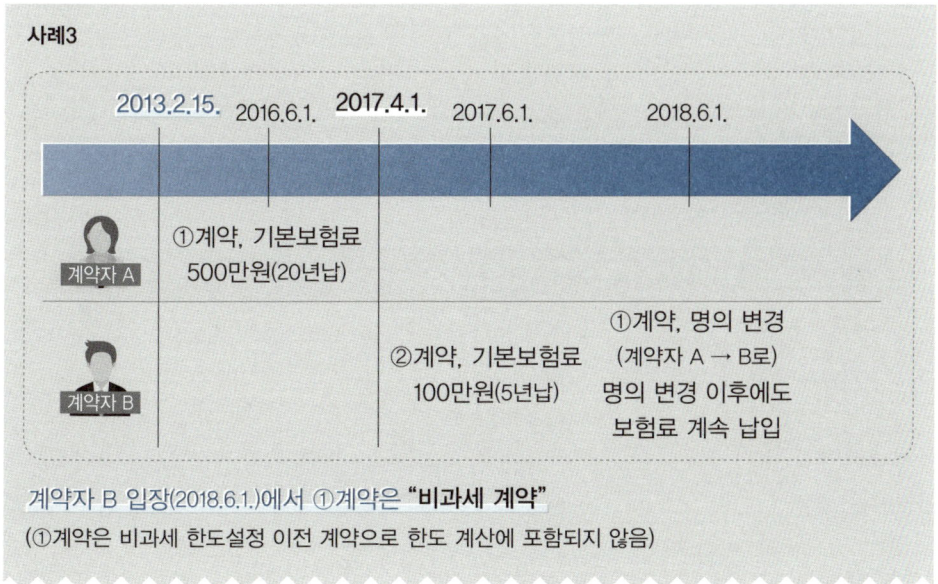

계약자 B 입장(2018.6.1.)에서 ①계약은 **"비과세 계약"**
(①계약은 비과세 한도설정 이전 계약으로 한도 계산에 포함되지 않음)

▶ **일시납 보험 (2013.2.15. ~ 2017.3.31.)**

⇨ 일시납 저축성보험의 비과세 한도 2억원이 적용되는 시기입니다.
계약자가 계약변경 전 납입한 보험료 및 계약변경 이후 납입하는 보험료의 합 계액을 "2억원 한도"에 포함하여 계산합니다.

사례 예시 명의 변경(계약자 A → 계약자 B로 변경)

사례4

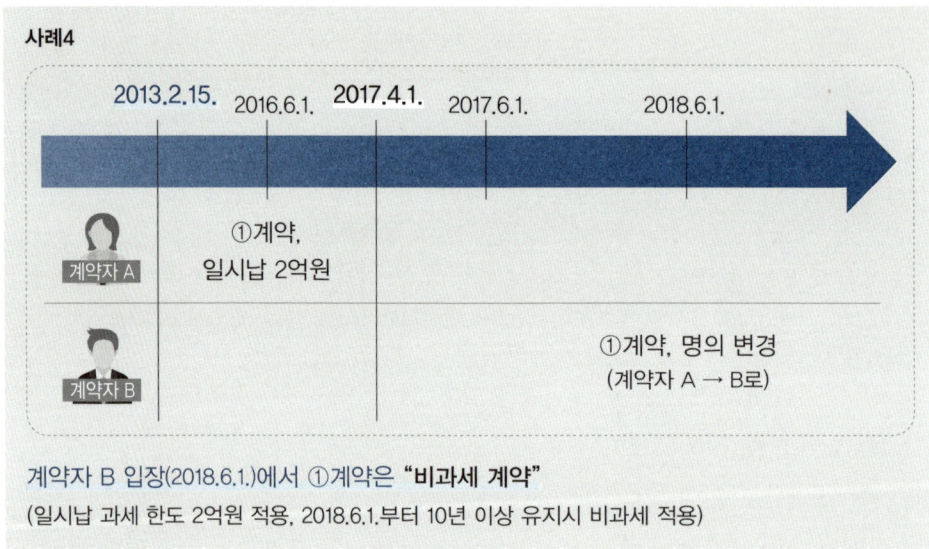

계약자 B 입장(2018.6.1.)에서 ①계약은 **"비과세 계약"**
(일시납 과세 한도 2억원 적용, 2018.6.1.부터 10년 이상 유지시 비과세 적용)

사례5

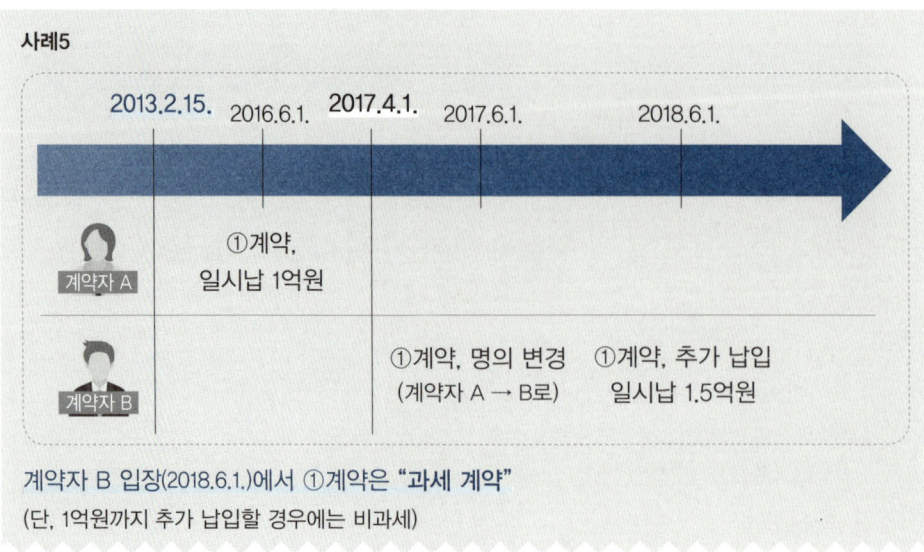

계약자 B 입장(2018.6.1.)에서 ①계약은 **"과세 계약"**
(단, 1억원까지 추가 납입할 경우에는 비과세)

▶ **일시납 보험 (2017.4.1. 이후)**

⇨ 일시납 저축성보험의 비과세 한도가 1억원인 시기입니다.
따라서, 계약자가 계약변경 전 납입한 보험료 및 계약변경 이후 납입하는 보험료의 합계액을 "1억원 한도"에 포함하여 계산합니다.

사례 예시 기간별로 다음과 같이 계약 체결시

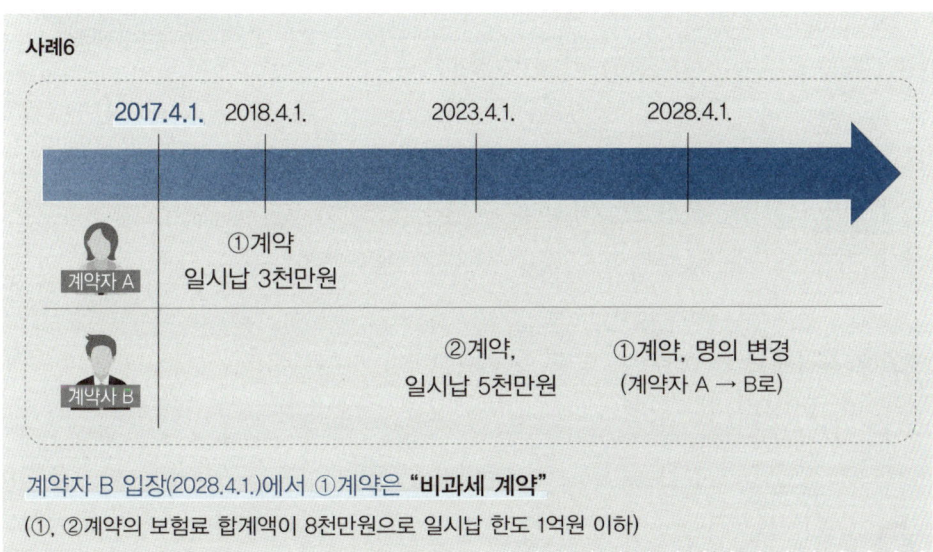

계약자 B 입장(2028.4.1.)에서 ①계약은 **"비과세 계약"**
(①, ②계약의 보험료 합계액이 8천만원으로 일시납 한도 1억원 이하)

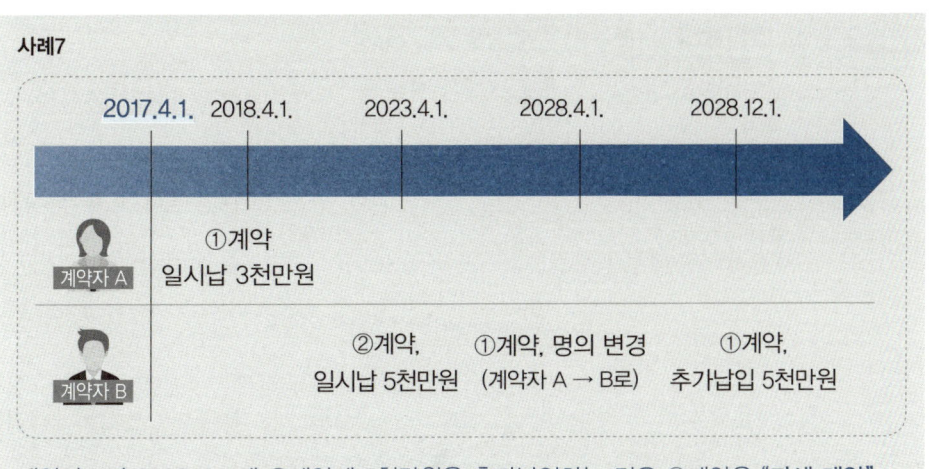

계약자 B가 2028.12.1.에 ①계약에 5천만원을 추가납입하는 경우 ①계약은 **"과세 계약"**
(①, ②계약의 보험료 합계액이 1.3억원으로 일시납 한도 1억원 초과, 과세 계약)

▶ 일시납 보험 (2013.2.14. 이전)

사례 예시 명의 변경(계약자 A → 계약자 B로 변경)

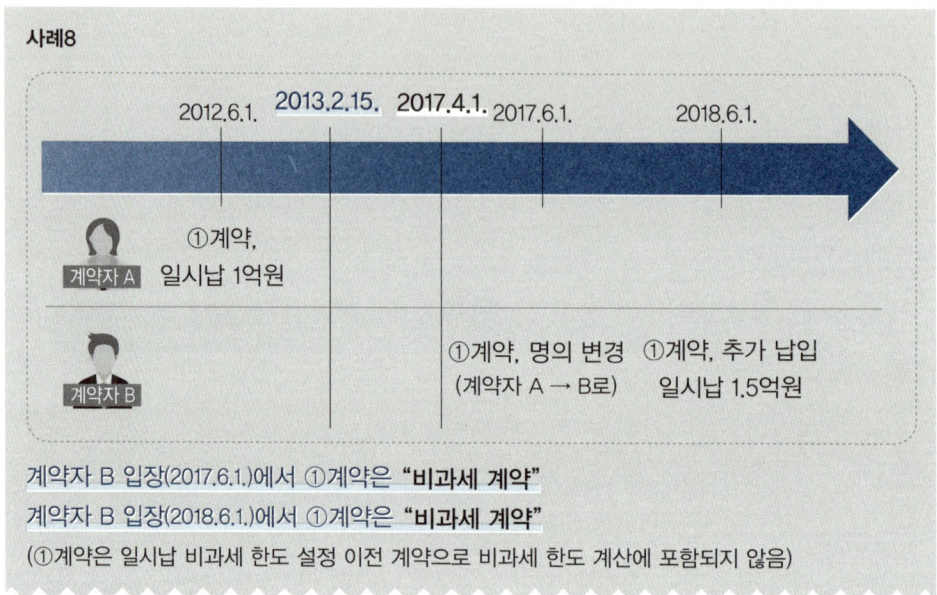

계약자 B 입장(2017.6.1.)에서 ①계약은 **"비과세 계약"**
계약자 B 입장(2018.6.1.)에서 ①계약은 **"비과세 계약"**
(①계약은 일시납 비과세 한도 설정 이전 계약으로 비과세 한도 계산에 포함되지 않음)

 관련 법규

- 소득세법시행령(제25조) (저축성보험의 보험차익) 제6항
- 소득세법시행규칙(제12조의2) (저축성보험의 보험료 합계액 계산 등) 제3항

QUIZ 다음과 같이 계약 후 계약자를 A씨 본인에서 자녀로 변경하려고 합니다. 과연 비과세 될까요? 비과세 가능하다면, 비과세 되는 시점은 언제일까요?
(자녀에게 다른 저축성보험은 없는 것으로 가정)

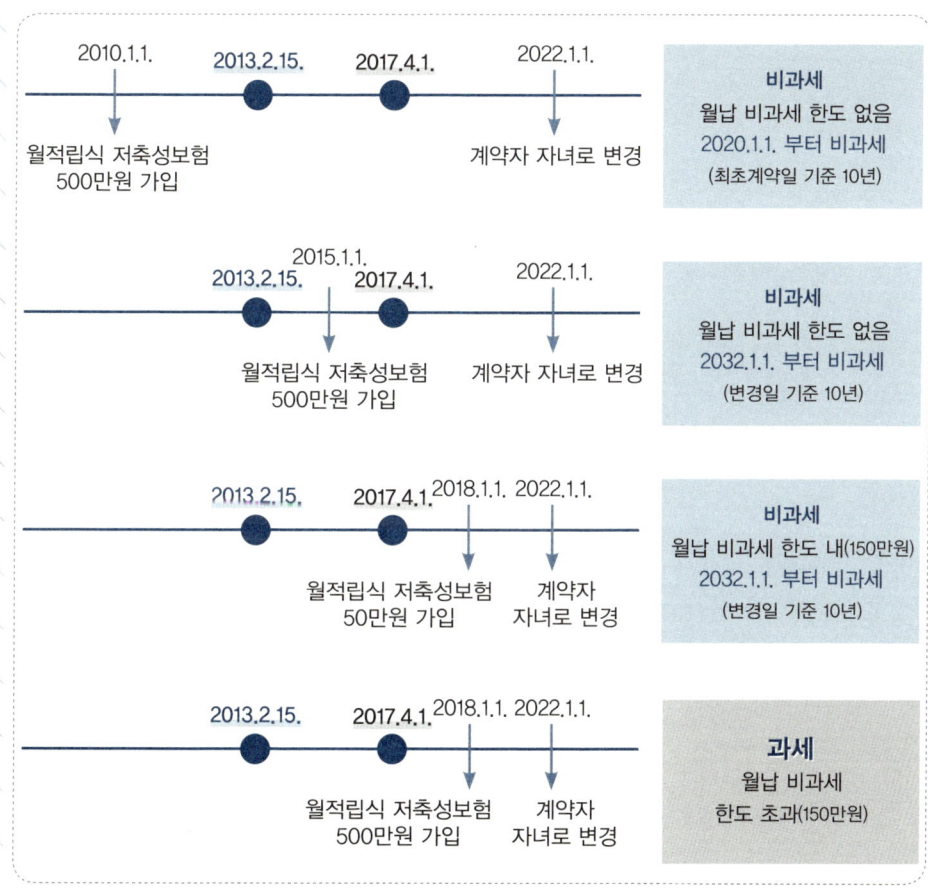

PART 1 소득세 줄이기 - '보험차익의 소득세 비과세' 활용하기

(9) 보험을 연금으로 받으면 모두 비과세 될까요? [연금전환특약 활용시 비과세 요건]

> **Q** 50대 후반에 접어 든 왕보험 씨는 퇴직 시기가 다가옴에 따라 은퇴 이후 안정적인 수입을 확보하기 위해 은퇴 설계를 받았습니다. 그 결과 국민연금을 받는 65세까지의 소득이 부족하다는 것을 알게 되었습니다.
> 대안으로 가입한 보험상품 중 저축성보험, 종신보험 등을 연금으로 전환하려고 합니다. 그런데 가입한 상품에 따라 소득세 비과세 요건이 각각 다를 수 있다고 하는데요. 연금전환을 할 때 어떤 부분에 주의해야 할까요?

A 연금전환 후 수령한 연금액의 합계가 납입한 보험료보다 클 경우, 보험차익이 발생한 것으로 보아 저축성보험의 비과세에 요건을 다시 계산하여 과세 여부를 결정합니다.

보험상품은 각각 가입 목적에 따라 종신보험, 연금보험, 저축성보험 등 다양한 상품으로 분류할 수 있습니다. 만기에 해약환급금이 납입보험료보다 클 수 있는 저축성보험뿐만 아니라 해약환급금이 없는 순수보장성 보험이라 하더라도 보험 특성상 중도해약시 해약환급금이 발생할 수 있습니다.

대부분의 보험상품은 이러한 해약환급금을 연금재원으로 해서 연금전환하여 연금을 받는 연금전환특약을 활용할 수 있도록 만들어져 있습니다.

만약 연금전환하여 수령한 연금액의 합계가 납입한 보험료보다 클 경우에는 보험차익이 발생하여 저축성보험의 비과세 요건에 따라 과세 여부가 다시 결정될 수 있습니다.

연금전환 하기 전에 저축성보험의 비과세 요건을 충족해야 비과세 혜택을 받을 수 있습니다.

다만, 연금으로 전환하면서 계약자를 변경하는 경우에는 계약자 변경 시점부터 10

년 이상 계약을 유지해야 합니다. (2013.2.15. 이후 계약)

상품 분류별로 과세 적용 요건을 정리해 보겠습니다.

연금전환시 비과세 요건

■ **공통 충족 요건 (월적립식 저축성보험, 일시납 저축성보험의 연금전환시)**

⇨ 연금전환 전에 저축성보험 비과세 요건 충족

⇨ 보험차익이 발생할 것

   보험차익 = 연금수령 합계액(중도인출금액 포함) > 납입보험료(추가납입금액 포함)

⇨ (계약자 변경 시) '10년 이상 유지시 비과세' 요건 추가

   보험계약 유지기간 기산일 : 2013.2.14. 이전 계약 – 가입 시점
   　　　　　　　　　　　　　2013.2.15. 이후 계약 – 변경 시점

■ **보장성보험의 연금전환시**

⇨ 공통 충족 요건

   (단, 2013.2.15. 이후 저축성보험으로 변경시 10년 유지 기산일 : 변경 시점)

⇨ (2013.2.14. 이전 계약) 비과세 한도에 합산하지 않음

   (2013.2.15. 이후 계약) 일시납 저축성보험 요건 충족 (월150만원 한도초과시)

   (연금전환시 연금재원을 전환 시점 일시납 한도에 합산 계산)

사례 예시 종신보험의 연금전환특약을 사용하여 연금전환한 경우 (월150만원 한도초과 가정)

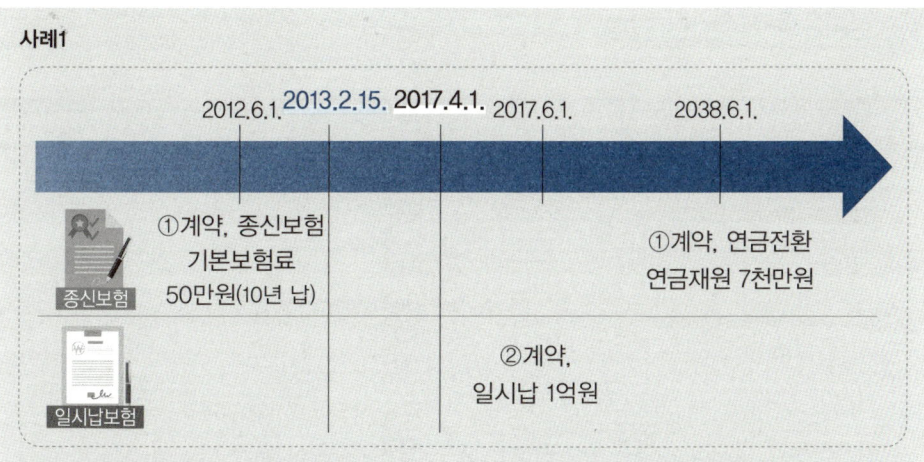

사례1

종신보험 ①계약은 "납입원금(6천만원) < 연금재원(7천만원)"이지만 **"비과세 계약"**
(연금전환시 ①계약은 ②계약의 보험료 합계액에 합산하지 않고 한도 없이 비과세)

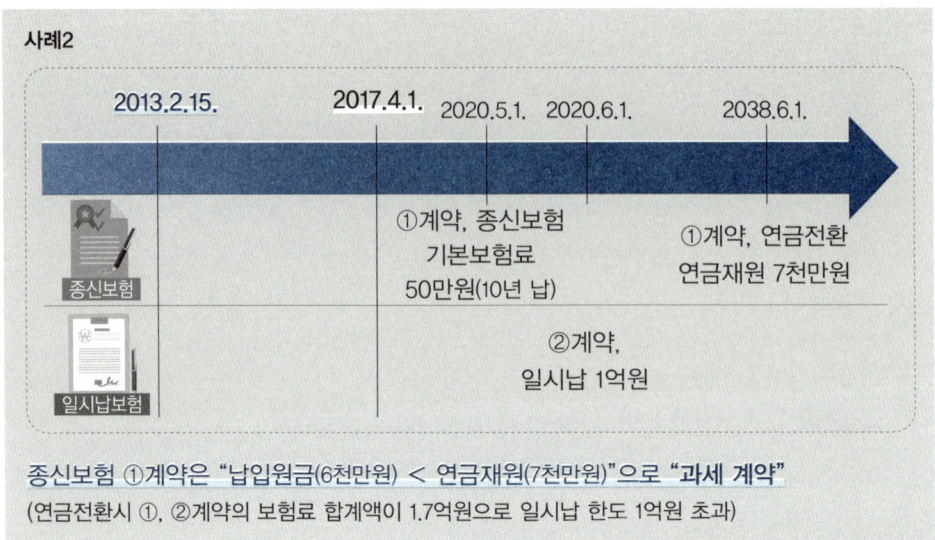

종신보험 ①계약은 "납입원금(6천만원) < 연금재원(7천만원)"으로 "과세 계약"
(연금전환시 ①, ②계약의 보험료 합계액이 1.7억원으로 일시납 한도 1억원 초과)

관련 법규

- 소득세법시행령(제25조) (저축성보험의 보험차익) 제6항
- 소득세법시행규칙(제12조의2) (저축성보험의 보험료 합계액 계산 등) 제3항

(10) 종신형연금을 받을 때 100세 보증으로 해도 비과세 될까요? [종신형연금의 지급보증기간]

Q 오랫동안 부동산개발과 주식투자로 자산을 형성한 이대로 사장님은 최근의 자산가격변동과 경기 둔화의 상황을 지켜보면서, 앞으로의 투자 전략도 중요하지만 노후 문제에 좀 더 관심을 갖고 안정적인 은퇴 설계가 필요하다는 생각이 들었습니다. 보험차익이 비과세 되는 종신형연금이 상당히 매력적이라는 판단에 상품을 알아보던 중, 연금을 받을 때 지급보증기간이 있다는 것을 알게 되었습니다. 이왕이면 보증기간이 긴 100세 보증을 선택하고 싶은 이대로 사장님은, 다음 사실이 궁금합니다. 종신형연금 일시납 10억원을 가입하는데, 100세 보증으로 하면 비과세 혜택을 받을 수 있을까요?

A 종신형 연금보험 비과세 요건 중 '기대여명 연수 이내 보증기간' 초과되어 과세

종신형 연금보험이란?

종신형 연금보험은 사망 시점까지 연금을 계속 지급받는 연금으로, 피보험자가 사망하면 연금재원이 소멸되는 형태의 연금을 말합니다. 종신형 연금보험도 요건을 갖출 경우 보험차익 비과세가 가능합니다.

먼저, 종신형 연금보험의 용어부터 정리해 보겠습니다. 일시납이나 월납 저축성보험도 종신형 연금보험으로 연금을 수령할 수 있습니다. 이와 같이 저축성보험이 과세 제외 요건을 충족한 경우, 종신형 연금 방식으로 연금을 수령하더라도 "종신형 연금보험"이라 부르지 않습니다.

여기에서 다루고자 하는 "종신형연금"은 소득세법 시행령 제25조 4항에 기재되어 있는 "종신형연금"입니다. 이는 일시납과 월납 형태와 상관없이 한도가 없어 저축성보험 비과세에 비해 더 많은 요건을 지켜야 합니다.

종신형연금의 비과세 요건

1. 55세 이후부터 보험금과 수익을 연금 형태로 지급받아야 합니다.
2. 연금 외의 형태로 보험금, 수익 등을 지급받지 않아야 합니다.
3. 보증기간은 피보험자의 기대여명 연수 이내에서 정해야 합니다. 보통 종신형 연금에는 피보험자가 조기에 사망하더라도 최소한의 연금을 지급받을 수 있도록 보증기간을 설정할 수 있습니다. 만약 보증기간 이내에 피보험자가 사망하게 되면, 남은 보증기간 동안 상속인이 연금을 받게 됩니다. 따라서 이 규정은 종신형연금을 상속의 수단으로 남용하는 것을 막기 위한 조치라고 할 수 있습니다.
4. 피보험자가 사망하면 보험계약과 연금지급재원이 소멸해야 합니다. 단, 피보험자가 사망한 다음에도 보증기간이 남아 있으면 보증기간이 종료될 때 보험

계약과 연금지급재원이 소멸해야 합니다.

5. 계약자, 피보험자, 수익자가 동일하고, 최초 연금지급이 개시된 다음에는 중도해약을 할 수 없어야 합니다. 피보험자는 보험계약의 대상이 되는 사람이고, 수익자는 연금을 수령하는 사람입니다. 따라서, 종신형연금은 피보험자가 살아 있는 동안에 지급되는 연금상품입니다.

6. 매년 수령하는 연금액이 일정 한도를 초과해서는 안 됩니다. 연금액의 한도는 연금수령 개시일 당시 연금계좌 평가액을 연금수령 개시일 당시 기대여명 연수로 나눈 금액의 3배입니다.

$$\frac{\text{연금수령 개시일 현재 연금계좌 평가액}}{\text{연금수령 개시일 현재 기대여명 연수}} \times 3$$

종신형연금 비과세 요건 요약 정리

▶ 계약자, 피보험자, 수익자 모두 동일
▶ 55세 이후부터 사망시까지 연금형태로만 수령
▶ 사망시 보험계약과 연금재원이 소멸할 것
  (기대여명 이내의 보증기간 설정 시 해당 보증기간까지 인정)
▶ 연금수령 한도 이내일 것 (최대 3배수)
  (동행 상품설명서 보험차익 세제 관련 알아두실 사항 참조)

월납, 일시납 한도 없음

2020년 통계청 기대여명표에 따르면 이대로 사장님(50세)의 기대여명은 32.2년입니다. 따라서, 이대로 사장님이 100세 보증을 선택하면 "종신형연금"의 비과세 요건 중 보증기간이 피보험자의 기대여명 연수 이내여야 한다는 요건을 갖추지 못해 비과세 혜택을 받을 수 없습니다. 지급보증기간을 기대여명 연수인 32년 이내로 선택해야 비과세가 가능합니다.

성·연령별 기대여명 추이, 1970~2021년

연령	남자				증감		여자				증감	
	1970	2011	2020	2021	'11대비	'20대비	1970	2011	2020	2021	'11대비	'20대비
0세	58.7	77.3	80.3	80.6	3.4	0.1	65.8	84.0	84.0	86.6	2.6	0.1
10세	52.8	67.6	70.8	70.9	3.3	0.1	60.2	74.3	74.3	76.9	2.6	0.1
20세	43.9	57.8	60.9	61.0	3.2	0.1	51.3	64.4	66.8	67.0	2.6	0.1
30세	35.4	48.1	51.2	51.3	3.2	0.1	43.0	54.6	57.0	57.1	2.5	0.1
40세	26.7	38.6	41.5	41.7	3.1	0.1	34.3	44.9	47.3	47.4	2.5	0.1
50세	19.0	29.5	32.2	32.3	2.8	0.1	26.0	35.4	37.7	37.8	2.4	0.1
60세	12.7	21.0	23.4	23.5	2.4	0.1	18.4	26.0	28.2	28.4	2.4	0.1
70세	8.2	13.3	15.3	15.4	2.0	0.1	11.7	17.1	19.1	19.2	2.1	0.1
80세	4.7	7.4	8.4	8.5	1.1	0.0	6.4	9.5	10.8	11.0	1.5	0.1
90세	2.8	3.7	4.1	4.2	0.5	0.1	3.4	4.6	5.2	5.3	0.7	0.1
100세	1.7	1.9	2.0	2.1	0.1	0.0	1.9	2.2	2.4	2.5	0.2	0.1

 관련 법규

- 소득세법시행령(제25조) (저축성보험의 보험차익) 제4항

(11) 사망보험금 대신 월생활비를 받아도 비과세 될까요? [생활비지급형 종신보험]

> **Q** 가족의 재정적 안정을 위해 종신보험 10억을 가입한 가장 이근검 씨는 가족에 대한 책임을 어느 정도 다하게 되면, 65세부터는 20년간 사망보험금을 대신해서 매년 혹은 매달 생활자금으로 수령할 계획도 갖고 있습니다. 젊었을 때는 보장을, 그리고 노후에는 생활자금을 받을 수 있다고 좋게 생각했는데, 혹시 현재 납입하는 보험료가 200만원이 넘는 금액이어서 이렇게 생활자금을 받게 되면 과세되는 게 아닌지 걱정이 되었습니다. 종신보험에서 지급받는 생활자금은 비과세가 되나요?

A 비과세.
종신보험의 생활자금은 연금보험과 달리 보험가입금액(사망보험금) 일부를 대신 지급합니다. 보장성보험의 성격을 계속 유지하므로, 과세 제외됩니다

최근 종신보험이 진화하면서 종신토록 사망보험금을 보장해 주는 상품 외에도 생활비를 지급하는 종신보험이 인기를 끌고 있습니다. 일정 기간 동안 사망보험금을 조금씩 줄여가면서 대신에 고객에게 생활자금을 지급하는 방식입니다. 생활비지급형 종신보험의 과세 여부를 판단하기 전에 상품의 구조를 간단히 살펴보겠습니다.

❖ 사망보험금 생활자금 선지급제도 ⇒ 주계약의 사망보험금 일부를 재원으로 활용하여 생활자금을 지급하는 제도

■ 대상계약 (메트라이프생명보험 상품 기준)
1. 보험계약대출 잔액(보험계약대출의 원금과 이자 포함)이 없는 유효한 계약
2. 계약유지보증 수준이 '종신보증'인 계약
3. 계약을 체결할 때 납입하기로 약정한 기본보험료 총액을 모두 납입완료한 계약
4. 생활자금 개시연령이 계약일로부터 15년과 주계약 납입기간 중 큰 기간이 경과한 이후이면서 피보험자의 나이가 55세 이상 및 90세 이내인 계약

■ 선지급 대상 보험가입금액 최초 생활자금을 선지급하기 직전 보험가입금액을 기준으로 하며, 다음의 비율을 곱한 금액입니다.
1. 계약 체결시 선택한 생활자금 지급기간이 15년일 경우 : 6.0%
2. 계약 체결시 선택한 생활자금 지급기간이 20년일 경우 : 4.5%
3. 계약 체결시 선택한 생활자금 지급기간이 25년일 경우 : 3.6%

■ 생활자금
생활자금 선지급 대상은 보험가입금액에 해당하는 (기본)계약자적립액을 말합니

다. 다만, "보험료 및 해약환급금 산출방법서"에서 정한 방법에 따라 특별계정 운용실적과 관계없이 보장하는 최저한도의 생활자금으로 최저 보증합니다.

종신보험의 생활자금 vs 연금전환 비교

생활자금	구분	연금전환
종신보험	상품 성격	종신보험 ⇒ 연금보험
보험가입금액의 일정률에 해당하는 계약자적립액	자금 재원	종신보험 전체의 해약환급금으로 일시납 연금보험 구입 방식
최저 보증	적용 이율	변동 (평균공시이율)
생활자금 미수령기간에 대한 보험가입금액 + 보험가입금액의 10%	보장 유무	무
보장성보험에 준함	세제 적용	저축성보험에 준함

위의 비교표에서 알 수 있듯이, 종신보험의 생활자금은 종신보험의 기본 형태를 유지한 상태로 지급됩니다. 장래 발생할 사망보험금의 일정 부분을 감액하여 필요한 생활자금을 수령하는 형태입니다.

따라서, 종신보험의 연금전환과는 다르게 저축성보험의 조건과는 상관없이 보장성보험의 비과세 요건에 해당하여 과세 제외됩니다.

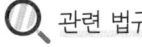 관련 법규

- 소득세법시행령(제25조) (저축성보험의 보험차익) 제1항

(12) 종신보험을 저축성보험으로 전환해도 비과세 될까요? [전환형 종신보험]

Q 평상시 근검절약하고 미래를 위해 많이 준비할수록 좋다고 생각하던 이근검 씨. 조만간 세법 개정으로 인해 보험차익의 비과세 요건이 조금 더 까다로워진다는 이야기를 듣고 "전환형 종신보험"을 추가로 가입하였습니다. [2013년 1월. 전환형 종신보험 2건 가입. 월보험료 각 5만원].

알뜰하게 돈을 관리하다 보니 여유가 생겨서 "전환형 종신보험"을 저축성보험으로 전환하려고 합니다. 계약자와 수익자를 자녀로 변경하고 저축성보험으로 월 50만원씩 증액 전환할 계획입니다. (자녀들이 가입한 다른 저축성보험은 없습니다.)

만약 종신보험을 저축성보험으로 전환하게 되면 비과세 혜택을 받을 수 있을지 궁금해 졌습니다. 저축성보험으로 전환해도, 가입시점부터 10년이 지나면 비과세 될까요?

A 변경 시점의 비과세 요건을 만족하고 계약을 변경한 날로부터 10년 경과해야 비과세 (기본보험료의 1배 초과 증액시 변경일로부터 10년 비과세 기간 재계산, 전환 시점의 비과세 요건 적용)

2013.2.15.은 보험차익 과세제외 제도에서는 상당히 중요한 의미가 있는 날입니다. 과세당국이 한도 없이 과세제외를 해 주던 일시납 저축성보험에 대해서 계약자 1인당(전 보험사 합산) 2억원까지만 과세제외 하겠다고 했고, 또한 계약자 명의가 변경되는 경우와 보장성보험을 저축성보험으로 변경하는 경우에는, 10년 비과세 기간을 계산할 때 계약 시점이 아닌 계약자 명의가 변경되거나 저축성보험으로 변경한 시점부터 10년을 유지해야 한다고 시행령을 변경한 날이기 때문입니다.

전	2013.2.15.	이후
무	일시납 한도	2억원-
무	월적립식 납입기간 조건	5년 이상
무	월적립식 선납 조건	6개월 이내
최초 계약일 기준 10년 이상 유지	계약자 명의 변경 혹은 보장성보험의 저축성보험으로 변경 시	변경 시점 기준 10년 이상 유지
1배 이내	기본보험료 증액 조건	1배 이내

이근검 고객님의 경우, 2013.2.15. 전에 "전환형 종신보험"을 가입하였기 때문에 "저축성보험"으로 전환해도 종전 규정을 적용받아 최초 "전환형 종신보험"을 가입한 계약일 기준으로 10년 경과 시 비과세를 적용받습니다.

다만, 주의해야 할 부분은 비록 2013.2.15. 전에 계약했더라도, 최초 계약한 기본보험료의 1배를 초과하여 기본보험료를 증액하는 경우에는 종전의 규정을 따르지 않고 개정된 규정을 적용합니다. 기본보험료의 1배를 초과하여 증액하면 변경일을 해당 보험계약의 최초납입일로 보아 비과세 기간을 재계산하게 됩니다. 즉, 10만원을 초과하여 증액하는 경우에는 비과세 기산일이 새롭게 시작되기 때문에 10년의 비과세 기간을 다시 채워야 한다는 것을 고려해야 합니다.

 관련 법규

- 소득세법시행령(제25조) (저축성보험의 보험차익) 제6항

(13) 종신보험에 추가납입 해도 비과세 될까요?

> **Q** 종신보험의 보장도 받고 추가납입을 통해 목돈도 마련할 수 있다는 설명을 들은 45세 이능력 대표님이 종신보험 월납 300만원을 2021년 1월에 가입하였습니다. 추가납입을 하여 추후에 보험차익이 5천만원이 생긴 상태에서 해약한다면 비과세를 받을 수 있을까요?

A 종신보험을 해약한다면 저축성보험의 비과세 요건을 충족해야만 비과세 가능합니다.

최근의 종신보험은 생명에 대한 보장을 해 주는 본질적인 기능 외에 부가 서비스를 많이 장착하고 있습니다. 대표적으로 추가납입 제도가 있습니다.

추가납입 보험료는 계약자가 매월 정기적으로 납입하기로 한 기본보험료 외에 추가로 납입할 수 있는 보험료를 말합니다. 특히, 추가납입은 수수료가 부과되지 않아 여유 자금을 모으기에 적합합니다.

당사 상품의 경우 추가납입 보험료는 계약일부터 1개월이 지난 후부터 "추가납입보험기간 종료일 - 1년"까지 납입할 수 있으며, "추가납입보험기간"은 계약일로부터 80세 계약해당일 전일까지입니다.

추가납입보험료는 납입 방법에 따라 "정기 추가납입보험료"와 "수시 추가납입보험료"로 구분됩니다.

[추가납입보험료 납입한도] 2022년 메트라이프생명보험 상품 기준

구분	납입한도
총 납입 한도	(기본보험료 × 납입기간(연) × 12) × 100%
1회 납입 가능한 추가납입보험료 한도	(기본보험료 × 기본보험료 납입횟수) × 100% − 이미 납입한 추가납입보험료의 합계
연간 납입 한도	총 납입한도와 동일. 단, 추가납입 시점의 피보험자 나이가 65세 이상인 경우 (기본보험료 × 12 × 100%)

만약, 이능력 대표님이 15년납을 가입했다면 총 추가납입 한도는 5억4천만원이 됩니다. 기본보험료 월납 300만원으로 종신보험의 보장을 받으면서, 월 300만원 정도를 장기목적자금 혹은 은퇴를 위해 적립투자하는 것이 가능하게 되는 셈입니다. 해약 시 보험차익의 발생 가능성이 높아, 비과세 여부가 중요합니다.

종신보험은 기본적으로 보장성입니다. 피보험자의 유고 시 가입한 보험가입금액이 상속인 혹은 수익자에게 지급이 되지만, 보험 본래의 보장성 기능으로 인해서 보험차익에 대해 비과세를 적용받습니다.

하지만 가입하고 있던 종신보험을 해약하게 되면, 더 이상 종신보험으로 볼 수 없기 때문에 2013.2.15. 이후 계약한 건에 대해서는 월적립식 저축성보험의 비과세 요건을 갖추었는지가 검토 대상입니다. 월적립식 저축성보험의 비과세 요건을 갖추지 못했다면, 일시납 저축성보험의 비과세 요건을 갖추었는지 검토하여 비과세 여부를 판단하게 됩니다.

월납 저축성보험의 비과세 요건은, 첫째 5년 이상 납입, 둘째 10년 이상 계약 유지, 셋째 기본보험료가 균등, 넷째 월 150만원 이하입니다. 그런데 소득세법 시행규칙에서 이 월납 150만원을 어떻게 계산하는지 설명해 주고 있습니다.

제12조의2(저축성보험의 보험료 합계액 계산 등)
1. 저축을 목적으로 하지 아니하고 피보험자의 사망·질병·부상, 그 밖의 신체상의 상해나 자산의 멸실 또는 손괴만을 보장하는 계약일 것
2. 만기 또는 보험 계약기간 중 특정시점에서의 생존을 사유로 지급하는 보험금·공제금이 없을 것

당사 종신보험 주계약의 사망보험금은 아래와 같습니다.

- 기본보험료 부분의 사망보험금: [기본보험금액(보험가입금액), (기본)계약자적립액의 105%, (기본)기납입보험료] 중 큰 금액
- 추가납입 보험료 부분의 사망보험금: [(추가)계약자적립액, (추가)기납입보험료] 중 큰 금액

결론은 이렇습니다. 종신보험을 해약하면, 저축성보험의 비과세 요건을 충족해야만 비과세 대상이 됩니다. 다만 종신보험은 기본보험료와 추가납입 보험료를 통해 사망보험금으로 지급하는 것을 목적으로 하고 있기 때문에, 계약이나 명의 변경을 할 때는 월적립식 저축성보험의 한도(150만원) 계산에서 제외됩니다.

관련 법규

- 소득세법시행령(제25조) (저축성보험의 보험차익) 제3항제2호
- 소득세법시행규칙(제12조의2) (저축성보험의 보험료 합계액 계산 등) 제1항, 제2항

(14) 법인계약도 10년 이상 유지하면 비과세 될까요?

> **Q** 법인에서 퇴직금재원마련 목적으로 저축성보험을 월 100만원씩 10년간 납입하였습니다.
> 퇴직금을 지급하기 위해 해약할 때 수익이 났다면, 그 수익 금액은 비과세 될까요?
> (법인으로 계약 보유시 소득세법의 저축성보험 비과세 요건은 충족 가정)

A 법인계약은 소득세법이 아닌 법인세법의 적용을 받기 때문에 10년 이상 유지하고 소득세법상의 비과세 요건을 만족해도 과세됩니다.

소득세법에서는 장기(10년 이상) 저축성보험에 대해서 일정 요건을 충족한다면 일정한 한도 내에서 이자소득에 대해 소득세를 과세하지 않는 것으로 규정하고 있습니다.

- ■ 일시납 비과세 요건
  - 1억원 이하, 10년 이상 유지
  - 10년 이내 확정형 연금으로 수령하지 않을 것

- ■ 월적립식 보험 비과세 요건
  - 월납 150만원 (연 1,800만원) 이하 (2017.4.1. 이후 계약건)
  - 월납 보험료 균등, 5년 이상 납입
  - 선납 6개월 이내

그러나 법인에서 가입한 저축성보험이 수익이 났을 경우, 위 소득세법상의 비과세 요건을 충족하였다고 해도 이자소득세 비과세 적용을 받을 수 없고, 그 수익금은 법인세법상 과세 대상 소득입니다.

우리나라의 법인세법에서 채택하고 있는 과세 방식은 영리법인은 "순자산증가설"

과 "포괄주의 과세방법"입니다. 따라서 소득발생원천이나 소득의 종류 및 계속적 발생 여부를 묻지 않고 순자산을 증가시키는 것은 모두 과세 소득에 포함하며, 법에 열거되지 아니한 소득이라도 순자산을 증가시키는 것은 과세 소득에 포함되어 법인세가 과세됩니다.

반면에 보험을 해약하여 해약환급금이 납입원금에 미치지 못하여 손실이 날 경우에는 그 손실금액은 비용으로 처리되어 법인세를 줄이게 됩니다.

법인에서 퇴직금 지급을 위해 보험을 해약하면, 법인세는 다음과 같이 계산합니다.

지급보험금에 대한 법인세 계산 예시

■ 납입원금 1억2천만원, 해약환급금 1억5천만원일 경우
  ⇨ 과세 대상 소득 = 1억5천만원 − 1억2천만원 = 3천만원
  ⇨ 법인세(수익금액이 더해져도 적용세율이 변화 없다고 가정 시)

  (법인세율 9% 법인) 3천만원 × 9% = 270만원
                                    (지방소득세 포함 시 297만원)
  (법인세율 19% 법인) 3천만원 × 19% = 570만원
                                    (지방소득세 포함 시 627만원)

■ 납입원금 1억2천만원, 해약환급금 1억원일 경우
  ⇨ 과세 대상 소득 = 1억원 − 1억2천만원 = −2천만원
  ⇨ 법인세(손실금액이 반영되어도 적용세율이 변화 없다고 가정 시)

  (법인세율 9% 법인) −2천만원 × 9% = −180만원
                                    (지방소득세 포함 시 −198만원)
  (법인세율 19% 법인) −2천만원 × 19% = −380만원
                                    (지방소득세 포함 시 −418만원)

 관련 법규

- 법인세법(제15조) (익금의 범위)   - 소득세법시행령(제25조) (저축성보험의 보험차익)
- 소득세법시행규칙(제12조의2) (저축성보험의 보험료 합계액 계산 등)

(15) 법인계약을 대표이사의 퇴직금으로 받으면 비과세 될까요? [저축성보험의 경우]

> **Q** 법인에서 퇴직금재원마련 목적으로 저축성보험을 월 100만원씩 10년간 납입하였습니다. 수익이 난 상태에서 보험계약을 대표님의 퇴직금으로 지급하였습니다. (계약자 법인 ···▶ 대표님으로 변경)
>
> 이후 대표님이 보험계약을 해약할 경우 비과세가 될까요? (법인으로 계약 보유시 소득세법의 저축성보험 비과세 요건은 충족 가정)

A 2013.2.14. 이전 계약 : 대표님으로 계약자 변경 후 언제든지 해약해도 비과세
(최초보험료 납입일(법인계약 포함)을 보험계약 10년 비과세 기산일로 함)
단, 2013.2.15. 이후 계약 : 대표님으로 계약자 변경 후 10년 이상 유지시 비과세

앞서 살펴보았듯이 법인에서 가입한 보험계약이 수익이 났을 경우(보험차익), 즉 납입보험료보다 법인세법 보험자산 평가금액이 더 클 경우에는 소득세법상의 비과세 요건을 충족하였다고 해서 이자소득 비과세 적용을 받을 수는 없습니다.

법인에서 보험자산 평가시점은 일반적으로 보험계약을 해약하거나 보험자산을 유가증권으로서 양도(변경)하는 경우에 재평가하는데, 그때 평가차익(보험차익)이 발생하게 되면 그 차익을 법인의 수익으로 해서 법인세법상 과세 대상 소득이 됩니다.

결국 보험차익 비과세라는 것은 소득세법의 이자소득세에 대한 비과세를 말하는 것이고, 법인세법에서는 일종의 금융상품 수익으로 보고 법인세로 과세하게 됩니다.

그러므로 대표님의 퇴직금을 현금 대신에 동의 하에 현물(보험증권)로 계약자 변경하여 지급할 수 있는데, 이때 보험증권의 평가금액은 이익이 난 금액으로 해서 지급하기 때문에 그 이익에 대한 법인세는 별도로 발생하게 됩니다.

그리고 대표님은 보험증권의 평가금액으로 퇴직금을 수령한 후에 해약을 하게 되

면 그때에 보험차익에 대해서 소득세법 이자소득에 대한 비과세 여부를 판단하게 됩니다.

이자소득세 비과세 여부는 법인에서 보험상품을 가입한 보험계약일에 따라 달라지는데, 보험계약일이 2013.2.14. 이전이라면 보험계약을 퇴직금으로 수령한 후 바로 해약하더라도 언제든지 소득세 비과세가 적용됩니다. (단, 법인에서 10년 보유함)

반면에 2013.2.15. 이후 계약일 경우에는 다음 요건을 모두 충족해야 소득세 비과세가 적용됩니다.

① 월적립식 보험 비과세 요건을 충족
- ✔ 월납 150만원 (연 1,800만원) 이하(2017.4.1. 이후 계약 건), 10년 이상 유지
- ✔ 월납 보험료 균등, 5년 이상 납입
- ✔ 기본보험료 선납기간 6개월 이내

② 법인에서 대표님으로 변경 후 10년 경과

법인 ⋯▶ 대표자로 계약자 변경시 비과세 여부 (단, 법인에서 10년 유지)

보험계약일	변경 후 해약 시 비과세 여부
2013.2.14. 이전	언제든지 비과세
2013.2.15. 이후	10년 이전 과세, 10년 이후 비과세

🔍 관련 법규

- 소득세법시행령(제25조) (저축성보험의 보험차익)
- 소득세법시행규칙(제12조의2) (저축성보험의 보험료 합계액 계산 등)

(16) 법인계약을 대표이사의 퇴직금으로 받으면 비과세 될까요? [종신형 연금보험의 경우]

> **Q** 법인에서 퇴직금재원마련 목적으로 연금보험을 월 200만원씩 10년간 납입하였습니다. 수익이 난 상태에서 보험계약을 대표님의 퇴직금으로 지급하였습니다. 이후 대표님은 보험계약을 종신연금으로 수령하려고 합니다. 비과세 가능할까요?

A 2013.2.14. 이전 계약 : 비과세
2013.2.15. 이후 계약 : 과세 (계약자, 수익자, 피보험자 모두 동일 요건 미충족)

법인계약 중 종신형연금의 비과세 여부는 보험계약일에 따라 달라집니다.

보험계약일이 2013.2.14. 이전이라면 보험계약을 퇴직금으로 수령한 후 종신연금 수령 또는 해약하더라도 언제든지 소득세 비과세가 적용됩니다.

만약 2013.2.15. 이후 계약이리면, 종신형연금의 비과세 요건을 충족하지 못해 과세됩니다. 왜 그런지, 이유를 자세히 알아보겠습니다.

계약자 변경시(법인 ⋯▶ 대표자) 비과세 여부 (단, 법인에서 10년 유지)

보험계약일	변경 후 비과세 여부
2013.2.14. 이전	언제든지 비과세
2013.2.15. 이후	종신형 연금보험의 비과세 요건 충족 필요 법인계약은 "계약체결 시점의 계약자, 피보험자, 수익자 모두 동일" 조건 미충족하므로 과세

2013.2.15. 이후 계약이 종신형 연금보험 비과세 요건을 충족한다면 금액 제한없이 비과세 됩니다.

종신형 연금보험의 비과세 요건

보험계약 체결시점부터 다음 각 호의 요건을 모두 갖춘 종신형 연금보험을 말한다.

1. 55세 이후부터 사망시까지 보험금·수익 등을 연금으로 지급받을 것
2. 연금 외의 형태로 보험금·수익 등을 지급하지 아니할 것
3. 사망시 [「통계법」 제18조에 따라 통계청장이 승인하여 고시하는 통계표에 따른 성별·연령별 기대여명 연수(소수점 이하는 버리며, 이하 이 조에서 "기대여명연수"라 한다) 이내에서 보험금·수익 등을 연금으로 지급하기로 보증한 기간(이하 이 조에서 "보증기간"이라 한다)이 설정된 경우로서 계약자가 해당 보증기간 이내에 사망한 경우에는 해당 보증기간의 종료시를 말한다] 보험계약 및 연금재원이 소멸할 것
4. 계약자와 피보험자 및 수익자가 동일하고 최초 연금지급개시 이후 사망일 전에 중도해약할 수 없을 것
5. 매년 수령하는 연금액[연금수령 개시 후에 금리변동에 따라 변동된 금액과 이연(移延)하여 수령하는 연금액은 포함하지 아니한다]이 다음의 계산식에 따라 계산한 금액을 초과하지 아니할 것

하지만 법인계약은 최초 계약시 계약자와 수익자를 법인으로 지정하기 때문에, 종신형 연금보험 비과세 요건 중 4호를 충족하지 못합니다. [4호 요건 '계약자와 피보험자 및 수익자가 동일'할 것]

따라서, 법인계약은 계약 시점부터 종신형 연금보험의 비과세 요건을 충족하지 못하므로 비과세가 될 수 없습니다.

관련 법규

- 소득세법(제16조) (이자소득)
- 소득세법시행령(제25조) (저축성보험의 보험차익)

(17) 법인계약을 대표이사의 퇴직금으로 받으면 비과세 될까요? [종신보험 사망보험금을 받을 경우]

> **Q** 법인에서 퇴직금재원마련 목적으로 종신보험을 월 200만원씩 10년간 납입하였습니다. 보험계약으로 대표님의 퇴직금을 지급하면서 계약자를 법인에서 대표님으로 변경하였습니다. 이후 대표님이 사망하여 사망보험금을 받게 되면 비과세 될까요? (납입원금 2.4억원, 사망보험금 4억원 가정)

A 비과세 (보장성보험의 사망보험금은 소득세 비과세)

피보험자의 사망·질병·부상 그 밖의 신체상의 상해로 인하여 받거나 자산의 멸실 또는 손괴로 인하여 받는 보험금은 이자소득세 비과세가 적용됩니다. 그러므로 법인에서 종신보험 가입 후 퇴직금 지급시 계약자를 대표님으로 변경한 후에 피보험자인 대표님의 사망으로 사망보험금이 지급될 경우에는 이자소득세는 비과세 적용됩니다.

하지만 계약자와 피보험자가 동일한 계약의 사망보험금은, 상속세 및 증여세법 상 간주상속재산에 해당합니다. 다른 재산과 합산해 상속세를 부담해야 한다는 점, 기억하시기 바랍니다.

🔍 관련 법규

- 상속세 및 증여세법(제8조) (상속재산으로 보는 보험금)   - 소득세법(제16조) (이자소득)
- 소득세법시행령(제25조) (저축성보험의 보험차익)

04 보험 비과세 혜택, 이렇게 활용하세요
- 저축성보험 비과세를 활용한 고객 제안법

(1) 저축성보험을 활용한 고객 제안법

> **Q** 자녀가 없는 40대 중반 맞벌이 부부로, 남편은 IT 벤처기업에 다니고, 아내는 사립초등학교 교사입니다. 일찌감치 내 집 마련에 매진한 결과 집은 마련했기 때문에 10년 후 조기 은퇴할 계획입니다. 은퇴 후에는 한가로이 해외를 여행하고 싶습니다. 그런데 남편 회사가 상장을 하게 되면서 스톡옵션으로 실수령액 5억원을 받게 되었습니다. 은퇴 준비와 해외여행 등을 위한 포트폴리오 구성을 어떻게 하면 좋을까요?

이 부부는 남편의 국민연금과 아내의 사학연금으로 65세부터는 어느 정도 안정된 연금생활을 할 수 있습니다. 다만, 60세나 그 이전에 은퇴를 한다면 65세 공적연금 수령시기까지 5년 이상의 소득 공백기가 발생합니다. 따라서 퇴직 후부터 국민연금 수령 전까지 안정된 수입원을 확보하는 전략이 필요합니다. 특히 해외여행 같은 활동적인 여가생활 또한 이 시기에 집중될 가능성이 높으므로, 조기 은퇴 시점의 생활비를 여유 있게 준비하는 것이 좋겠습니다.

고객님과의 상담 후 목적자금, 투자기간 및 필요시기에 따른 포트폴리오를 구성해 보았습니다.

- 목적자금
    - 생활자금 500만원/월 내외
    - 해외여행자금 500~1,000만원/연, 5~10년간

- 투자기간 및 필요시기
    - 투자기간: 45세 ~ (은퇴 시점) 55세 또는 59세 (10~15년)
    - 필요시기: (은퇴 시점) 55, 60세~ 64세 (5~10년)

- 투자대상 및 투자금액
    - 대출상환 2억원
    - 오피스텔 2억원
    - MMF 5천만원
    - 저축성보험 일시납 5천만원
    - 월적립식 저축성보험 60만원/월

포트폴리오를 구성한 이유는 이렇습니다.

1. 오피스텔 – 2억원

   부부가 인적소득을 창출하고 있으므로 안정된 자산소득으로 제2의 수입원을 확보할 뿐만 아니라 차후 은퇴 이후에도 지속적인 소득 창출이 가능합니다.
   하지만 임대소득은 사업소득으로 남편의 높은 근로소득과 합산되어 종합소득세로 과세되므로 추가적인 세금부담이 있습니다. 그래서 상대적으로 낮은 급여를 받고 있는 아내 명의로 매입하여 임대사업을 하도록 추천합니다.
   ⇨ 월 60만원 임대수입 확보

2. MMF – 5천만원

   아파트 매입으로 빠듯했던 비상예비자금 및 여유 자금 확보

3. 일시납 저축성보험 – 5천만원

해외여행 목적자금용으로 매년 500만원~1000만원 정도 진정한 연금(월이 아닌 분기, 반기, 연 단위 수령 가능)을 주기적으로 5년~10년 이상 확정된 기간 동안 여행자금으로 수령 가능합니다.

⇨ 장기간 투자에 따른 보험차익 이자소득세 비과세 (일시납 1억원 이하)
  • 예·적금의 이자소득 발생시 기존 금융소득 합산하여 금융소득종합과세 대상
  • 펀드 및 기타 금융상품 투자 시 차후 금융투자소득세 대상
⇨ 확정된 기간 동안 연금으로 수령
⇨ 투자기간 동안 5천만원 까지는 자유롭게 추가납입 가능
⇨ 긴급자금 필요시 중도인출 및 보험계약대출 활용 가능
단, 중도인출과 추가납입을 반복 사용시 비과세한도 1억원을 초과할 수 있으므로 주의 필요

4. 월적립식 저축성보험 – 월 60만원

은퇴 공백기간 동안 안정적인 생활자금 월 500만원 확보용으로, 임대소득 60만원을 매월 납입하면서 여유 자금 또는 연말 상여금 수령 시 추가납입을 하여 목적자금 마련을 확대할 수 있습니다.

⇨ 장기간 투자에 따른 보험차익 이자소득세 비과세 (월 150만원 이하)
  • 예·적금의 이자소득 발생시 기존 금융소득 합산하여 금융소득종합과세 대상
  • 펀드 및 기타 금융상품 투자 시 차후 금융투자소득세 대상
⇨ 투자기간 동안 매년 합산 1,800만원까지는 자유롭게 추가납입 가능
⇨ 긴급자금 필요시 중도인출 및 보험계약대출 활용 가능
⇨ 은퇴 공백기간 동안 확정된 월 생활비(연금)를 전체 또는 일부 수령 가능
  • 임대수입 60만원 + 일부 연금수령액 440만원 = 월 생활비 500만원 수령
  • 남은 연금 적립금과 추가납입을 하여 65세 이후 종신연금 수령 가능

저축성보험의 가장 큰 장점은 장기투자의 결과 이자소득이 비과세 된다는 점이고,

두 번째는 일정 은퇴 기간이나 확정 기간 동안 연금처럼 안정된 현금흐름을 확보할 수 있다는 것입니다.

그리고 대부분의 저축성보험은 연금의 성격을 갖고 있는 경우도 있어서, 적립금의 일부는 필요한 만큼 1차 연금으로 수령하고 나머지 적립금은 계속 투자해서 적립금을 키워 나중에 2차 연금을 받을 수도 있습니다.

이러한 저축성보험의 기능을 최대한 잘 활용한다면 은퇴 공백기간뿐 아니라 일정한 기간동안 초과지출 또는 수입부족이 예상되는 자녀 유학이나 정기적인 해외여행을 계획하는 경우에도 적용할 수 있습니다.

월적립식 저축성보험 비과세 요건

① 최초납입일부터 만기일 또는 중도해약일까지 기간이 10년 이상일 것
② 납입기간이 5년 이상인 월적립식 계약일 것
③ 매월 납입하는 기본보험료가 균등하고, 기본보험료의 선납기간이 6개월 이내일 것
④ 매월 납입하는 보험료 합계액이 150만원 이하일 것
(단, 종신형 연금보험의 보험료는 한도에서 제외)

일시납 저축성보험 비과세 요건

① 최초납입일부터 만기일 또는 중도해약일까지 기간이 10년 이상일 것
② 가입한 모든 저축성보험의 납입 보험료 합계액이 1억원 이하일 것
③ 10년이 경과하기 전에 확정형 연금으로 분할하여 지급받지 않을 것
(단, 월적립식 저축성보험과 종신형 연금보험의 보험료는 한도에서 제외)

제안 내용 요약 정리

상품/투자금액	투자목적	특징
대출상환 2억원		
오피스텔 2억원	은퇴 후 안정적 소득창출	월 60만원 임대수입 확보
MMF 5천만원	비상예비자금 및 여유 자금	
저축성보험 일시납 5천만원	은퇴 후 해외여행용 목적자금	10년 이상 유지시 비과세
월적립식 저축성보험 60만원/월	은퇴공백기 안정적 생활자금 확보	10년 이상 유지시 비과세 오피스텔 임대소득 활용하여 납입

(2) 연금보험을 활용한 고객 제안법

> **Q** 개인사업을 하는 50대 초반 사장님은 외동딸이 취업 후 독립하고, 슬그머니 부부의 노후생활에 대한 걱정이 생깁니다. 20년간 사업을 하며 열심히 살았지만 집 장만이며 아이들 교육비로 다 쓰고 노후 준비라고는 국민연금과 소득공제용 연금저축 가입한 것이 전부입니다.
>
> 노후를 위해 준비할 수 있는 돈을 따져보니 사장님이 300만원, 아내가 200만원 정도 됩니다. 그나마 집안일에 여유가 생긴 아내가 사장님의 사업장에 출근해 일을 돕고 급여를 받게 되어 자금이 조금 여유가 생겼습니다.
>
> 사업은 60세까지 10년 정도는 문제 없지만, 그 이후는 장담하기 어렵습니다. 사장님은 어떻게 은퇴 준비를 하면 좋을까요?

이 부부는 남편의 사업장 국민연금과 아내의 임의가입자 국민연금 수령이 가능하여 부부 합산 연금액이 250만원 정도입니다. 60세 즈음 사업축소가 예상되며 국민연금은 65세에 수령하게 됩니다.

60~65세 사이 수입부족 기간과 국민연금 부족금액에 대한 은퇴 생활비 확보가 필요합니다.

지금부터 사장님의 은퇴 준비를 위한 필요시기 및 필요자금, 준비자금 및 부족자금, 부족자금 마련을 위한 연금상품에 대해서 알아보겠습니다.

■ 은퇴 필요자금
- 은퇴 전 생활자금(60세~64세) - 월 500만원
- 은퇴 후 생활자금(65세 이후) - 월 400만원
- 은퇴 중 여행자금(60세~69세) - 연 500~1,000만원 (총 5천만원~1억원)

■ 은퇴 준비자금
- 은퇴 전 생활자금(60세~64세) - 월 250만원 전후 (사업소득)

- 은퇴 후 생활자금(65세 이후) - 월 250만원 (국민연금-남편 160만원, 아내 90만원)
- 은퇴 중 여행자금(60세~69세) - 총 4천만원 (연금저축)

■ 은퇴 부족자금
- 은퇴 전 부족자금(60세~64세) - 월 250만원
- 은퇴 후 부족자금(65세 이후) - 월 150만원
- 은퇴 중 여행자금(60세~69세) - 총 1천만원 ~ 6천만원

■ 부족자금 준비
- 은퇴 전 부족자금 준비(50세~59세, 10년)
  ⇨ 남편 월적립식 저축성보험 = 월 150만원
- 은퇴 후 부족자금 준비(50세~59세, 10년)
  ⇨ 남편 종신형 연금보험 = 월 150만원
  ⇨ 아내 종신형 연금보험 = 월 200만원
- 은퇴 중 여행자금 준비(50세~59세, 10년)
  ⇨ 남편 연금저축펀드 = 연 400만원

가입한 상품의 활용 방법은 이렇습니다.

1. 월적립식 저축성보험 - 월 150만원
   은퇴 전 생활비 부족기간 동안 안정적인 생활자금 월 250만원 확보용으로, 사업소득으로 월 평균 150만원을 납입하는데, 사업소득이 불규칙할 수 있기 때문에 납입중지와 추가납입기능을 활용하면서 납입할 수 있습니다.
   ⇨ 장기간 투자에 따른 보험차익 이자소득세 비과세 (월 150만원 이하)
   • 예·적금의 이자소득 발생시 기존 금융소득 합산하여 금융소득종합과세 대상
   • 펀드 및 기타 금융상품 투자 시 차후 금융투자소득세 대상
   ⇨ 투자기간 동안 매년 합산 1,800만원까지는 자유롭게 추가납입 가능

⇨ 긴급자금 필요시 중도인출 및 보험계약대출 활용 가능
⇨ 은퇴 전 생활비 부족기간 동안 확정된 월 생활비(연금)를 전체 또는 일부 수령 가능
- 사업소득 250만원 + 일부 연금수령액 250만원 = 월 생활비 500만원 수령
- 남은 적립금은 65세 이후 연금 수령 가능

⇨ 종신형 연금보험으로 준비할 경우에는 확정연금이 아닌 종신연금으로 수령해야 하므로 월적립식 저축성보험을 추천

2. 종신형 연금보험 - 남편 월 150만원/아내 월 200만원

은퇴기간 동안 부족한 생활자금 월 150만원 확보용으로, 부부 합하여 월 350만원을 납입하면서 사업소득에 여유 자금이 있을 경우에는 추가납입을 하여 좀 더 여유로운 은퇴생활을 준비할 수 있습니다. 다만 유의사항은 중도인출이 불가하여 여유 자금 납입금도 인출하지 못할 수 있으니 추가납입 금액은 인출하지 않는 것으로 하고 납입을 해야 합니다. 아내는 남편보다 국민연금 수령액이 적고, 연금 수령기간이 더 길 수도 있으므로 추가납입은 가능하면 아내의 연금보험에 하는 것을 추천드립니다.

다양한 은퇴준비 상품 중 부족한 생활비를 확보하는 용도로 종신형 연금보험을 추천하는 이유는 다음과 같은 두 가지의 큰 장점 때문입니다. 첫째, 연금수령 시 비과세 된다는 점이고, 둘째, 사망시까지 평생 거의 확정된 연금을 수령하기 때문에 안정적인 은퇴 생활을 할 수 있다는 점입니다.

⇨ 평생 연금 수령 시 보험차익 이자소득세 비과세 (한도 없음)
- 국민연금은 연금소득세 원천징수 후 연말정산 대상
- 연금계좌 연금소득 합계가 1,500만원 초과시 종합소득세 과세 또는 16.5% (지방소득세 포함) 분리과세 선택 가능

⇨ 투자기간 동안 한도 없이 수시 추가납입 가능 (여유로운 은퇴생활비)
⇨ 긴급자금 필요시 보험계약대출 활용 가능 (단, 중도인출 안 됨)

⇨ 65세 연금수령도 가능하지만 생활비 부족 여부를 따져서 부족하지 않다면 부부 중 한 명이 연금수령을 늦출수록 연금수령액은 늘어나기 때문에 적절한 연금수령시기를 선택하는 것도 중요합니다.

3. 연금저축펀드 - 연 400만원

종합소득세 세액공제와 60세 이후 매년 해외여행자금 목적으로 은행에서 연금저축을 매년 400만원씩 납입을 하였는데, 남은 기간에는 금리형보다는 투자형 연금저축펀드를 추천합니다. 10년 정도 장기간 투자하기 때문에 안정적 투자기간을 확보할 수 있으니 좀 더 투자수익을 낼 수 있을 것으로 판단됩니다. 물론 기존 납입하신 연금저축도 연금저축펀드로 이전해서 같이 투자할 수 있습니다.

부부는 같이 은퇴생활을 하지만 평생을 같이할 수는 없기 때문에 부부의 은퇴준비는 각각 준비하는 것이 꼭 필요합니다. 간혹 소득이 있는 배우자만 준비하는 경우가 있는데, 준비된 배우자가 먼저 사망할 경우에 남은 배우자에게는 연금이 축소되거나 정지될 수 있으므로 주의하셔야 합니다.

그리고 은퇴기간은 거의 30년 전후까지 장기간 필요할 수 있기 때문에 사례처럼 월 400만원의 일정한 수입만으로는 충분하지 않습니다. 은퇴 고정수입 이외에 별도의 은퇴 여유자금을 확보하는 것이 안정된 은퇴생활을 준비하기 위한 필수사항이라고 볼 수 있으므로 추가적인 은퇴자금 확보를 추천드립니다.

―― 월적립식 저축성보험 비과세 요건 ――
① 최초납입일부터 만기일 또는 중도해약일까지 기간이 10년 이상일 것
② 납입기간이 5년 이상인 월적립식 계약일 것
③ 매월 납입하는 기본보험료가 균등하고, 기본보험료의 선납기간이 6개월 이내일 것
④ 매월 납입하는 보험료 합계액이 150만원 이하일 것 (연 1,800만원 이하)

> **종신형 연금보험 비과세 요건**
>
> ① 55세 이후부터 사망 시까지 연금으로 지급받을 것
> ② 사망시* 보험계약 및 연금재원이 소멸할 것
> ③ 계약자, 피보험자, 수익자가 동일할 것
> ④ 최초 연금지급개시 이후 사망일 전까지 중도해약 할 수 없을 것
> ⑤ 매년 수령하는 연금액이 연금수령한도를 초과하지 않을 것
>
> $$\text{연금수령한도} : \frac{\text{연금수령 개시일 현재 연금계좌 평가액}}{\text{연금수령 개시일 현재 기대여명}^{**}\ \text{연수}} \times 3$$

* 연금 지급 보증기간 이내 사망한 경우에는 해당 보증기간의 종료 시
** 「통계법」제18조에 따라 통계청장이 승인하여 고시하는 통계표에 따른 성별·연령별 기대여명 연수

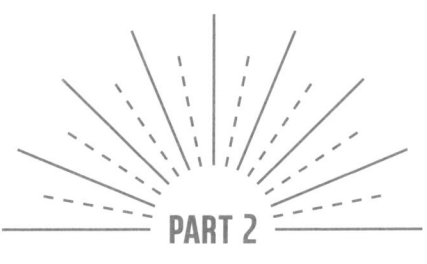

PART 2

보험 외
다른 금융상품
활용하기

01 금융상품별 세금과 절세 방법 완벽 정리

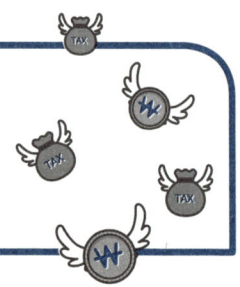

(1) 금융상품과 세금

Q 금융상품에는 어떤 세금이 얼마나 매겨질까요?

금융상품에 투자할 때 왜 세금에 관심을 가져야 할까요?

우리가 투자를 통해 최종적으로 얻게 되는 수익은 세전 수익이 아닌 세후 수익이기 때문입니다.

즉, 똑같은 수익을 달성하더라도 세금이 얼마인가에 따라 최종적으로 얻게 되는 수익이 달라질 수 있다는 점에서 금융상품과 관련된 세금을 이해해야 합니다.

현행 개인소득세 과세체계에서 개인에게 발생하는 소득은 크게 종합소득과 양도소득, 퇴직소득으로 구분되며 이중 종합소득은 다시 이자소득과 배당소득, 사업소득, 근로소득, 연금소득, 기타소득으로 구성됩니다.

한편, 종합소득에서 ①이자소득과 ②배당소득을 합쳐 금융소득이라 하며, 해당소득이 연간 2천만원을 초과할 경우에는 15.4%(지방소득세 포함)의 원천징수로 끝나지 않고 금융소득종합과세의 대상이 됩니다.

지금까지 살펴본 개인소득세 중에서 금융상품에 투자할 경우 발생하게 되는 소득

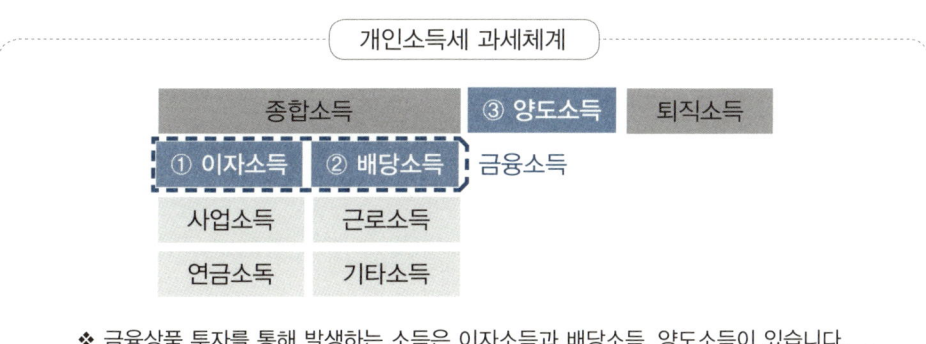

은 종합소득 중 금융소득에 해당하는 ①이자소득과 ②배당소득, 그리고 ③양도소득이 있습니다.

(2) 주식과 채권, 직접투자상품의 세금

> Q 주식투자는 세금이 없는 줄 알았는데, 주식투자로 얻는 수익에도 세금이 발생하나요?

지금부터 금융상품별로 어떤 소득이 발생하는지 구체적으로 살펴보도록 하겠습니다.

주식과 채권의 발생소득

구분		발생소득
국내주식	배당	배당소득
	매매차익	비과세(소액주주), 양도소득(대주주)
해외주식	배당	배당소득
	매매차익	양도소득
채권	이자	이자소득
	매매차익	비과세

주식투자로 발생하는 소득은 크게 두 가지로 주식보유로 발생하는 배당소득과 주식매매로 발생하는 양도소득이 있습니다. 이중 배당소득은 15.4%로 과세되며 상장주식의 매매로 발생하는 매매차익은 비과세됩니다(소액주주 기준).

다만, 국내주식은 대주주에 해당할 경우, 매매차익에 대해 양도소득세가 부과된다는 점에 주의할 필요가 있습니다. 대주주에 해당할 경우 회사 규모와 투자금액별로 차이가 있으나 20% 이상의 세율이 적용됩니다.

국내주식의 주주 구분에 따른 양도소득세율

주주 구분	회사 구분	양도소득 과세표준		세율*
대주주	중소기업	3억원 이하		22%
		3억원 초과		27.5%
	중소기업 外	1년 이상 보유 시	3억원 이하	22%
			3억원 초과	27.5%
		1년 미만 보유 시		33%
대주주 外**	중소기업			11%
	중소기업 外			22%

해외주식의 경우는 배당소득과 양도소득이 모두 과세 대상으로 양도소득은 기본공제 250만원을 차감한 초과금액에 22%(지방소득세 포함)의 세율을 적용합니다.

마지막으로 채권의 경우는 채권보유로 발생하는 이자소득과 채권매매로 발생하는 양도소득이 있으며, 이중 이자소득은 15.4%로 과세되고, 채권매매로 발생하는 매매차익은 과세되지 않습니다.

---

* 지방소득세 포함

** 비상장주식, 상장주식 소액주주의 장외거래

요약 정리

- 국내 상장주식
  - 배당소득: 배당소득세 15.4%
  - 매매차익: 비과세 (단, 대주주의 경우 양도소득세 과세)
- 해외주식
  - 배당소득: 배당소득세 15.4%
  - 매매차익: 양도소득세 22%
- 채권
  - 이자소득: 이자소득세 15.4%
  - 매매차익: 비과세

(3) 펀드, ETF 등 간접투자상품의 세금

Q 국내펀드와 해외펀드에 투자했을 때 세금은 어떻게 다른가요?

다음으로 간접투자상품의 과세체계를 살펴보도록 하겠습니다.

국내펀드의 발생소득

구분		발생소득
국내주식	배당	배당소득
	매매차익	비과세
해외주식 • 채권 • 실물자산	이자	배당소득
	매매차익	배당소득

대표적인 간접투자상품인 펀드의 경우 투자대상 자산의 소득원천별로 구분하여 과세하되, 발생된 소득은 모두 배당소득으로 15.4%로 과세됩니다.

다만, 국내펀드의 경우 국내주식에서 발생하는 매매차익은 직접투자와 마찬가지로 과세되지 않지만 국내채권의 매매차익은 과세가 된다는 점에 주의할 필요가 있습니다. 한편, 해외주식형 펀드나 해외채권형 펀드, 원유, 금 같은 실물자산에 투자하는 펀드도 모두 과세되며 펀드에서 발생하는 소득은 모두 배당소득으로 15.4%로 과세됩니다.

ETF의 발생소득

구분	국내상장 ETF		해외상장 ETF
	주식형 ETF	기타 ETF	
분배금 수령 시	배당소득		
ETF 매도 시	비과세	배당소득	양도소득

ETF의 경우 분배금에 대해서는 동일하게 배당소득(15.4%)으로 과세됩니다. 하지만, 매매차익에 대해서는 과세가 각각 다르게 적용되는데 국내주식형 ETF는 비과세인 반면 채권 등에 투자하는 기타 ETF는 배당소득세(15.4%)가 과세되고 해외상장 ETF는 해외주식처럼 양도소득세(22%)가 과세됩니다

이밖에 ELS 같은 파생결합증권은 상환 시 발생한 소득에 대해 배당소득으로 15.4%로 과세됩니다.

요약 정리

국내주식형 펀드 매매차익: 비과세 / 배당소득: 배당소득세 15.4%
해외주식형 펀드, 해외채권형 펀드: 배당소득세 15.4%
원유나 금 등 실물자산에 투자하는 펀드: 배당소득세 15.4%
국내상장 ETF 중 국내주식형 ETF의 매매차익: 비과세 / 분배금: 배당소득세 15.4%
　　　　　　　　채권형 ETF의 매매차익, 분배금 모두: 배당소득세 15.4%
해외상장 ETF의 매매차익: 양도소득세 22% / 분배금: 배당소득세 15.4%
ELS 등 파생결합상품의 이익: 배당소득세 15.4%

• 이자소득 및 배당소득은 2천만원 초과시 금융소득종합과세

(4) 절세 가능한 투자상품 총정리

Q 금융자산에 적절히 투자하면서 세금을 줄일 수 있는 절세상품은 없을까요?

지금까지 금융상품 투자 시 발생하는 소득과 세금에 대해 상품별로 살펴봤습니다. 이번에는 어떻게 투자하면 세금을 최대한 절감할 수 있을지 절세상품에 대해 알아보도록 하겠습니다.

절세 금융상품은 크게 세 가지로 구분할 수 있는데, 첫째 비과세 금융상품, 둘째 분리과세 금융상품, 마지막으로 세액공제 금융상품을 들 수 있습니다.

먼저 비과세 금융상품이란 말그대로 과세를 하지 않는 금융상품을 의미하며, 분리과세 금융상품이란 과세는 하되 종합소득에 포함시키지 않고 원천징수로 과세가 종결되는 금융상품을 의미합니다.

비과세 및 분리과세 금융상품

구분	종류	내용
비과세	개인종합자산관리계좌 ISA (비과세금액에 제한)	주식, 펀드, ETF, ELS(파생결합증권) 등 다양한 금융상품에 투자 가능 · 대상: 19세 이상 거주자 가입 가능(최대 1억원까지 납입 가능, 계약기간 3년) · 세제 혜택: 200만원까지 비과세, 200만원 초과분 9.9%(지방소득세 포함)로 분리과세
	장기 저축성보험	계약기간이 10년 이상인 저축성보험의 보험차익 비과세 · 일시납: 보험료 1억원 이하, 월적립식: 보험료 월 150만원 이하 · 종신연금보험: 55세~사망시까지 연금으로 수령
	브라질 국채	한국과 브라질 조세협약에 따라 한국에서 브라질 국채 투자시 비과세
분리과세	개인투자용국채	· 10년만기, 20년만기 국채에 연간 1억원까지 투자가능 · 만기보유시 매입액 2억원까지 15.4%로 분리과세
	공모리츠·부동산펀드	투자금액 5천만원이하 9.9%로 분리과세(2026.12.31까지)
	공모인프라펀드	투자금액 1억원이하 15.4%로 분리과세(2025.12.31까지)
	장기채권	만기 10년 이상 채권의 이자소득에 대해 33% 분리과세 (2017.12.31. 이전 발행채권) · 금융소득종합과세 적용 세율이 33%보다 높은 경우 활용 가능

앞의 〈표〉는 대표적인 비과세 및 분리과세 금융상품 현황으로, 해당 상품의 활용을 통해 금융상품 투자로 발생하는 세금을 최대한 절감할 수 있습니다.

마지막으로 세액공제 금융상품은 납입금에 대해 연말정산시 정해진 금액 한도까지 세액공제 혜택을 받고 향후 연금형태로 인출 시 저율로 과세되는 상품입니다.

세액공제 금융상품

구분	종류	내용
세액 공제	연금저축계좌 (연금저축보험 연금저축펀드 연금저축신탁)	연 납입금액의 최대 600만원 한도로 13.2%(지방소득세 포함) 세액 공제 (총급여 5천5백만원 이하(종합소득금액 4천5백만원 이하)는 16.5%) · 대상: 누구나 가입 가능(국내 거주자) · 납입한도: 연간 1,800만원(개인형 IRP포함) · 납입기간: 5년 이상 · 연금수령시 3.3%~5.5%(지방소득세 포함) 원천징수
	퇴직연금계좌 (개인형IRP)	연 납입금액의 최대 900만원 한도(연금저축한도 포함)로 13.2%(지방소득세 포함) 세액 공제 (총급여 5천5백만원 이하(종합소득금액 4천5백만원 이하)는 16.5%) · 대상: 모든 소득자 · 납입한도, 납입기간, 연금수령 조건은 연금저축펀드와 동일

위 〈표〉와 같이 세액공제 금융상품 역시 절세 혜택이 매우 뛰어난 상품으로 특히 해당상품은 연금수령시 저율과세 효과를 얻을 수 있기 때문에 은퇴설계 목적으로 적절하게 활용할 수 있습니다.

(5) 금융자산, 어디에 얼마나 넣는 게 좋을까요?

> **Q** 왕보험 씨는 회사의 스톡옵션을 처분하면서 받은 3억원을 어떻게 투자할 것인가 고민하고 있습니다. 당장 사용할 곳은 없어서 1년 이상은 투자 가능할 것 같고, 일부는 안정적으로 운영이 가능하다면 10년 이상 장기투자도 할 수 있다고 합니다. 자금의 사용처는 1~2년 후 이사할 때 전세보증금 증액, 1억원은 5년~10년 정도 후에 주택

> 구입자금, 1억원은 노후자금으로 사용할 계획입니다. 그럼, 1억원은 연금보험에 가입한 후 남은 2억원을 예금이나 저축성보험 등 어느 곳에 투자를 하는 것이 유리할까요?

금융상품을 신규로 가입한다면 자금의 필요시기 및 투자 성향 등 여러 가지를 확인하고 가입해야 합니다.

자금을 운용할 경우 유동성·안정성·수익성 세 가지 측면을 고려하는데, 수익성은 투자 이익에 대한 세금도 고려해야 합니다. 그래서 당장은 사용할 곳은 없다고 하니 유동성 부분은 제외하고 안정성과 수익성 측면을 비교하여 적절한 금융상품 포트폴리오를 구성하는 게 좋습니다.

■ 예금

특징 수익성보다는 안정성을 더 우선시하는 경우에 이용하는 방법으로, 주로 1~2년 이내 자금의 사용시기가 어느 정도 예측이 될 경우 가입하는 것을 추천합니다.

장점 ① 예금자보호법에 의해 5,000만원 이하 원금을 보장받을 수 있습니다.
(예금보호한도를 5,000만원에서 1억원으로 상향하는 예금자보험법 개정안이 지난해 국회 본회의를 통과함에 따라 올해안에 시행될 예정임.)
② 중간에 자금이 필요한 시점에 해약해도 대부분 원금은 보존됩니다.

단점 ① 이자에 대한 소득세가 발생하여 15.4% 이자소득세를 납부해야 합니다.
② 금융소득종합과세 대상 소득입니다. 이자소득과 배당소득을 합한 금융소득이 1년에 2,000만원을 초과하면 다른 소득과 합산하여 종합소득으로 과세되어 더 높은 소득세를 부담해야 합니다.

■ **펀드**

특징 안정성보다는 수익성을 더 우선시하는 경우에 이용하는 방법으로, 주로 3~5년 정도 자금을 운용할 수 있는 기간을 확보할 수 있는 경우 가입하는 것을 추천합니다.

장점 ① 투자전문기관에서 운용하는 펀드에 간접투자 함으로써 본업에 집중할 시간을 확보할 수 있습니다.
② 펀드를 구성하는 다양한 주식이나 채권 등에 투자함으로써 분산투자로 투자 손실을 최소화할 수 있는 안정성을 가지고 있습니다.
③ 낮은 운용수수료와 국내주식형 펀드의 수익에 대한 비과세는 수익성 측면에서 유리합니다.

단점 ① 자금의 운용기간을 대부분 3년 정도 보고 가입하는 경우가 많은데, 펀드 운용사의 운용철학에 맞게 운용하기에는 기간이 짧을 수 있고, 경기 사이클상 불황인 시기에 자금이 필요하게 된다면 원금의 손실이 발생할 수 있습니다.
② 주식형 펀드는 배당에 대한 배당소득세, 채권형 펀드는 매매차익과 채권이자에 대한 배당소득세가 발생하기 때문에 수익률에 영향을 미칠 수 있습니다.

■ **저축성보험**

특징 안정성과 수익성 둘 다 중요하게 생각하는 경우에 이용하는 방법으로, 주로 10년 이상 장기간 운용할 수 있는 때 가입하는 것을 추천합니다.

장점 ① 10년 이상 유지할 경우 이자소득에 대해서는 비과세 혜택을 받을 수 있습니다. (요건 충족시)
② 변액보험은 보험상품 내에서 주식형펀드와 채권형펀드 등 다양한 펀드에

분산투자가 가능하기 때문에 더욱 높은 안정성을 확보할 수 있습니다.

③ 보험 비과세 요건인 10년 이상을 투자기간으로 생각하면 경기 변동으로 인한 위험을 줄이고 수익을 얻을 기회가 많아집니다. 보통 경기 순환 주기는 5년 내외로, 10년이면 경기 불황에 따른 투자손실을 회복할 기회를 2회 이상 갖게 됩니다. 안정적인 수익을 낼 수 있는 기회가 늘어나는 셈입니다.

단점 ① 장기 운용으로 인해 자금이 묶여서 다른 목적으로 자금을 활용하기 어렵습니다.

② 중도에 해약할 경우에는 원금손실 가능성이 있습니다.

■ 투자 제안

투자기간, 세금 등을 고려한 제안 예시

예금 1억원 (1년 단위 갱신)
국내주식형 펀드 3천만원
저축성보험 7천만원 (7천만원 일시납 보험, 여유 자금 추가납입 3천만원까지 비과세 혜택)

사용 목적	필요시기 (투자기간)	필요금액	추천	세금
이사 전세보증금 증액	1~2년 후	1억원	예금 1억원	이자소득세 15.4% 금융소득종합과세 포함
주택구입자금	5~10년 후	1억원	국내주식형 펀드 3천만원	매매차익 비과세, 배당소득 15.4%
			저축성보험 7천만원	10년 이상 유지시 비과세
노후자금	10~15년 후	1억원	연금보험	종신형 연금보험의 경우, 한도 없이 비과세 가능

※ 투자수익률 및 고객의 투자 성향, 자산규모 등에 따라 제안 내용은 달라질 수 있습니다.

 관련 법규

- 소득세법(제16조) (이자소득)
- 소득세법시행령(제25조) (저축성보험의 보험차익) 제3항제1호
- 소득세법시행규칙(제12조의2) (저축성보험의 보험료 합계액 계산 등) 제2항

(6) 금융 고소득자, 상품선택만 잘해도 세금 반은 줄어든다 [금융 절세 컨설팅 사례]

금융소득이 많은 고소득자의 절세 방안은?

금융소득종합과세 제도는 금융소득을 다른 종합소득과 합산하여 누진세율(종합소득세율)을 적용하여 종합과세 하는 제도를 말합니다(소득세법 14조 ③ 6호). 이자소득과 배당소득으로 구성된 금융소득이 개인별로 연간 2천만원을 초과하는 경우 종합소득에 합산됩니다.

금융소득이 연간 2천만원 이하이거나, 금융소득이 연간 2천만원을 초과하는 경우에도 2천만원까지는 원천징수세율을 적용하여 산출세액을 계산합니다.

금융소득이 많은 고소득자는 금융소득종합과세 대상자가 되어 과세당국에 쉽게 노출됩니다. 또 2022년 9월, 국민건강보험 2차 개편으로 보수 외 소득기준이 연간 3,400만원에서 2,000만원으로 강화되었고, 금융소득의 경우에는 연 1,000만원 이상에 대해 건강보험료까지 추가로 부담하게 되었습니다. 불편한 게 한두 가지가 아닙니다.

금융소득종합과세 대상자는 꾸준히 증가해 왔습니다. 2019년 159,440명, 2020년 178,953명, 2021년에는 178,706명에 달했습니다. 특히 2022년 금리가 고공행진을 하면서 금융소득종합과세 대상자가 두 배 가까이 늘 것이라는 예상도 나오고 있습니다.

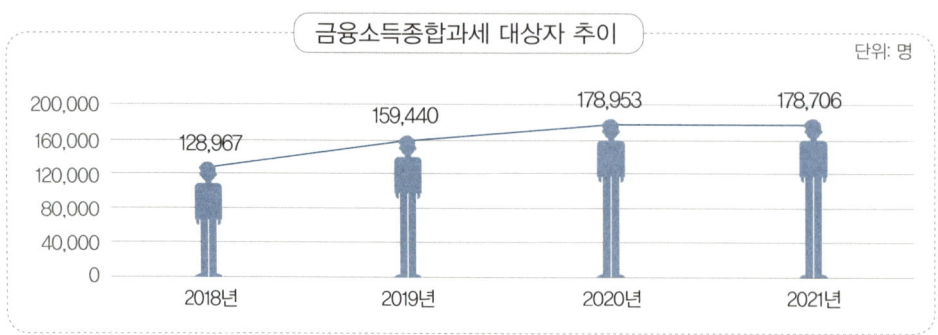

출처: 국세청 국세통계연보

이미 소득도 높은데 금융자산까지 많은 고소득자들은 어떻게 금융상품을 운용해야 할까요?

> **Q** 배당소득과 주식 매매차익으로 비교해 본 절세, 얼마나 가능할까요?

종합소득세 과세표준이 3억원이 넘어 40% 소득세 구간에 있는 A 원장님. 고소득자인 원장님은 평소 선호하던 배당주식에 8억원을 투자하였습니다. 안정적인 배당수익률이 마음에 들기 때문입니다. A 원장님이 만약 투자한 주식에서 배당금을 받을 때와 주식 매매차익으로 수익을 얻었을 때, 세금을 제외한 실질수익률은 얼마나 달라질까요? (수익률은 두 경우 모두 6%로 동일하다고 가정합니다.)

상세 가정

배당소득:	매매차익:
대주주 요건을 피해서 주식 양도소득세가 발생하지 않는 8억원을 투자하여 6%에 해당하는 4,800만원의 배당소득 발생	배당락 시기에 주식을 매입하고 배당 이전에 주식을 매도하여 양도차익으로 같은 4,800만원의 매매차익 발생

주식 등 양도 관련 대주주 요건

구분	'20.4.1. 이후 양도
① 코스피	1% 또는 10억원 이상
② 코스닥	2% 또는 10억원 이상
③ 코넥스	4% 또는 10억원 이상
④ 비상장※	4% 또는 10억원 이상

4,800만원의 배당소득이 발생한 A 원장님은 1,203만원의 종합소득세를 추가로 납부해야 합니다. (실제 배당소득의 Gross-Up(귀속법인세)을 반영하고, 추가 부담하게 될 건강보험료가 소득공제로 반영되어 복잡한 계산식을 적용해야 하므로 자세한 계산식은 생략합

니다.) 게다가 장기요양보험료를 포함하여 304만원의 건강보험료까지 추가 부담해야 합니다. 반면 주식으로 매매할 경우에는 증권거래세 170만원만 납부하게 됩니다. 결과적으로 1,292만원의 절세가 가능합니다. (2023년 개정세법 및 건강보험료 산정 기준 적용)

 요약 정리

투자원금 8억원, 수익률 6%의 A 원장님 [종합소득세율 40%]

소득 발생 경로	주식에서 배당소득이 발생한 경우	주식 매매차익으로 수익이 난 경우
연소득	4,800만원	4,800만원
세금	종합소득세 1,203만원 + 추가 건강보험료 304만원	증권거래세 170만원
세후 실질수익률	4.11%	5.79%

실제로 8억원을 모두 주식에 투자하는 것은 크게 추천하지 않습니다. 지나치게 위험을 떠안아야 하기 때문입니다. 세금의 영향력이 어느 정도인지 확인하신 원장님은 적절한 수익률을 추구하는 상품과 함께 절세상품을 활용한 포트폴리오를 선택하였습니다. 저축성보험 등 비과세 상품과 분리과세 상품을 조합하여 종합과세에 포함되는 금융소득을 2천만원 이하로 낮추고, 시장 상황에 맞는 투자상품을 조화롭게 구성하는 것입니다.

금융상품을 결정할 때 대부분 '수익이 얼마나 나는가?'에 관심을 두지만, 수천만원, 몇 %의 수익률 정도는 손쉽게 따라잡는 세금의 위력을 무시하지 말고 절세상품에 보다 관심을 기울이시기를 권합니다.

종신보험으로도 절세할 수 있다고요?

월적립식 저축성보험은 일정한 요건을 갖추면 비과세 혜택이 주어집니다. 최초 보험가입일부터 만기일이나 중도해약일까지 기간이 10년 이상이고, 보험료 납입기간이

5년 이상 되어야 합니다. 또 매달 납입하는 기본보험료가 균등해야 하고, 기본보험료 선납 기간이 6개월을 넘어서는 안 됩니다. 그리고 최초 계약한 기본보험료를 1배 이내에서 증액할 수 있으며, 마지막으로 기본보험료와 추가로 납입하는 보험료를 합쳐 계약자가 납입하는 보험료가 월별로 150만원을, 연간 한도 1,800만원을 넘어서는 안 됩니다. (소득세법 25조 ③ 2)

일반인에게는 큰 문제가 되지 않지만, 고소득자에게는 절세가 간절합니다. 연간 금융소득이 2천만원을 초과하면 금융소득종합과세 대상이라 높은 소득세율이 적용되고 장기요양보험료를 포함한 건강보험료율이 8.0%(2023년 기준)인 것도 큰 부담일 수밖에 없습니다.

보험 상품 중에는 추가납입, 중도인출, 납입유예가 가능한 유니버셜(Universal) 기능이 있는 보험이 있습니다.

추가납입이란 여유 자금이 생겼을 때 일정 한도 내에서 추가로 납입을 할 수 있는 기능인데, 추가납입에 대한 수수료가 없는 경우도 있습니다. 통상적으로 보험기간 중에 주계약 기본보험료 납입한도의 2배(보장성보험은 1배)까지 가능합니다. 저축성보험에서 추가납입을 최대한 활용할 경우, 월보험료가 50만원이면 추가로 100만원까지 납입해도 월별로 150만원을 넘지 않아 비과세 혜택이 적용됩니다.

중도인출은 내가 낸 보험료의 해약환급금을 일정 비율 내에서 찾아 쓸 수 있는 기능입니다. 목돈이 필요한 경우에 보험을 해약하지 않고, 일부 금액을 꺼내어 사용하는 겁니다. 비과세 요건이 있기 때문에 10년 이내에는 납입한 보험료를 초과하여 인출할 수 없습니다.

납입유예란 보험료 납입이 어려울 때 활용할 수 있는 것으로, 보험료를 일시적으로 납입하지 않아도 보험유지가 가능한 기능입니다. 하지만 주계약 해약환급금에서 월대체보험료(해당 월의 위험보험료, 계약체결비용, 유지관리비용, 특약보험료 등을 합한 보험료)가 자동 납입되는 점은 유의하셔야 합니다.

고소득자로 과세를 피하고자 한다면 유니버셜 기능이 있는 종신보험에 관심을 가

겨볼 필요가 있습니다. 보장성보험의 추가납입은 대개의 경우 1배까지 가능한데, 추가납입된 보험료로 발생한 수익은 과세하지 않습니다. 추가납입 하는 보험료는 저축성보험과 마찬가지로 여러 형태의 펀드에 투자가 가능합니다. 그런데 이 수익 부분이 과세되지 않는 것은 총중도인출금액이 계약자가 실제 납입한 보험료 총액을 초과할 수 없기 때문입니다. 즉, 보장성보험료와 추가된 저축성보험료에서 인출할 금액은 저축성보험의 적립금인데, 저축성보험의 수익률이 100%가 넘지 않는 이상(적금과 같은 형태이므로 실제는 200%의 수익률에 해당됨) 보장성보험료와 추가보험료의 합계 이상으로는 중도인출이 되지 않습니다.

Q 종신보험을 활용한 절세, 어떻게 가능한가요?

B 원장님은 VIP종신보험에 가입하고 추가납입을 이용하여 비과세 통장처럼 활용하고 있습니다. 계약자와 수익자는 B 원장님이며, 배우자가 피보험자인 월납입보험료 500만원, 12년납, 보장금액 10억원인 종신보험인데, 추가로 납입할 수 있는 연간 보험료는 6천만원입니다. 추가납입한 보험료의 수익에 대해서는 전혀 과세되지 않고, 중도인출이 있을 경우에는 해당 중도인출금액만큼 추가로 보험료를 납입할 수 있어 10년이 되면 6억원의 자금을 추가납입하고 중도인출할 수 있는 셈입니다. 이에 대한 수익은 역시 과세되지 않습니다. 단, 추가납입 시점에 피보험자의 나이가 65세 이상인 경우 가입 후 경과년수별로 납입 가능한 추가납입보험료는 연간 기본보험료(기본보험료 × 12)의 100%를 초과할 수 없고, 추가납입보험료에 의한 계약자적립액의 운용기간은 80세 계약해당일 전일까지입니다.

중도인출 이후의 보험을 피보험자 사망시까지 유지하면 보장성보험의 주목적을 달성하는 것이므로, 중도인출금액에 대한 과세는 되지 않습니다.

가입 상품명: VIP종신보험 (주계약 보장금액 10억원 / 월납입보험료 500만원, 12년납)		
계약자		추가납입 가능금액: 연간 6천만원
피보험자		10년 후면 추가납입 & 중도인출 가능금액 6억원 수익 전액 비과세 (피보험자 사망시까지 유지시)
수익자		"한도 높은 비과세 통장으로 활용"

[추가납입과 중도인출에 관한 규정] 당사 상품 기준 (2022.12.)

추가납입보험료

추가납입보험료는 계약일부터 1개월이 지난 후부터 「추가납입보험기간 종료일−1년」까지 납입할 수 있습니다.

총 납입한도	1회 납입한도
기본보험료 × 납입기간(연) × 12 × 100%	(기본보험료×기본보험료 납입 횟수) × 100% − 이미 납입한 추가납입보험료의 합계

(추가)중도인출이 있을 경우에는 해당 중도인출금액만큼 추가로 보험료를 납입할 수 있습니다. 단, 추가납입시점의 피보험자의 나이가 65세 이상인 경우 가입 후 경과년수별로 납입 가능한 추가납입보험료는 연간 기본보험료(기본보험료×12)의 100%를 초과할 수 없습니다.

추가납입보험료에 의한 계약자적립액의 운용기간은 80세 계약해당일 전일까지입니다.

구분	(기본)중도인출	(추가)중도인출
신청가능시기	계약일로부터 36개월(36회 납입) 이후부터 / 연 4회, 월 1회 이내	계약일 이후
1회 인출한도	(기본)해약환급금의 50% 범위 이내/ 10만원 이상 만원 단위	(추가)해약환급금의 90% 범위 이내/ 만원 단위

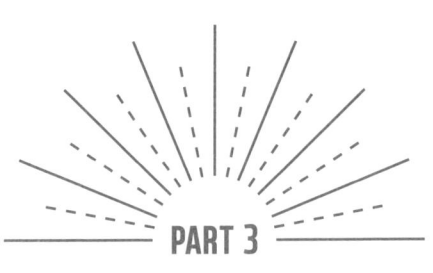

PART 3

보험으로
세액공제

01 당신의 노후를 결정할 연금 상식 점수는?

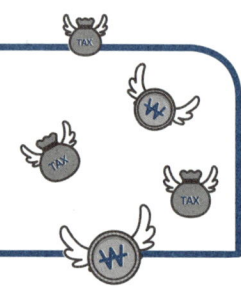

고령화 속도 세계 1위, 노인빈곤율 세계 1위인 대한민국

고령화 속도 세계 1위. '빨리빨리 대한민국'다운 별칭이 또 하나 늘었습니다. OECD 평균보다 2배나 빠른 속도입니다. 이대로면 세계 최고령국 일본을 제치는 것도 얼마 남지 않았습니다. 노인 빈곤율은 43.4%로 이미 압도적 세계 1위입니다. OECD 평균보다 무려 3배나 높습니다. (자료 출처: '주요국 고령화 현황 및 대응책 비교', 2021.2. 한국경제연구원)

넘치는 걱정, 그러나 부족한 준비

이런 현실을 반영하듯, 퇴직, 은퇴, 노후라는 표현에는 온통 걱정과 두려움이 묻어납니다. 걱정은 넘치지만 정작 구체적인 준비는 부실하기 짝이 없습니다. 이제 현실을 정확하게 파악하고 영리하게 준비해야 할 때입니다.

그 첫걸음으로 간단한 테스트를 시작합니다. 여러분의 연금 상식은 과연 몇 점일까요?

연금 상식 진단 테스트

No	문제	O	×
1	국민연금의 노령연금 수령액은 물가상승률에 따라 매년 변화합니다.		
2	은퇴 후 소득이 많아도 국민연금의 노령연금 수령액은 그대로 유지됩니다.		
3	국민연금은 조기 수령하는 것이 이득입니다.		
4	국민연금의 노령연금을 수령할 때 세금은 납부하지 않습니다.		
5	퇴직급여를 일시금이 아닌 연금으로 받으면 세금을 줄일 수 있습니다.		
6	세제적격연금(연금저축, IRP계좌)은 근로소득자만 가입할 수 있습니다.		
7	세제적격연금에서 연금을 수령할 때 세금을 납부해야 합니다.		
8	세제적격연금은 중도해약하면 손해를 볼 수 있습니다.		
9	2023년에 가입한 연금보험은 10년만 유지하면 무조건 비과세 됩니다.		
10	퇴직연금과 연금저축에서 연금은 55세부터 수령할 수 있습니다.		
점수	맞힌 개수를 세어보세요.		

✔ 정답 8~10: 연금에 대한 이해도가 높은 당신. 기초적인 연금 지식은 충분하지만 연금을 제대로 활용하기 위한 노력은 연금을 수령할 때까지 계속해야 합니다.

✔ 정답 4~7: 연금에 대한 기초적인 지식은 있지만 연금을 제대로 활용하기엔 부족한 당신. 행복한 노후를 위한 연금상품 활용 방안을 좀 더 공부해야 합니다.

✔ 정답 0~3: 연금에 대한 기초적인 지식도 부족한 상태. 지금부터라도 연금에 관심을 가지고, 내가 가입한 연금상품에 대한 기초적인 공부를 시작해야 합니다.

번호	1	2	3	4	5	6	7	8	9	10	점수
정답	O	×	×	×	O	×	O	O	×	O	

여러분의 연금 상식 점수에 만족하시나요? 내 것인 듯 내 것 아닌 내 것 같은 노후와 연금, 더 이상 썸 타지 마시고 확실히 내 것으로 만들어 보시기 바랍니다.

▷ 풀이

1. 국민연금의 노령연금 수령액은 물가상승률에 따라 매년 변화합니다.
   정답: (O)
   해설: 국민연금의 노령연금 수령액은 국민연금법에 정해진 대로 전년도 소비자물가상승률에 따라 매년 변화합니다. 참고로 2023년에는 전년도 소비자물가상승률을 반영하여 수령액이 5.1% 인상되었습니다.

2. 은퇴 후 소득이 많아도 국민연금의 노령연금 수령액은 그대로 유지됩니다.
   정답: (×)
   해설: 노령연금 수령자의 '월평균 소득'이 전체 국민연금 가입자의 평균소득보다 많으면 연금이 줄어들 수 있습니다. 이것을 '노령연금 감액'이라고 하는데, 월평균 소득에는 근로소득과 부동산 임대소득을 포함한 사업소득만 해당됩니다. 그리고 각종 비용은 공제해 줍니다. 근로자의 경우 총급여에서 근로소득 공제액을 제외하고, 사업자는 총수입에서 필요경비를 뺀 금액이 월평균 소득으로 인정됩니다. 이렇게 산출한 월평균 소득이 전체 국민연금 가입자의 최근 3년간 평균소득(286만원, 2023년 기준)보다 많으면 노령연금 감액 대상이 됩니다.

3. 국민연금은 조기 수령하는 것이 이득입니다.
   정답: (×)
   해설: 국민연금 가입자는 조기노령연금 제도를 활용하면 연금 수령시기를 길게는 5년까지 앞당길 수 있습니다. 조기노령연금을 신청하면 노령연금을 빨리 받을 수 있지만 남들보다 연금을 빨리 받는 만큼 거기에 따르는 불이익도 감수해야 합니다. 연금 수령시기를 1년 앞당길 때마다 연금 수령액은

6%씩 줄어들기 때문입니다. 따라서 연금을 5년 빨리 받으면 노령연금이 30% 줄어듭니다. 예를 들어 63세부터 노령연금으로 매달 100만원을 받을 수 있다면, 조기노령연금을 신청해서 58세부터 연금을 받으면 다달이 70만원(100만원 × 70%)을 받게 됩니다.

4. 국민연금의 노령연금을 수령할 때 세금은 납부하지 않습니다.

   정답: (×)

   해설: 2002년 1월부터 국민연금 가입자는 매년 납입한 보험료에 대해 연말정산 때 소득공제를 받을 수 있습니다. 대신 연금을 수령할 때 2002년 1월 이후 가입분에 해당되는 노령연금액은 소득세를 납입합니다.

5. 퇴직급여를 일시금이 아닌 연금으로 받으면 세금을 줄일 수 있습니다.

   정답: (O)

   해설: 퇴직급여는 연금으로 받으면 세금을 줄일 수 있습니다.

   퇴직급여를 받을 때, 일시금으로 받으면 퇴직소득세를 부담하게 됩니다. 하지만 55세 이후 연금으로 나누어 받게 되면 퇴직소득세의 30%(연금수령기간이 10년을 초과하는 경우 40%)를 차감하여 원천징수 합니다. 그러므로 일시금이 아닌 연금으로 퇴직연금을 수령하는 것이 세금을 줄일 수 있는 방법입니다.

6. 세제적격연금(연금저축, IRP계좌)은 근로소득자만 가입할 수 있습니다.

   정답: (×)

   해설: 현행 세법에서는 연금저축과 IRP에 저축한 금액을 합산해 연간 최대 900만원까지 세액공제를 받을 수 있습니다. 연금저축은 가입 대상에 제한이 없고, IRP는 2017년 7월부터 퇴직연금 가입 여부와 상관없이 모든 근로자가 가입할 수 있고, 공무원, 군인, 사립학교 교직원과 같은 특수직역연금 가입자들과 자영업자도 IRP에 가입할 수 있습니다.

7. 세제적격연금에서 연금을 수령할 때 세금을 납부해야 합니다.

   정답: (O)

   해설: IRP계좌와 연금저축에서 적립금을 연금으로 수령할 때 연금소득세를 납부해야 합니다. 하지만 일반 소득에 대한 종합소득세율에 비해 연금소득은 3.3~5.5%의 낮은 세율로 세금이 부과됩니다. 다만 연간 연금수령액이 1,500만 원을 초과하면 다른 종합소득과 합산해 과세하거나 16.5% 세율로 분리과세 하는 방법 중 본인에게 유리한 방식을 선택하면 됩니다.

8. 세제적격연금은 중도해약하면 손해를 볼 수 있습니다.

   정답: (O)

   해설: 연금저축과 IRP는 근로자와 자영업자가 적립금을 노후에 생활비로 사용할 수 있도록 세제혜택을 주는 대신 중도에 해약하면 불이익도 큽니다. 그동안 세액공제를 받은 납입원금과 운용수익에 대해 16.5% 세율의 기타소득세가 부과됩니다. 따라서 돈이 필요하다고 무턱대고 해약할 것이 아니라 다른 대안은 없는지 신중히 검토해 볼 필요가 있습니다.

9. 2023년에 가입한 연금보험은 10년만 유지하면 무조건 비과세 됩니다.

   정답: (×)

   해설: 2017.4.1. 이후 가입한 연금보험의 비과세 요건

연금 종류	과세 여부	
일시납	계약기간 10년 이상 & 납입 한도 1억원 ※계약기간 판단은 계약자 명의 변경시(사망에 의한 변경 제외)마다 재기산	
월납	5년 이상 납입하고 10년 이상 유지 & 납입한도(월 150만원까지)	
종신형 (2013.2.15. 이후)	월적립식, 일시납이 아래 요건 모두 충족시 납입한도 제한 없이 비과세	
	계약 요건	수령 요건
	· 계약자, 피보험자, 수익자 동일 · 연금 개시 후 해약 불가 · 기대여명연수 이내 지급보증	· 55세 이후부터 연금으로만 수령 · 연금한도($\frac{평가액}{기대여명연수} \times 3$) 내 수령 · 사망 시 보험금 소멸

10. 퇴직연금과 연금저축에서 연금은 55세부터 수령할 수 있습니다.

   정답: (O)

   해설: IRP계좌에 이체한 퇴직급여는 55세 이후에 연금으로 인출할 수 있습니다. 퇴직 당시 나이가 55세 이상이면, 퇴직한 해에 바로 연금을 받을 수 있습니다. 또한 연금저축과 IRP에 저축한 금액도 가입기간이 5년 이상이면 55세부터 연금을 수령할 수 있습니다.

02 모을 때부터 절세 되는 3층 보장 연금, 어떤 것들이 있을까요?

(1) 세액공제 되는 연금과 안 되는 연금, 어떤 게 유리할까요?

> Q 은퇴 준비에 관심을 가지게 된 직장인 김성실 씨. 현재 가입한 국민연금과 퇴직연금만으로는 원하는 은퇴생활을 하기에 충분하지 않다는 것을 알게 되었습니다. 그래서 개인연금을 가입할 생각입니다.
> 개인연금에는 세액공제가 되는 연금과 되지 않는 연금이 있다고 하네요. 어떤 걸 가입하는 게 좋을까요? 또 개인연금을 제대로 활용하려면 어떻게 해야 할까요?

연금저축의 세액공제

개인연금은 크게 두 종류로 나눌 수 있습니다. 첫째, 연말정산 때 세액공제를 받을 수 있는 연금저축, 둘째, 비과세 목적으로 가입하는 연금보험입니다.

연금저축 가입자는 저축한 금액에 대해 연간 600만원까지 세액공제 혜택을 받을 수 있습니다.

연봉이 5,500만원 이하인 근로자(종합소득 4,500만원 이하 사업자)는 16.5%의 공제율이 적용되어 매년 최대 99만원의 세금을 절세할 수 있습니다. 연봉이 5,500만원을 초과하는 근로자(종합소득 4,500만원 초과 사업자)는 13.2%의 공제율이 적용되어 매년 최대 79만 2천원의 세금을 줄일 수 있습니다.

연금저축과 연금보험의 차이

연금저축은 저축기간이 5년 이상이고, 만 55세가 넘었다면 연금 수령이 가능합니다. 그러므로 은퇴까지 남은 기간이 5년 이상이라면 연금저축에 가입해서 퇴직 후 연금을 수령할 수 있습니다.

단 주의해야 할 점이 두 가지 있습니다. 우선 10년 이상 수령해야 하며, 매년 연금으로 받는 돈이 연간 연금수령 한도를 넘어서면 안 된다는 점을 염두에 두어야 합니다. 이 두 가지를 어기면 '연금 외 수령'으로 판단하여 16.5% 기타소득세로 분리과세하게 됩니다.

연금계좌의 연금수령 한도

$$\text{연간 연금수령 한도} : \frac{\text{연금계좌 평가액}}{(11 - \text{연금수령연차})} \times 120\%$$

반면 연금보험은 연금저축에 비해 수령 조건이 비교적 간단합니다. 연금보험은 45세만 넘으면 연금을 수령할 수 있는데 납입기간이 끝나지 않았어도 연금을 받을 수 있습니다. 구체적으로는 '납입기간'을 줄이면 됩니다. 여기서 말하는 '납입기간'은 보험료를 납입하는 기간입니다. 예를 들어 '20년납'을 선택한 연금보험이라면 원칙적으로는 계약일로부터 20년간 보험료를 납입해야 합니다. 그러나 이 납기라는 것은 투자자가 바꿀 수 있습니다. 20년의 납기 중 15년만 채웠지만 더 이상 저축 여력이 없다면, 납기를 5년 줄이고 지금부터 연금수령을 시작할 수 있는 것입니다. 물론 자금의 여유가 있는 사람이라면 납입금액을 줄이는 대신 남은 납기를 맞추는 편이 나중에 보다 많은 연금을 수령할 수 있습니다.

연금저축과 연금보험의 비교

구분	연금보험(세제비적격)	연금저축(세제적격)
의무납입기간	없음	5년 이상
연금수령	45세 이후	55세 이후
세액공제	없음	연 600만원 한도 (IRP납입액 불포함)※ `2023 개정세법 반영`
연금수령방법	가입시 정한 방식 (종신형, 상속형, 기간형 등)	10년 이상 연금수령 (연금수령 한도를 넘으면 안 됨)
투자가능상품	• 일반 연금보험: 공시이율형 상품만 선택가능 • 변액 연금보험: 복수 펀드 통한 포트폴리오 투자 가능	• 보험·신탁: 안정형, 공시이율형 상품만 선택가능 • 펀드: 복수 펀드 통한 포트폴리오 투자 가능
연금수령 시 세금	없음 (10년 이상 유지시) (2017.4.1. 이후 월납은 월 보험료 150만원 이하, 일시납은 1억원까지 비과세, 종신형은 한도 없음)	연금소득세 3.3~5.5% (연간 1,500만원 초과시 종합과세 또는 16.5% 분리과세)

목돈으로 연금 받고 싶다면 즉시연금을 활용하라

연금저축은 최소 저축기간이 5년이기 때문에 퇴직까지 남은 기간이 5년 미만이라면 지금 가입해서 퇴직 후 바로 연금을 받는 것은 쉽지 않습니다. 이런 경우에는 보험사의 즉시연금을 활용하면 됩니다. 즉시연금이란 목돈을 한꺼번에 넣고 다음 달부터 바로 연금을 받을 수 있는 보험 상품을 말하며, 보통 45세부터 가입할 수 있습니다.

즉시연금에 가입하면 세금 문제가 발생할 수 있는데, 목돈으로 즉시연금에 가입할 경우 세금을 납부하지 않으려면 몇 가지 요건을 갖추어야 합니다. 우선 일시납으로 가입할 경우에는 개인당 1억원까지 비과세 됩니다. 남편과 아내가 각각 1억원을 가입하면 부부 기준으로는 2억원까지 비과세 요건에 해당됩니다. 일시납 비과세 한도보다 더 많은 금액으로 가입하고 싶다면 종신형으로 가입하면 됩니다. 세법에선 종신형을 55세 이후부터 사망할 때까지 연금 형태로 지급받고, 사망 시에는 보험 계약과 연금재원이 소멸되는 상품으로 정의하고, 종신형에 한해 한도 없이 비과세 혜택을 주는 것으로 규정하고 있습니다.

종신형 연금의 조건

연금 종류	과세 여부	
종신형	월적립식, 일시납이 아래 요건 모두 충족시 납입한도 제한 없이 비과세	
	계약 요건	수령 요건
	· 계약자, 피보험자, 수익자 동일 · 연금 개시 후 해약 불가 · 기대여명연수 이내 지급보증	· 55세 이후부터 연금으로만 수령 · 연금한도($\frac{평가액}{기대여명연수} \times 3$) 내 수령 · 사망 시 보험금 소멸

(2) 세액공제 되는 퇴직연금, 개인형 IRP를 활용하세요

Q 소중한 씨는 은퇴 준비 겸 세액공제도 받을 겸 연금저축에 매년 600만원을 저축하고 있는 자영업자입니다. 퇴직연금 상품인 IRP계좌에 가입하면 추가로 세액공제를 받을 수 있다는 것을 알게 되었습니다. 자영업자도 가입할 수 있다는데, 추가로 받을 수 있는 세액공제 혜택은 얼마나 될까요?

현행 세법에서는 연금저축과 IRP에 저축한 금액을 합산해 연간 900만원을 세액공제 해주고 있습니다. 그런데 연금저축으로는 연간 600만원까지만 공제받을 수 있기 때문에, 900만원인 세액공제 한도를 전부 활용하려면 적어도 300만원 이상은 IRP에 저축해야 합니다.

IRP계좌의 세액공제

연금저축에 가입하지 않은 IRP 가입자는 IRP계좌에 연간 900만원을 추가 납입하면 연말정산 때 전액 세액공제를 받을 수 있습니다. 그렇다면 저축금액에 대한 세액공제 효과는 얼마나 될까요? 이는 가입자의 소득에 따라 차이가 발생합니다.

세액공제란 산출된 세금에서 일정한 금액을 공제해주는 것을 말합니다.

총급여가 5,500만원이 넘는 근로자나 종합소득금액이 4,500만원을 넘는 사업자는 저축금액의 13.2%(이하 지방소득세 포함)를 차감해 줍니다. IRP에 연간 900만원을 저축하면 연말정산 때 최대 118만 8,000원(=900만원×13.2%)의 세금을 환급받을 수 있습니다.

총급여가 5,500만원 이하인 근로자나 종합소득금액이 4,500만원 이하인 사업자는 같은 금액을 저축하고 더 많은 세금을 돌려받게 됩니다. 2015년부터 이들에 대한 세액공제율이 16.5%로 확대되었기 때문입니다. 단순 계산으로 IRP에 연간 900만원을 저축하면 연말정산 때 최대 148만 5,000원(=900만원×16.5%)을 돌려받게 됩니다. 다만 이미 납부한 소득세가 이보다 적으면 환급은 줄어들 수 있습니다.

IRP 가입대상 확대

연금저축은 가입 대상에 제한이 없습니다. 근로자와 자영업자 모두 연금저축에 가입해서 연말정산 때 세액공제 혜택을 누릴 수 있다는 이야기입니다. 이에 비해 IRP는 가입 자격에 제한이 많았습니다. 우선 자영업자는 가입할 수 없었고, 근로자 중에서는 퇴직연금에 가입한 사람만 IRP에 가입할 수 있었습니다. 이렇게 되면 세액공제 성적표도 달라집니다. 퇴직연금 가입자는 연금저축과 IRP를 모두 가입할 수 있어 연말정산 때 900만원을 공제받을 수 있지만, 그렇지 않은 사람은 연금저축만 가입할 수 있어 최대 600만원을 공제받을 수 있을 뿐입니다.

하지만 IRP 가입 대상이 2017년부터 대폭 확대되었습니다. 퇴직연금 가입 여부와 상관없이 모든 근로자들은 IRP에 가입할 수 있고, 공무원, 군인, 사립학교 교직원과 같은 특수직역연금 가입자들과 자영업자도 IRP에 가입할 수 있게 되었습니다. IRP에 가입해 저축금액을 늘리면 최대 900만원까지 세액공제를 받을 수 있습니다.

IRP의 또 다른 세제혜택, 과세이연과 연금소득 저율과세

IRP계좌에 저축했을 때 얻을 수 있는 세제혜택은 앞에서 언급한 세액공제 외에도 또 다른 혜택으로 '과세이연*'이 있습니다.

---

* '세금 납부 시기를 연기한다'는 뜻입니다. 경제활동이 왕성할 때 금융소득에 대한 세금 납부 시기를 연기함으로써 세금부담을 줄여주고, 경제활동이 축소될 때 발생하게 조절함으로써 절세할 수 있는 방법입니다.

금융상품에 투자해서 얻은 수익에 대해서는 이자나 배당소득세(세율 15.4%)를 납부해야 합니다. 그리고 연간 발생한 이자와 배당소득이 2,000만원을 넘으면 금융소득종합과세에 해당됩니다. 이렇게 되면 2,000만원을 초과한 이자, 배당소득은 다른 소득과 합산해 종합소득세율(6.6%~49.5%)로 세금이 부과됩니다. 다른 소득이 많거나 금융소득이 많은 사람은 세 부담이 커질 수밖에 없습니다.

하지만 IRP계좌 적립금에서 발생한 운용수익에 대해서는 연금을 수령하기 전까지 세금을 납부하지 않아도 됩니다. 따라서 금융소득종합과세도 걱정할 필요가 없습니다. 이렇게 세금을 내지 않고 재투자를 계속하면 적립금을 더 크게 키울 수 있습니다.

IRP계좌에 가입한 날로부터 5년이 경과하고 55세가 넘으면 적립금을 연금으로 수령할 수 있습니다. 이때 연금소득세를 납부해야 하는데 낮은 세율로 과세됩니다. 일반 소득에 대한 종합소득세율은 6.6~49.5%인 데 반해 연금소득에 대해서는 3.3~5.5%의 낮은 세율로 세금이 부과됩니다. 다만 과세 대상 연금소득(공적연금, 퇴직급여 제외)이 연간 1,500만원을 초과하면 다른 종합소득과 합산해 과세하거나 16.5% 세율로 분리과세 하는 방법 중 본인에게 유리한 방식을 선택하면 됩니다.

(3) 연금계좌와 세액공제, 한도까지 욕심 내세요

> Q 은퇴 준비를 시작하려는 30대 직장인 이풍성 씨. 연금상품에 가입하려고 알아보다가 매년 저축액에 세액공제 혜택을 준다는 것을 알게 되었습니다. 세금에 대해선 잘 알지 못하는 이풍성 씨는 세액공제라는 것이 무엇이고, 연금저축과 IRP계좌로 은퇴자금을 모으면 매년 세금을 얼마나 줄일 수 있는지 궁금합니다.

정부는 돈 쓸 일이 많습니다. 그리고 앞으로 점점 더 많아질 것입니다. 이는 한국에서 베이비붐 세대의 은퇴가 본격화되면서 필연적으로 복지와 보건비용 등의 지출이 증가하기 때문입니다. 반면 일을 하지 않는 은퇴자들이 늘어나기 때문에 돈 들어올 일은 줄어들게 됩니다. 여기서 타격을 받는 것이 절세형 금융상품입니다. 정부가 돈이 부족해지면 세금혜택을 주는 금융상품을 줄이고자 할 것이기 때문입니다. 실제로 2000년 이후로 장기주택마련저축, 장기 주식형 펀드, 재형저축 같은 상품들이 역사 속으로 사라졌으며, 지금 남아있는 상품들도 언제 사라질지 모릅니다. 하지만 이 와중에도 여전히 매력적인 금융상품이 있습니다. 연금저축, IRP계좌가 그것입니다.

세액공제의 미학, 연금저축과 IRP

연금저축과 IRP계좌의 납입액은 합산하여 연간 900만원 한도로 세액공제 혜택을 주고 있습니다. 우선 연금저축 가입자는 저축한 금액에 대해 연간 600만원까지 세액공제 혜택을 받을 수 있습니다. 그렇다면 저축금액에 대한 세액공제 효과는 얼마나 될까요? 이는 가입자의 소득에 따라 차이가 납니다. 세액공제란 이미 산출된 세금에서 일정한 금액을 공제해주는 것을 말하는데, 연봉이 5,500만원 이하인 근로자(종합소득금액 4,500만원 이하 사업자)는 16.5%의 공제율이 적용되어 매년 최대 99만원의 세금을 절세할 수 있고, 연봉이 5,500만원을 초과하는 근로자(종합소득금액 4,500만원 초과 사업자)는 13.2%의 공제율이 적용되어 매년 최대 79만 2천원의 세금을 줄일 수 있습니다. 그리고 연금저축은 연간 600만원까지만 공제받을 수 있기 때문에, 900만원의 세액공제 한도를 전부 활용하려면 적어도 300만원 이상은 IRP에 저축해야 합니다.

연금저축에 가입하지 않은 사람은 IRP계좌에 연간 900만원을 납입하면 연말정산 때 전액 세액공제를 받을 수 있습니다. 총급여가 5,500만원이 넘는 근로자나 종합소득금액이 4,500만원을 넘는 자영업자는 저축금액의 13.2%(이하 지방소득세 포함)를 세액공제 혜택을 받게 됩니다. IRP에 연간 900만원을 저축하면 연말정산 때 최대 118만 8,000원(= 900만원 × 13.2%)의 세금을 환급받을 수 있다는 계산이 나옵니다.

총급여가 5,500만원 이하인 근로자나 종합소득금액이 4,500만원 이하인 자영업자는 세액공제율이 16.5%로 확대되었기 때문에 같은 금액을 저축하고 더 많은 세금을 돌려받게 됩니다. IRP에 연간 900만원을 저축하면 연말정산 때 최대 148만 5,000원(= 900만원 × 16.5%)을 돌려받을 수 있습니다.

연금저축과 IRP 세액공제 효과

사람에 따라 이 혜택을 별로 중요하게 여기지 않을 수도 있습니다. 하지만 장기적으로 매년 세액공제를 받는다면 그 효과는 생각보다 큽니다. 예를 들어서 연봉이 5천만 원인 직장인이 연금저축과 IRP계좌에 매년 900만원을 저축한다고 가정해봅시다. 그러면 매년 148만 5,000원의 소득세를 돌려받을 수 있습니다. 이것만 해도 상당한 도움이 되지만, 세액공제 받은 돈을 매년 4% 정도의 수익률을 내는 금융상품에 재투자한다고 가정해보면 금액은 더욱 커지게 됩니다. 10년간 투자하면 1,800만원이 넘는 돈을 추가로 모을 수 있고, 20년간 투자하면 4,500만원이 넘는 돈을 모을 수 있습니다.

(4) 비과세 종합통장 ISA 시대가 온다

> **Q** 김성실 씨는 금융회사에 다니는 친구의 권유로 2020년 개인종합자산관리계좌(ISA)에 가입했습니다. 매달 30만원씩 납입하고 있는데, ISA를 통해 주식거래도 할 수 있다는 사실을 알고 ISA를 새로 가입해야 하는 것인지 고민에 빠졌습니다. 또한 만기가 되면 저축금액을 노후 대비 목적으로 활용하고 싶은데 어떻게 하는 것이 좋을까요?

ISA는 무엇일까?

ISA는 하나의 계좌에 예금, 펀드, 주가연계증권(ELS) 등 다양한 금융상품을 담을 수 있는 통장이라고 보면 됩니다. 여기서 '계좌(Account)'란 일종의 바구니 통장이라고 생각하면 됩니다. 예를 들어 백화점이나 과일가게에서 과일바구니를 살 때, 소비자는 자신의 취향에 따라 사과, 배, 바나나 등 여러 과일을 담을 수 있습니다. 마찬가지로 ISA에도 자신이 투자하고자 하는 금융상품을 다양하게 담을 수 있습니다. 일단 투자한 다음 계좌 내에서는 상품 간 교체 매매도 가능합니다.

투자자 입장에선 ISA를 활용하면 금융소득과 관련된 세금을 줄일 수 있습니다. 현재 예·적금이나 주가연계증권(ELS), 채권형 펀드 등에 투자해서 발생한 이자소득과 배당소득에는 15.4%의 소득세를 부과하고 있습니다. 그리고 투자자별로 연간 금융소득이 2,000만원이 넘는 경우 '금융소득종합과세'에 해당됩니다. 2,000만원을 초과하는 금융소득은 다른 소득과 합산해 종합소득세율(6.6%~49.5%)로 과세하게 됩니다. 이렇게 되면 다른 종합소득이 많은 사람 입장에서는 세금 부담이 커질 수밖에 없습니다.

ISA 세제혜택과 가입 대상

ISA 가입자는 매년 2,000만원 한도로 최대 1억원을 투자할 수 있습니다. 세제혜택도 무시할 수 없습니다. 투자자는 ISA에서 발생한 수익 중 200만원까지는 세금을 납부하지 않아도 됩니다. 그리고 200만원을 초과한 수익도 15.4%가 아닌 9.9%의 세율이 적용됩니다. 게다가 해당 소득은 분리과세 되기 때문에 금융소득종합과세를 염려할 필요도 없습니다. 또한 연소득 5,000만원 이하인 근로자와 종합소득 3,800만원 이하 사업자는 비과세 혜택이 400만원으로 확대됩니다.

ISA는 계좌 내에서 발생한 상품별 수익과 손실을 통합해 세금을 산출하기 때문에 투자자에게 유리합니다. 예를 들어 각기 다른 A, B 두 개의 금융상품에 가입했는데 A 상품에서는 300만원 수익이 났고, B 상품에선 100만원의 손실이 발생했습니다. 이때 투자자는 A 상품에서 얻은 수익 300만원은 15.4%의 세율을 적용해서 46만2천원을 세금으로 납부해야 합니다. B 상품에서는 손실이 났기 때문에 세금을 납부할 필요가 없습니다. 그렇다면 ISA 내에서 A와 B 두 개의 금융상품에 투자했다면 어떻게 될까요? 이 경우에는 수익과 손실을 합쳐 순수익인 200만원에 세금이 부과됩니다. 그리고 ISA의 비과세 한도는 200만원이므로 세금을 납부하지 않습니다. 또한 ISA의 가입대상도 확대되어 직전 3개 연도에 금융소득종합과세에 해당되지 않은 만 19세 이상 성인은 누구나 가입할 수 있습니다.

또 하나 주목할 사항은 2025년부터 도입될 금융투자소득세입니다. 2025년부터는 국내 주식 매매차익이 5,000만원이 넘으면 금융투자소득세가 부과되는데, 5,000만원이 넘는 소득에는 22%, 3억원 초과 소득에는 27.5% 세율(지방세 포함)이 적용됩니다. 하지만 2022년 변경된 세법에 따르면 ISA계좌를 통해 국내 상장 주식을 양도하거나 국내 주식형 펀드를 환매하는 경우에는 금융투자소득이 발생하더라도 세금을 부과하지 않습니다. 또한 매매차익 뿐만 아니라 배당과 이자에 대해서도 200만원(서민형 400만원)까지 비과세 혜택이 적용됩니다.

ISA의 상품 특징

구분	ISA
가입 자격	만 19세 이상 거주자 만 15~18세 직전 연도 기준 근로소득자 단, 직전 3개 연도에 금융소득종합과세에 해당된 사람은 제외
납입한도	연 2,000만원
편입상품	RP, 펀드, 파생결합증권, 예·적금, ETF·ETN, 상장주식
상품간 교체	가능
손익통산	가능
세제혜택	순이익 200만원 비과세 (서민형 400만원 비과세) 초과분은 지방소득세 포함 9.9% 분리과세 중개형 ISA는 국내 상장 주식·국내 주식형 펀드의 매매차익 비과세
기타	의무가입기간 3년 (계약기간 연장, 재가입 허용)

ISA 만기 자금을 노후자금으로 활용하려면?

ISA 만기 자금을 노후자금 목적으로 쓰고 싶다면 연금계좌로 이체하여 운용하는 것이 세금 측면에서 가장 효율적인 방법입니다. 정부는 2020년 ISA 만기 자금을 연금저축이나 IRP 등 연금계좌로 이체할 수 있는 제도를 만들었습니다. 원래 연금계좌는 연금저축과 IRP를 합쳐서 연간 1,800만원까지만 납입이 가능합니다. 하지만 ISA 만기 자금을 연금계좌로 이체하면 ISA 이체 금액만큼 연금계좌의 납입 한도를 추가로 늘려줍니다. 자금 이체는 ISA 계약 기간이 만료된 날로부터 60일 이내에 시행해야 하며, 만기 자금의 일부만 이체하는 것도 가능합니다. 이체한 자금은 만 55세부터 연금으로 받을 수 있습니다.

ISA 만기 자금을 연금계좌로 이체했을 때 절세 효과는 두 가지입니다. 우선 세액공제 혜택입니다. 연금계좌로 이체한 만기 자금 중 10%, 최대 300만원까지 세액공제를 받을 수 있습니다. 세액공제율은 소득에 따라 다릅니다. 종합소득이 4,500만원(근로소득만 있으면 총급여 5,500만원) 이하이면 세액공제율 16.5%가 적용되고, 이보다 소득이 많으면 13.2%를 공제받습니다.

또한 인출할 때 저렴한 세율로 과세됩니다. ISA가 만기가 되었을 때 만기를 연장하거나 해약 후 재가입하면 ISA의 세제혜택을 계속 받을 수 있습니다. 하지만 연금계좌로 이체한 금액은 추후 연금으로 수령 시 3.3~5.5%의 연금소득세가 부과되므로 ISA보다 훨씬 낮은 세율인 셈입니다.

03 연금을 적립하는 중에도 세금이 있을까요?

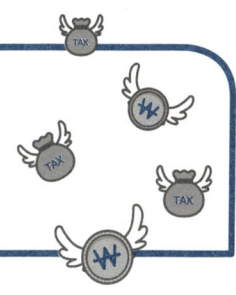

(1) 연금계좌에서 발생하는 금융소득, 세금은 언제 낼까요?

Q 연말이 되면 직장인들은 연말정산을 준비하느라 바쁩니다. 이때 활용할 수 있는 것이 연금저축, 개인형 퇴직연금(IRP)과 같은 연금계좌입니다. 연금계좌를 활용하면 최대 900만원까지 세액공제를 받을 수 있는 데다 공제율도 13.2%(저소득자 16.5%)나 되므로, 900만원을 저축하면 150만원 안팎의 세금을 돌려받을 수 있으니 적지 않은 혜택입니다. 하지만 연금계좌로 얻을 수 있는 혜택이 세액공제만 있는 것은 아닙니다. 연금계좌의 또 다른 절세 효과는 무엇이 있을까요?

과세이연으로 더욱 높아진 복리효과

노후자금 마련과 같은 장기 투자를 할 때 빼놓지 않고 얘기하는 것이 복리 효과입니다. '복리 효과'란 투자원금에서 발생한 수익에 수익이 또 얹어지면서 투자기간이 늘어날수록 투자금액이 기하급수적으로 증가하는 것입니다. 따라서 제대로 된 복리 효과를 얻으려면 투자기간이 길어야 하고, 중간에 돈을 빼 쓰지 말아야 합니다. 또한 세금이 복리 효과에 미치는 영향도 무시할 수 없습니다.

이 같은 점을 고려하면 연금계좌(연금저축, IRP)야말로 복리 효과에 최적화된 금융상품이라고 할 수 있습니다. 우선 적립기간이 최소한 5년 이상 되어야 하고, 55세가 지나야 연금을 수령할 수 있습니다. 그리고 연금 이외에 다른 방법으로 적립금을 인출하면 상대적으로 세 부담이 큰 기타소득세(세율 16.5%)를 부과하므로 되도록이면 중도에 돈을 빼 쓰지 못하도록 하고 있습니다. 게다가 운용수익에 대한 과세를 수령 시점까지 미룰 수 있도록 해서(과세이연) 복리 효과를 극대화할 수 있습니다.

일반 금융상품의 경우 매년 결산 때마다 이자와 배당소득에 대한 소득세(15.4%)를 납부해야 합니다. 이렇게 세금을 떼고 남은 금액만 재투자하면 그만큼 복리 효과는 줄어들 수밖에 없습니다. 하지만 연금계좌에서는 이자와 배당수익이 발생해도 인출할 때까지는 세금을 부과하지 않습니다. 이렇게 되면 투자수익을 고스란히 재투자할 수 있기 때문에 훨씬 빠른 속도로 적립금이 불어나게 됩니다.

그러면 실제 운용수익에 대한 과세이연 효과가 얼마나 되는지 살펴보도록 하겠습니다. 다음 〈표〉는 연금계좌와 일반 금융상품에 매년 900만원씩, 투자기간 동안 4%의 수익률로 운용했을 때의 적립금을 비교한 것입니다. 매년 투자수익에서 15.4%의 소득세를 떼고 남은 금액만 재투자하면, 30년 후 적립금은 5억 4,679만원입니다. 하지만 투자수익에서 세금을 떼지 않고 고스란히 재투자하면 적립금이 6억 2,785만원이나 됩니다. 과세이연으로 적립금이 8,106만원이나 더 늘어난 셈입니다. 연금을 수령하는 동안에도 운용수익에 대해서는 과세하지 않고 인출금액에 대해서만 연금소득세(3.3~5.5%)를 부과합니다. 따라서 일반 금융상품에 투자해서 매년 이자와 배당에 15.4%의 세금을 납부하는 것에 비해 세 부담이 적습니다.

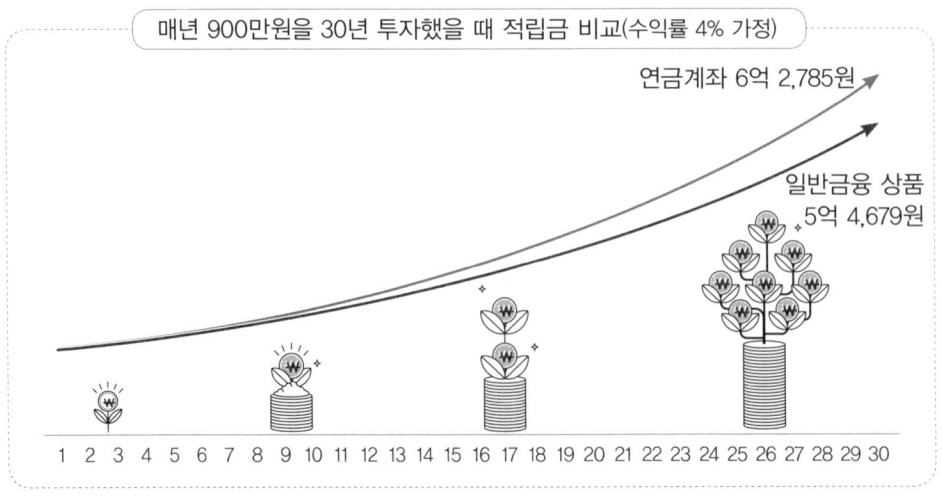

아울러 연금계좌를 이용하면 금융소득종합과세도 피할 수 있습니다. 연금계좌에서는 운용수익을 찾아 쓰기 전까지는 소득세를 전혀 납부하지 않으므로 금융소득종합과세를 피할 수 있습니다. 연금을 수령하는 기간에도 운용수익과 세액공제 받은 원금에서 인출한 금액이 연간 1,500만원을 넘지 않으면 다른 소득과 합산하지 않습니다.

해외 펀드에 투자할 때 절세 효과는 커진다

연금계좌가 가진 과세이연 효과는 해외 펀드에 투자할 때 더욱 커집니다. 2025년부터는 국내 펀드에서 얻은 주식매매(평가)차익은 연간 5,000만원을 넘으면 금융투자소득세(20~25%)가 부과됩니다. 하지만 해외 펀드 투자에서 얻은 매매(평가)차익과 환차익은 연간 수익이 250만원을 넘으면 금융투자소득세(20~25%)가 부과될 예정입니다. 이때 연금계좌 내에서 해외 펀드에 투자하면 이 같은 걱정을 덜 수 있습니다. 앞서 살펴봤듯이 연금계좌에서 발생한 수익은 그 종류와 크기에 상관없이 이를 빼 쓰기 전에는 세금을 부과하지 않기 때문입니다.

과세 시기만 뒤로 미루는 것이 아니라 인출할 때 세 부담도 줄어듭니다. 연금계좌를 중도에 해약하면 그 동안 발생한 운용수익과 원금에 기타소득세(16.5%)가 부과되지만, 이를 55세 이후에 연금으로 받으면 비교적 낮은 세율(3.3%~5.5%)의 연금소득세가 부과됩니다. 통상 이자소득이나 배당소득에 15.4%의 세금이 부과되는 것과 비교하면 절세 효과가 상당하다고 할 수 있습니다.

(2) 세제혜택을 받았던 연금계좌, 중도해약해도 괜찮을까요?

> **Q** 연금저축과 IRP를 활용해 매년 연말정산 때 세금을 환급받았던 직장인 박○○ 씨는 최근 고민에 빠졌습니다. 주택을 구입해서 자금이 필요해 그동안 모아둔 연금저축과 IRP의 적립금을 활용하려고 했는데, 연금계좌를 중도에 해약하면 불이익이 있다는 이야기를 듣게 된 것입니다. 연금계좌를 중도에 해약하는 경우 세금 측면에서 어떤 불이익이 있을까요?

연금저축과 IRP는 대표적인 노후 준비 상품입니다. 저축금액에 세액공제 혜택이 주어지면서 직장인과 자영업자들 사이에서는 절세와 노후 준비를 동시에 할 수 있는 대표적인 상품으로 자리잡았습니다. 하지만 연금저축과 IRP는 세제혜택을 주는 대신 중도에 해약하면 불이익도 큰 상품입니다. 그동안 세액공제를 받은 납입원금과 운용수익에 대해 16.5% 세율의 기타소득세가 부과됩니다. 따라서 돈이 필요하다고 무턱대고 해약할 것이 아니라 전문가와 상의해 대안을 찾아보기를 권합니다.

연금저축을 중도해약할 때 불이익을 줄이려면?

먼저 세액공제 한도를 초과해서 저축한 금액이 있는지 확인해야 합니다. 연금저축은 IRP 저축금액과 합산하여 연간 최대 1,800만원까지 저축할 수 있지만, 세제혜택은 600만원까지만 주어집니다. 따라서 과거 저축한 금액 중 세액공제를 받지 않은 금액이 있을 수 있습니다. 이 금액은 저축할 때 세액공제를 받지 않은 만큼 찾아 쓸 때도 세금을 낼 필요가 없습니다.

기타소득세를 납부하지 않으려면 금융기관에 서류를 제출해야 합니다. 먼저 금융기관 1곳에만 연금저축을 가입한 경우에 필요한 서류는 '소득·세액공제 확인서'인데, 국세청 홈택스에서 출력하면 됩니다. '소득·세액공제 확인서'에서는 저축기간 동안 공제받은 금액을 한눈에 확인할 수 있습니다. 따라서 그동안 적립한 금액에서 공제받은 금액을 빼면 세 부담 없이 중도인출 할 수 있는 금액을 계산할 수 있습니다.

그리고 세액공제 한도를 초과한 저축금액이 없다면, 다음으로 인출 사유를 살펴봐야 합니다. 부득이한 사유가 인정되면 높은 세율(16.5%)의 기타소득세 대신 낮은 세율(3.3~5.5%)의 연금소득세만 납부하고 적립금을 중도인출 할 수 있습니다.

세법상 부득이한 사유가 인정되는 대표적인 사례로 가입자 또는 부양가족이 3개월 이상 요양이 필요한 경우를 들 수 있습니다. 이밖에 가입자가 해외 이주를 하거나 사망한 경우, 가입자가 파산 또는 개인회생절차를 개시한 경우 등이 여기에 해당됩니다. 부득이한 사유에 해당될 경우 6개월 내에 연금저축을 가입한 회사에 증빙서류를 제출하면 비교적 낮은 세율의 연금소득세만 납부하고 적립금을 중도인출 할 수 있습니다.

단기간 자금이 필요할 때는 연금저축 담보대출도 고려해 볼 수 있습니다. 연금저축 적립금을 담보로 대출 받는 것입니다. 노후대비 자금마련이 목적인 연금저축의 특성을 감안해서 대부분의 금융회사에서 비교적 낮은 이율로 연금저축 담보대출을 운용하고 있습니다. 다만 연금저축 대출을 이용할 때는 대출기간 동안 이자비용과 연금저축을 해약했을 때 납부해야 하는 기타소득세와 같은 불이익을 충분히 비교해 보고 결정해야 합니다.

일시적으로 저축이 곤란한 경우에는 '납입중지'나 '납입유예' 제도를 활용할 수도 있습니다. 연금저축은 크게 보험, 신탁, 펀드 3가지 상품이 있습니다. 이중 펀드와 신탁은 가입자가 자유롭게 저축금액을 정할 수 있습니다. 매달 일정한 금액을 저축해야 하는 것도 아니고, 중간에 몇 달 저축하지 않는다고 해서 불이익이 있는 것도 아닙니다. 따라서 사정이 어려우면 자동이체를 중단했다가 나중에 형편이 나아졌을 때 납입을 재개하면 됩니다.

개인형 IRP, 중도해약하면 세금은?

IRP계좌를 중도에 해약하면 연금으로 받을 때보다 상대적으로 무거운 세금을 납부해야 합니다. 어떤 세금을 얼마나 내야 할지는 '연금수령한도'와 '소득원천'에 따라 달라집니다. 참고로 연금수령한도란 비교적 낮은 세율의 연금소득세를 납부할 수 있는 금액의 한도를 의미하는데, 이처럼 연금수령한도를 두는 것은 연금 개시 초기에 적립금을 한꺼번에 꺼내 쓰지 못하도록 하기 위해서입니다.

연금계좌의 연금수령 한도

$$\text{연간 연금수령 한도} : \frac{\text{연금계좌 계좌평가액}}{(11 - \text{연금수령연차})} \times 120\%$$

그렇다면 IRP에서 연금을 수령하다가 중간에 해약하면 세금은 어떻게 과세될까요? 결론부터 말하면 55세 이상 IRP 가입자가 연금개시 신청 후 해약하게 되면 연금수령한도까지는 연금소득세로 과세되고, 연금수령한도 초과분에 대해서는 소득원천별로 과세됩니다.

　연금수령한도 초과분에 과세되는 소득원천은 크게 퇴직금, 추가납입금, 운용수익으로 나눌 수 있습니다. 먼저 퇴직금부터 살펴보겠습니다. 근로자가 퇴직할 때 퇴직금을 IRP계좌로 이체하면 당장은 퇴직소득세를 납부하지 않습니다. 영원히 퇴직소득세를 납부하지 않는 것은 아니고, 퇴직금을 찾아 쓸 때까지만 세금 납부를 미뤄둘 뿐입니다. 하지만 중간에 해약하면 그동안 미뤄뒀던 퇴직소득세를 한꺼번에 납부해야 하기 때문에 세금 감면 혜택은 사라집니다.

　다음은 소득원천이 추가적립금일 때를 살펴보겠습니다. 추가납입금은 다시 세액공제를 받은 금액과 공제를 받지 않은 금액으로 나눌 수 있습니다. 적립할 때 세액공제를 받지 못한 금액은 찾아 쓸 때도 세금이 부과되지 않습니다. 하지만 세액공제를 받은 금액에는 16.5%(지방세 포함)의 기타소득세로 분리과세 합니다. 연말정산 때 세액공제율(13.2% 또는 16.5%)과 비교하면 손해를 보거나 받은 혜택을 다시 돌려줘야 하는 것입니다.

　마지막으로 퇴직금을 운용해서 얻은 수익에는 어떤 세금이 얼마나 부과될까요? 일반 금융상품에 가입해서 얻은 이자나 배당소득에 대해서는 매년 15.4%의 세금이 부과됩니다. 하지만 IRP계좌는 적립금을 운용하는 동안에는 별도의 소득세를 납부하지 않다가 나중에 연금을 수령할 때 연금소득세(3.3~5.5%)를 납부합니다. 과세 시기도 늦출 수 있고 낮은 세율로 과세되기 때문에 그만큼 이득이라 할 수 있습니다. 하지만 적립금을 중도에 인출하거나 계좌를 해약하면 그동안 발생한 운용수익에 대해 기타소득세를 납부해야 합니다. 기타소득에 대한 세율이 16.5%이므로 일반 금융소득에 대한 이자나 배당세율(15.4%)과 비교하면 1.1%p만큼 세금을 더 내는 것으로 볼 수 있습니다.

개인형 IRP 연금수령 후 해약시 과세체계

구분		소득재원	과세
연금수령한도 내	연금소득세	퇴직소득	이연퇴직소득세 × 70% (연금수령기간 10년 이내) 이연퇴직소득세 × 60% (연금수령기간 11년차부터)
		가입자부담금 등 (기타소득재원)	3.3~5.5%*
연금수령한도 초과분	소득원천별 과세	퇴직소득	이연퇴직소득세
		가입자부담금 등 (기타소득재원)	기타소득세(16.5%)

(3) 연금보험 납입 중 해약이나 인출해도 비과세 될까요?

> **Q** 8년 전 지인의 권유로 노후 대비를 위해 연금보험에 가입한 김노후(52세) 씨. 최근 금리인상과 경기악화로 인해 운영하는 가게에 긴급 운영자금이 필요하게 되었습니다. 이미 코로나19 때 여기저기 자금을 융통하여 지금 긴급히 자금을 빌릴 곳이 없는 상태입니다. 보험 가입 당시 설계사가 자금이 필요하면 중도에 인출도 가능하다는 설명을 한 기억이 나 일정 금액을 인출할 생각입니다. 그런데 10년은 유지해야 비과세가 된다고 들은 것 같아서 고민입니다. 8년 된 연금보험의 적립금 중 일부를 중도인출해도 비과세 적용을 받을 수 있을까요?

김노후 씨가 가입한 연금보험은 연금을 수령하기 전이라도 적립금 중 일부를 인출해서 사용할 수 있도록 되어 있습니다. 과거 보험상품은 장기상품이다 보니 필요시 인출 기능이 없어 급하게 필요한 자금이 있어도 적립금을 찾아 쓸 수 없는 불편함이 있었습니다. 하지만 최근에는 이런 불편을 해소하기 위해 납입 중에 일정 범위 내에서 자금을 인출할 수 있는 중도인출 기능을 부여한 연금상품들이 대부분입니다.

---

* 사적연금 수령액 합산 연 1,200만원 초과시 종합소득합산 또는 16.5% 분리과세

중도인출하는 경우 인출하는 금액에 대해 세금을 납부해야 할까요? 처음 보험료를 납부한 날로부터 10년이 경과한 날부터 중도인출하는 경우에는 중도인출금액에 대해 비과세를 적용받는 데 문제가 없습니다. 그러나 보험계약기간이 10년을 경과하기 전에 적립금을 인출하는 경우에는 몇 가지를 점검해야 합니다.

보험계약기간 10년 경과 이전 적립금 인출시

계약자가 중도인출을 신청하면 보험회사는 적립금 중 계약자가 납입한 보험료 원금부터 지급합니다. 원금에 대해서는 세금을 걱정할 필요가 없습니다. 납입원금 지급이 완료되고 나면 보험차익금(적립금-납입보험료 누계)을 지급해 주는데 이때 이자소득세가 과세됩니다. 하지만 대부분의 보험회사는 10년 이내 중도인출시 납입보험료 한도 내에서만 중도인출할 수 있도록 하고 있어 이자소득세 과세에 대한 걱정은 하지 않아도 됩니다.

그런데 보험가입 시점이 2004.12.31. 이전이라면 상황이 조금 달라집니다. 당시는 최초 보험료를 납입한 날로부터 만기일, 중도해약일 또는 최초원금 인출일까지 기간이 10년이 안 되면 저축성보험의 보험차익에 이자소득세를 부과했습니다. 즉 연금보험에 가입하고 10년이 경과하기 전에 중도인출을 한 번이라도 했다면 인출금액이 원금을 넘지 않았더라도 10년이 경과한 이후 중도인출하거나 해약했을 경우 발생되는 보험차익에 대해서는 비과세 혜택이 적용되지 않았습니다.

2005.1.1.부터는 소득세법이 개정되어 '최초 원금 인출일까지'라는 부분이 삭제되었습니다. 그래서 2005.1.1. 이후에 연금보험을 가입한 사람은 10년 이내 중도인출이 있더라도 가입 후 10년만 경과하면 보험차익에 대해 비과세 혜택을 받을 수 있습니다.

또 하나 고려해야 할 것은 추가납입 보험료입니다

> **Q** 예를 들어 살펴보도록 하겠습니다. 박형우 씨는 월적립식 연금보험에 가입해 매달 꾸준히 보험료를 납입했고, 10년 만기가 이제 한 달 앞으로 다가왔습니다(2014년 가입 가정). 그런데 지난달 정기예금 만기가 돌아와 목돈이 생겼습니다. 박 씨는 수령한 정기예금과 이자를 연금보험에 납입하면 비과세 혜택을 받을 수 있을까요?

A 이 경우에도 비과세 혜택을 받을 수 있습니다.

박 씨는 매달 거르지 않고 보험료를 5년 이상 납입했고, 다음 달이면 10년 만기가 되기 때문에 그동안 납입한 보험료는 모두 비과세 혜택을 받게 됩니다. 이번 달까지 납입한 보험료 누적액의 2배까지 연금보험에 추가로 납입할 수 있으며, 10년간 보험을 유지하기만 하면 납입 시점에 상관없이 비과세 혜택을 받을 수 있습니다.

참고로, 박 씨는 2017.3.31. 이전에 월적립식 연금보험에 가입했으므로, 납입금액의 한도 없이 비과세 혜택을 받을 수 있습니다. 비과세 요건에 대한 자세한 내용은 《PART 1》을 참고하시기 바랍니다.

보험계약기간 10년 경과 이후 적립금 인출시

> **Q** 이미선 씨는 2011년 변액연금보험에 가입해 11년째 보험료를 납입하고 있습니다. 그런데 경제적 어려움이 생겨 1,000만원을 중도에 인출하려 합니다. 이미선 씨가 중도에 인출한 보험금에는 이자소득세가 과세될까요?

A 이 경우에는 과세되지 않습니다.

변액연금보험도 저축성보험이기 때문에 10년 이상 보험계약을 유지하면 중도인출금은 비과세 됩니다. 또한 대부분의 연금보험 중도인출금은 원금에서 사업비를 차감한 해약환급금의 범위 이내이기 때문에 대부분의 경우 보험차익이 발생하지 않습니다. 따라서 가입자들이 수령하는 중도인출금에 이자소득세가 과세되는 경우는 거의 없습니다.

연금보험을 중도에 해약하면 세금은 어떻게 될까?

이때 살펴봐야 할 것은 연금보험을 가입하고 해약하는 시점까지의 유지 기간입니다. 처음 보험료를 납입한 날로부터 해약하는 날까지 기간이 10년 이상이면 발생한 보험차익에 대해서는 세금이 부과되지 않습니다. 그렇지만 유지기간이 10년 미만일 경우에는 보험회사에서 보험차익에 대해 이자소득세를 원천징수 하고 남은 금액만 계약자에게 지급하게 됩니다.

계약자를 변경해도 비과세 혜택을 받을 수 있을까?

> **Q** 송현민 씨는 지난 9년간 납입한 변액연금보험이 있습니다(2013년 1월 가입 가정). 사정이 있어 계약자와 수익자를 아내로 바꾸고 싶습니다. 만약 송현민 씨가 계약자와 수익자를 아내로 바꾸고 1년 더 보험을 유지하면 변액연금보험을 10년 유지하게 되는데, 이때도 비과세 혜택을 받을 수 있을까요?

A 1년을 더 유지해 가입 후 10년을 경과하면 비과세

송현민 씨의 보험 가입시기가 중요합니다. 2013.2.14. 이전에 보험을 가입했으므로, 계약자를 아내로 변경한 후 보험을 1년만 더 유지하면 비과세 혜택을 받을 수 있습니다.

만약 2013.2.15. 이후에 가입했다면 계약자를 다른 사람으로 바꿀 경우, 명의 변경일부터 다시 10년을 기다려야 비과세 혜택을 누릴 수 있습니다.

저축성보험 및 연금보험 비과세 요건에 대한 자세한 내용은 다음을 참고하시기 바랍니다.

《PART 1. 02 – (2) 비과세 되는 보험을 활용하세요 [저축성보험 비과세 요건, 완벽 정

리], 03-(6) 추가납입 해도 비과세 될까요? [저축성 보험의 추가납입과 중도인출], 03-(7) 종신형연금에서 중도인출 해도 비과세 될까요? [종신형 연금보험의 추가납입과 중도인출], 03-(8) 보험계약자를 변경해도 계속 비과세 될까요?》

 관련 법규

- 소득세법시행령(제25조) (저축성보험의 보험차익)

04. 연금을 받을 때도 세금이 있을까요?

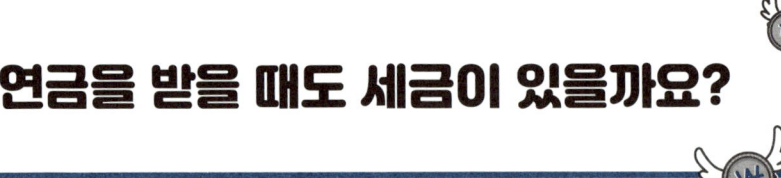

(1) 국민연금의 노령연금을 받을 때도 세금을 내나요?

> **Q** 부유한 씨는 지난달부터 국민연금의 노령연금을 수령하기 시작했습니다. 그런데 생각했던 것보다 연금이 적게 나와 국민연금공단에 문의했더니 소득세를 원천징수 하고 남은 금액만 지급해서 그렇다는 답변이 돌아왔습니다. 국민연금을 수령할 때 세금은 얼마나 내고, 어떤 방식으로 과세하는 걸까요?

보험료를 납입할 땐 소득공제, 연금을 받을 땐 세금납부

국민연금의 노령연금에 세금을 부과하는 게 다소 의아하게 여겨질 수도 있습니다. 사실 2001년까지 노령연금에는 소득세가 부과되지 않았습니다. 대신 국민연금 가입기간에 납입한 보험료도 연말정산 때 소득공제를 받을 수 없었습니다.

이 경우 소득 발생 시기와 세금 납부 시기가 일치하지 않는 문제가 발생합니다. 소득은 노령연금을 수령하는 동안 발생하는 데 반해, 국민연금 보험료를 납입하느라 가처분소득이 줄어들었을 때 소득세를 납부해야 하기 때문입니다. 이 문제를 해소하려고 도입한 것이 '연금보험료 공제' 제도입니다. 2002년 1월부터 국민연금 가입자는 매년 납입한 보험료에 대해 연말정산 때 소득공제 혜택을 받고 있습니다. 대신 연금을 수령할 때 소득세를 납부해야 합니다.

어차피 조삼모사(朝三暮四)가 아니냐고 할 수도 있지만 그렇지 않습니다. 국민연금 가입자 입장에서는 납부 시기를 뒤로 늦추는 장점이 있지만 세금 부담도 덜 수 있기 때문입니다. 우리나라는 소득세를 과세할 때 누진세율(6.6~49.5%, 지방소득세 포함)을 적용합니다. 소득이 많으면 세 부담도 커진다는 얘기입니다. 따라서 소득이 많은 근로시기에 납입한 보험료를 공제받고, 상대적으로 소득이 적은 은퇴 후에 연금을 수령하면서 소득세를 납부하는 것이 이득이라 할 수 있습니다.

연간 700만원 미만으로 수령하면 비과세

노령연금을 받을 때 세금은 얼마나 낼까요? 납부할 세금을 계산하려면 먼저 '과세 대상 연금액'부터 산출해야 합니다. 노령연금 중 과세 대상은 소득공제를 받은 보험료에서 발생한 연금입니다. 따라서 전업주부 같은 임의가입자는 소득공제를 받지 않았기 때문에 노령연금을 수령할 때 세금을 납부할 필요도 없습니다. 근로자와 자영업자도 2002년부터 납입한 보험료에 대해서만 소득공제 혜택을 받았기 때문에 그 이전에 납입한 보험료에서 발생한 노령연금에 대해서는 소득세를 납부할 필요가 없습니다.

과세 대상 연금액을 산출했으면 각종 공제금액을 뺀 다음 과세표준을 계산합니다. 공제 혜택 중 가장 큰 것이 '연금소득공제'인데 최대 900만원을 공제받을 수 있습니다. 이 밖에도 인적 공제와 표준공제 등을 받을 수 있습니다. 이렇게 산출된 과세표준에 소득세율을 곱하면 노령연금에 대한 세금 산출이 가능합니다.

연금소득공제(공제 한도 최대 900만원)

과세대상 연금액	공제액
350만원 이하	총연금액
350만원 초과 700만원 이하	350만원+(총연금액 − 350만원) × 40%
700만원 초과 1,400만원 이하	490만원+(총연금액 − 700만원) × 20%
1,400만원 초과	630만원+(총연금액 − 1,400만원) × 10%

이처럼 노령연금만 놓고 보면 세 부담은 그리 크지 않습니다. 이해를 돕기 위해 앞

서 부유한 씨가 부양가족이 없다고 가정하고 소득세를 계산해 보도록 하겠습니다. 일단 과세 대상 연금액이 연간 700만원이 안 되면 세금을 내지 않아도 됩니다. 연금소득공제로 490만원, 본인 인적 공제로 150만원을 받고 나면 과세 표준은 60만원입니다. 60만원에 세율(6%)을 곱하면 산출세액으로 3만 6천원이 발생합니다. 하지만 표준세액공제를 받고 나면 산출세액이 0원이 됩니다.

은퇴 후에도 연말정산 해야 한다

노령연금을 수령할 때 세금은 어떻게 낼까요? 국민연금공단이 노령연금을 지급할 때 세금을 원천징수 하기 때문에 납세 절차는 생각보다 번거롭지는 않습니다. 직장 다닐 때 근로소득세를 납부하는 방식과 유사하다고 보면 됩니다.

먼저 연금소득자는 국민연금공단에 노령연금을 청구할 때 배우자와 부양가족 등 과세 정보를 담고 있는 '연금소득자 소득·세액공제 신고서'를 함께 제출해야 합니다. 국민연금공단은 소득·세액공제 신고서에 신고된 부양가족을 기준으로 소득세를 계산한 다음 이를 매달 노령연금을 지급할 때 원천징수 합니다.

그리고 연금소득자는 신고된 사항에 변동이 있는 경우에는 매년 12월말까지 해당 서류를 국민연금공단에 제출하면 됩니다. 국민연금공단은 이를 기초로 세금을 다시 산출한 다음 원천징수한 세금과 정산합니다. 연말정산 결과 환급해야 할 세금이 있으면 다음 해 1월 노령연금을 지급할 때 더해서 지급하고, 반대로 추가로 징수해야 할 세금이 있는 경우에는 1월분 노령연금에서 차감합니다. 노령연금 이외에 다른 소득이 없는 경우에는 납세 관련 절차는 이것으로 종결됩니다.

하지만 근로소득이나 사업소득, 부동산 임대소득 등이 있는 경우에는 다음 연도 5월에 종합소득세 과세표준 확정신고를 해야 합니다. 이 경우 노령연금을 수령한 사람은 연금소득을 다른 소득과 합산해서 신고해야 합니다. 다만 과세 대상 연금소득 금액이 350만원을 초과하는 경우에만 다른 소득과 합산해 종합소득세 과세표준 확정신고를 하면 됩니다.

(2) 퇴직급여를 일시금으로 받으면 세금을 얼마나 내나요?

> Q 55세 직장인 최근민 씨는 퇴직을 앞두고 고민에 빠졌습니다. 연말에 퇴직할 때 퇴직급여를 수령하는데 일시금과 연금 중 어떤 방식으로 수령하는 것이 유리한지 따져봐야 하기 때문입니다. 일시금으로 받아서 자녀 대학 자금으로 쓰기로 결정한 최근민 씨는 퇴직급여를 일시금으로 받으면 세금이 얼마나 되는지 궁금합니다.

퇴직급여를 일시금 수령시

근로자가 퇴직급여를 일시금으로 받으면 '퇴직소득세'를 납부해야 합니다. 퇴직소득세는 퇴직급여액에서 비과세 소득을 제외한 후 근속연수에 따른 퇴직소득공제 금액을 차감해 환산급여액을 산정합니다. 여기서 환산급여공제를 차감한 후 나온 과세표준에 세율을 곱해서 환산산출세액을 계산합니다. 그리고 최종적으로 환산산출세액을 12로 나눈 후 근속연수를 곱하면 퇴직소득세 산출세액을 계산할 수 있습니다.

퇴직소득세 산출 구조

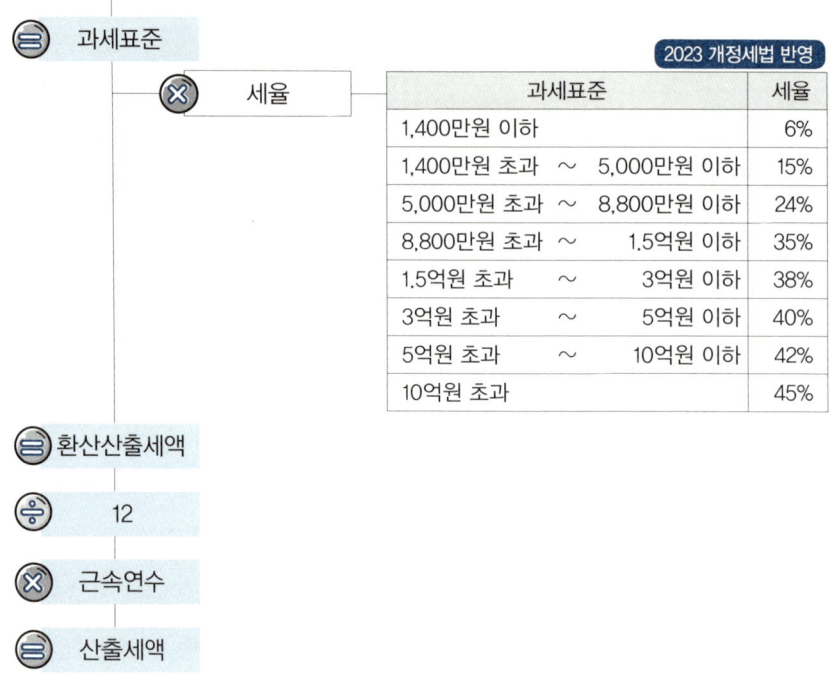

중간정산을 한 경우 퇴직소득세

퇴직소득세를 계산할 때 적용되는 근속연수는 원칙적으로 회사에 입사한 날로부터 계산합니다. 하지만 퇴직금 중간정산을 한 경우에는 중간정산일로부터 계산된 근속연수를 적용하기 때문에 퇴직소득세가 늘어납니다. 만약 직장을 다닌 지 25년 된 직장인 A 씨가 올해 퇴직을 한다고 가정해 보도록 하겠습니다. A 씨가 퇴직연금이 도입된 2008년 1월에 중간정산을 했다면 근속연수는 25년이 아닌 중간정산 이후부터 계산된 근속연수인 14년을 적용합니다.

중간정산 이력 때문에 장기간 근로를 통해 벌어들인 돈에서 적지 않은 부분을 세금으로 내야 한다면 억울할 수 있습니다. 그럴 때는 '퇴직소득 세액정산 특례'를 이용하면 퇴직소득세를 줄일 수 있습니다. 퇴직소득 세액정산 특례를 적용하면 과거에 중간정산한 퇴직금과 최종 퇴직금을 합산해 퇴직소득세를 새로 계산하게 됩니다. 퇴직자는 과거 중간정산할 때 퇴직소득세를 납부하고 받은 원천징수 영수증을 회사에 제출하면서 정산을 요청할 수 있습니다. 이때 회사는 중간정산 퇴직금과 최종 퇴직금을 합산해 퇴직소득세를 산출해 원천징수 합니다.

퇴직소득 세액정산 특례에 따르면 사용자는 중간정산 때 지급한 퇴직금과 앞으로 지급할 퇴직금을 합산해 퇴직소득세를 산출한 후 중간정산 때 납부한 퇴직소득세를 차감합니다. 이때의 근속연수는 중간정산 때 지급한 퇴직금에 대한 것과 앞으로 지급할 퇴직금에 대한 것을 합한 다음 중복되는 기간을 제외해 적용합니다.

그리고 명예퇴직금은 일반 퇴직금과 근속연수 적용이 다릅니다. 98년 이후 수령한 명예퇴직금의 경우 중간정산을 했더라도 처음 입사 시점부터 근속연수로 인정받게 됩니다. 그러므로 명예퇴직금은 일반적인 퇴직금보다 퇴직소득세 부담이 적을 수 있습니다.

퇴직소득세 외에 다른 세금도 낼 수 있다

만약 DB형 퇴직연금 가입자나 퇴직연금 미가입자가 퇴직급여를 일시금으로 받는다면 퇴직급여에 해당하는 퇴직소득세만 납부하면 됩니다. 하지만 IRP나 DC형 퇴직연금 가입자의 경우에는 예금이나 펀드에 투자해서 얻은 운용수익과 퇴직연금계좌에 입금한 자기불입금은 퇴직일시금 수령시 퇴직소득세가 아닌 기타소득세(16.5%)를 납부해야 합니다. 그러므로 DC형 퇴직연금 가입자나 IRP 가입자가 퇴직금을 일시금으로 수령할 경우에는 운용수익이 많거나, 자기불입금이 많을수록 세금이 늘어나기 때문에 주의가 필요합니다.

퇴직연금 과세체계

연금수령	연금수령 → 연금소득세 과세
연금 외 수령	퇴직금 → 퇴직소득세 과세
	자기불입금 → 기타소득세 과세
	운용수익 → 기타소득세 과세

퇴직소득세 부담을 줄이는 방법

일반적으로 오래 근무할수록 퇴직금은 늘어나게 됩니다. 그런데 퇴직소득세를 계산할 때 근무기간에 대한 고려가 없다면 장기 근속자는 적게 근무한 사람에 비해 상대적으로 높은 세율을 적용받게 될 가능성이 큽니다. 이러한 문제를 방지하기 위해서 근무기간이 길수록 근속연수공제를 통해 추가로 공제되는 금액도 함께 커집니다. 예를 들어 20년을 근무하고 퇴직했다면 퇴직급여에서 4,000만원을 공제해 줍니다. 세율을 적용할 때도 이러한 부분을 반영해서 세율 구간이 결정됩니다.

한편 퇴직급여를 중간정산 하면 근속연수가 줄어듭니다. 무주택자가 본인 명의의 주택을 구입하거나 전세자금이 필요할 때는 퇴직급여 중간정산을 받을 수 있습니다. 하지만 중간정산을 받게 되면 퇴직소득세 계산에 적용되는 근속연수를 입사연도부터 계산하는 것이 아니라 중간정산을 받은 연도부터 계산하기 때문에 퇴직소득세가 늘어나게 됩니다. 이럴 때는 앞서 언급한 '퇴직소득 세액정산 특례'를 이용하면 퇴직소득세를 줄일 수 있습니다.

(3) 퇴직급여, 일시금과 연금 중 어떤 게 유리한가요?

> **Q** 올해 퇴직을 앞둔 김수만 씨는 퇴직급여를 일시금으로 받을지 연금으로 받을지 고민입니다. 연금으로 매달 생활비를 받을지, 목돈을 받아 아이들 결혼에 일부를 쓰고 남은 돈은 투자를 해서 돈을 불리는 게 나을지, 마음이 왔다 갔다 합니다. 퇴직급여를 은퇴자금으로 활용하려면 어떻게 수령하는 것이 유리할까요?

퇴직급여는 연금으로 받아야 유리하다

퇴직을 앞둔 직장인의 고민 중 하나는 퇴직급여의 수령 방법에 관한 것입니다. 퇴직할 때 받는 퇴직급여는 은퇴자금으로 활용하기도 하고, 다른 목적으로 활용하기도 합니다. 하지만 퇴직급여를 다른 용도로 써버리면 여러분의 은퇴생활에 큰 영향을 미칠 수 있습니다.

퇴직급여 수령 방법을 결정하기 위해서는 우선 퇴직급여의 세금을 고려해야 합니다. 세법이 개정되면서 퇴직급여는 연금으로 수령하는 것이 유리해졌습니다. 퇴직급여의 연금소득세 계산 방식은 퇴직소득세의 60~70%만 납부하면 된다는 점입니다. 근속연수 10년인 근로자가 퇴직급여를 5천만원 받아 퇴직소득세가 74만 8,000원이라고 가정해 봅시다. 일시금 대신 연금으로 퇴직급여를 수령할 경우 10년간 납부할 세금은 52만 3,600원(퇴직소득세의 70%)에 불과합니다. 퇴직연금 수령액이 훨씬 많은 근로자도 결과는 마찬가지입니다.

퇴직연금 수령자의 납부세액 변화

퇴직급여	퇴직소득세	연금수령시 이연 퇴직소득세
5천만원	74만 8,000원(1.5%)	52만 3,600원(1.05%)
2억원	1,966만 2,500원(9.8%)	1,376만 3,750원(6.88%)

※ 기본 가정: 근속연수 10년, 연금수령기간 10년, 연금저축 수령액 없음
※ ( ) 안의 숫자는 실효세율

퇴직급여 수령 방법을 고민할 때 세금 외에 고려해야 할 것은 퇴직급여의 사용 목적입니다. 퇴직 후에 부채를 상환하거나, 자녀 결혼자금 등으로 활용해야 한다면 퇴직급여를 일시금으로 찾아 사용하면 됩니다. 하지만 퇴직급여를 노후자금으로 활용하려면 연금이 유리합니다. 일시금으로 받을 경우 노후생활비가 아닌 다른 목적으로 사용될 가능성이 높기 때문입니다. 실제로 고용노동부의 조사 결과에 의하면 퇴직급여를 일시금으로 수령한 사람 중 91.6%가 노후자금 이외의 목적으로 사용한 것으로 나타났습니다.

일시금으로 받았어도 연금으로 수령할 수 있다

퇴직연금 가입자의 경우 법정 퇴직금 전액이 자동으로 IRP계좌로 이전됩니다. 하지만 퇴직 당시 나이가 55세 이상인 경우에는 퇴직급여를 일시금으로 수령할 수 있습니다. 일시금으로 받은 퇴직급여를 연금으로 수령하려면 어떻게 해야 할까요? 퇴

직일시금을 수령한 날로부터 60일 이내에 IRP계좌에 퇴직금을 다시 입금하면 퇴직소득세를 환급받을 수 있습니다. 이때 퇴직금 중 일부만 입금할 수도 있는데, 그럴 경우 퇴직소득세도 해당 비율만큼 돌려받게 됩니다.

또한 명예퇴직금도 퇴직연금 가입 여부와 상관없이 일시금으로 수령할 수 있습니다. 이 경우 퇴직소득세 환급 방법은 퇴직시 나이가 55세 이상인 경우와 동일합니다.

IRP를 활용한 퇴직급여 통합 관리

통계청이 2020년 조사한 우리나라 직장인의 평균 근속기간은 5년 7개월에 불과합니다. 30세에 취업해서 60세까지 30년 남짓한 기간 동안 직장생활을 한다고 보면 보통 5번은 직장을 옮긴다는 얘기입니다. 문제는 직장을 옮길 때마다 받은 퇴직급여를 이런저런 용도로 써버리는 경우가 많다는 것입니다. 다른 목적으로 퇴직급여를 써버리면 노후생활 자금은 부족해질 수밖에 없습니다.

퇴직금을 노후자금으로 활용하려면, 직장을 옮길 때마다 받은 퇴직급여를 모아 두었다가 나중에 연금으로 수령할 수 있도록 하는 장치가 있어야 합니다. 이런 용도로 활용할 수 있는 금융상품이 바로 IRP입니다.

퇴직연금에 가입한 근로자들은 퇴직하기 전에 IRP에 가입하면 퇴직급여가 해당 IRP로 바로 이체됩니다. 이때는 퇴직소득세를 납부하지 않습니다. 퇴직연금에 가입하지 않은 근로자들도 2022년 4월부터 퇴직급여가 IRP계좌로 바로 이체됩니다. 만약 퇴직급여를 이미 일시금으로 수령했다고 하더라도, 퇴직금 수령일로부터 60일 이내에만 IRP계좌로 퇴직급여를 입금하면 이미 납부한 퇴직소득세를 돌려받을 수 있습니다. 퇴직금 중 일부만 입금할 경우도 마찬가지입니다.

또한 IRP는 연금저축과 마찬가지로 세액공제 혜택이 있는 금융상품입니다. 연금저축의 세액공제 한도는 연간 600만원인데, IRP에 가입하면 추가로 300만원의 세액공제 혜택을 누릴 수 있습니다.

(4) 연금계좌* 적립금을 효과적으로 인출하는 방법이 있을까요?

> **Q** 며칠 전 퇴직한 김보배 씨의 보물 1호는 평생 일하며 모아온 연금계좌입니다. 그동안 이직하면서 받은 퇴직금을 IRP계좌에 차곡차곡 모아왔을 뿐 아니라, 연금저축과 IRP계좌에도 추가로 저축을 하고 있었습니다. 이제는 이 돈을 알뜰하게 빼 쓰는 일만 남았습니다. 그렇다면 연금계좌의 적립금을 효과적으로 인출하는 방법은 무엇이 있을까요?

소득원천에 따라 세금이 달라진다

연금을 수령할 때 세금은 소득원천에 따라 달라집니다. 연금저축과 IRP계좌에 적립된 자금을 소득원천에 따라 크게 네 가지로 나눌 수 있습니다.

첫째, 회사에서 퇴직하면서 받은 퇴직급여입니다. 퇴직급여는 일시금으로 수령할 수 있고, 연금으로도 받을 수 있습니다. 일시금으로 수령하면 퇴직소득세를 납부하고, 연금으로 수령하면 일시금으로 수령할 때 납부하는 퇴직소득세의 60~70%에 해당하는 금액을 연금소득세로 납부합니다. 그리고 퇴직급여는 분리과세 대상이므로 종합소득에 합산되지 않습니다.

둘째, 연금저축이나 퇴직연금 가입자가 추가로 적립한 금액 중 세액공제를 받지 않은 금액이 있을 수 있습니다. 해당 금액은 세액공제를 받지 않았기 때문에 찾아 쓸 때도 세금을 납부하지 않아도 됩니다.

셋째, 연금저축이나 퇴직연금 가입자가 추가로 적립한 금액 중 세액공제를 받은 금액입니다.

마지막으로 넷째는 자금을 운용해서 얻은 수익을 들 수 있습니다.

셋째와 넷째에 해당하는 금액은 연금을 수령할 때 금융기관에서 세금을 원천징수(세율 3.3~5.5%)합니다. 이때 원천징수 세율은 연금을 받는 사람의 연령과 수령 방법에 따라서 달라지게 됩니다. 연금 수령일 현재 나이가 55세 이상 70세 미만이면 5.5%, 70세 이상 80세 미만이면 4.4%, 80세 이상이면 3.3%의 세율을 적용합니다.

---

* 연금저축과 개인형퇴직연금(IRP) 계좌를 통틀어 연금계좌라 한다. 세액공제 등의 세제혜택이 크다.

연금소득 원천징수 세율

연금(연금 수령일 현재)	연금소득세율	종신연금 수령시
55세 이상 70세 미만	5.5%	4.4%
70세 이상 80세 미만	4.4%	
80세 이상	3.3%	3.3%

연금소득이 1,500만원을 넘으면 불이익

세액공제를 받은 금액과 운용수익에서 발생한 연금소득이 연간 1,500만원을 초과하면, 해당 소득 전부를 다른 소득과 합산해 종합과세 하거나 16.5%의 세율로 분리과세 하는 것 중 본인에게 유리한 방식을 선택해야 합니다. 따라서 사업소득이나 임대소득과 같이 다른 소득이 많은 경우에는 해당 연금소득이 1,500만원을 넘지 않도록 연금 수령액을 조정할 필요가 있습니다.

물론 해당 연금소득이 1,500만원을 넘지 않는 경우에도 본인이 원하면 종합과세 신고를 할 수 있습니다. 공제 금액이 많은 경우 종합과세 신고를 했을 때 실효세율이 연금소득에 대한 원천징수 세율보다 낮을 수도 있습니다. 이렇게 되면 원천징수한 세금을 돌려받을 수도 있습니다.

연금 수령 한도 초과시 높은 세율 적용

연금 개시 연령인 55세가 됐다고 해서 연금을 원하는 만큼 꺼내 쓸 수 있는 것은 아닙니다. 연금 개시 초반에 목돈을 찾아 써서 연금이 조기에 고갈되는 것을 막기 위해 매년 연금으로 인출할 수 있는 금액에 한도를 두었기 때문입니다. 그리고 연금 수령 한도를 초과해 적립금을 꺼내 쓸 경우 '연금 외 수령'으로 보아 일반적인 연금소득세보다 높은 세율을 적용합니다.

연금 수령 한도를 초과해 자금을 인출했을 때 세금도 소득원천에 따라 달라지게 됩니다. 먼저 소득원천이 퇴직급여인 경우에는 퇴직소득세를 납부하게 되는데, 퇴직급여를 일시에 수령할 때 납부하는 것과 동일한 금액으로 과세된다고 보면 됩니다.

연금저축과 퇴직연금계좌에 추가로 적립한 자금 중 세액공제를 받지 않은 금액은 연금 수령 한도를 초과해 인출하더라도 세금을 납부하지 않아도 됩니다. 하지만 추가적립금 중 세액공제를 받은 금액과 운용수익을 연금 수령 한도를 초과해 인출하는 경우에는 기타소득세(16.5%)를 납부해야 합니다.

연금 수령할 때 소득원천에 따른 세금 부과 방법

소득원천	연금수령 한도 이내	연금수령 한도 초과
① 퇴직급여	연금소득세(분리과세) 퇴직소득세의 60~70%	연금소득세(분리과세) 퇴직소득세의 100%
② 연금저축/퇴직연금 　추가적립금 　(세액공제 받지 않은 금액)	과세 제외	과세 제외
③ 연금저축/퇴직연금 　추가적립금 　(세액공제 받은 금액)	연금소득세(조건부 분리과세) - 연금소득 1,500만원 이하: 　세율 3.3~5.5% - 연금소득 1,500만원 초과: 　전액 종합과세 or 16.5% 분리과세 　중 선택	기타소득세(분리과세) 세율 16.5%
①②③에서 발생한 운용수익		

(5) 연금보험에서 연금을 받으면 비과세 되나요?

> **Q** 중소기업에서 30년간 재직하고 다음 달이면 퇴직하는 김노후 씨(60세)는 금융자산 1억원을 보유하고 있습니다. 자녀들 학자금이며 결혼자금에 모은 돈을 사용하다 보니 김노후 씨의 부부 노후자금은 국민연금과 퇴직금 그리고 목돈으로 보유하고 있는 5억원의 금융자산이 전부입니다. 1억원을 투자해 프랜차이즈 가맹점을 해볼까 고민하고 있는데, 후배가 창업해서 목돈을 날리지 말고 즉시연금에 가입해 종신토록 안전하게 이자를 받으라고 권유합니다. 즉시연금은 어떤 상품이며, 세제 상 어떤 혜택이 있나요?

연금보험에서 연금 수령시 비과세 받으려면?

연금보험은 소득세법상 저축성보험으로 분류됩니다. 따라서 저축성보험의 과세 방법이 그대로 적용됩니다. 과거 소득세법에서는 저축성보험의 경우 계약기간이 10년 이상이고, 계약 시점으로부터 10년이 경과하기 전에 원금을 찾아 쓰지 않으면 보험차익에 대해 세금을 부과하지 않았습니다. 그러나 2013.2.15. 이후 계약 체결분부터는 비과세 요건을 좀 더 세분화해서 적용하고 있습니다. 보험료 납입 방법은 매달 보험료를 납입하는 '월납'과 그 외 '일시납'이 있습니다.

먼저 월납의 경우 비과세 혜택을 받으려면 보험료 납입기간이 5년 이상 되어야 합니다. 그리고 보험계약 유지기간이 10년 이상 되어야 하고, 2017년 세법이 개정되면서 월 납입금액도 150만원까지만 비과세가 적용되므로 주의가 필요합니다. 이 같은 조건을 충족하면 보험차익에 이자소득세가 부과되지 않습니다.

일시납의 경우는 계약을 10년 이상 유지하면 비과세 혜택을 받을 수 있는 점은 월납과 같습니다. 다만 계약 후 10년이 경과하기 전에 확정된 기간 동안 연금으로 수령해서는 안 됩니다. 2017년 세법이 개정되면서 일시납 비과세 혜택은 1인당 1억원으로 제한되고 있습니다.

한편 연금보험이 '종신형'이면 월납, 일시납과 같은 납입 형태와 상관없이 다음의 6가지 조건을 충족하면 보험료 납입 한도에 제약 없이 비과세 혜택을 받을 수 있습니다.

종신형 연금보험의 비과세 요건 (보험료 납입 한도 없음) / 6가지 조건 모두 만족시

- 보험계약자와 피보험자, 수익자가 동일해야 한다.
- 연금은 55세 이후부터 수령해야 한다.
- 연금이 개시되고 나면 계약은 중도에 해약할 수 없다.
- 연금은 정해진 한도 이내에서만 수령할 수 있다.
- 조기 사망을 대비해 보증 지급기간을 설정할 수는 있지만 가입자의 기대여명보다 길면 안 된다.
- 가입자가 사망하면 보험금은 소멸한다.

목돈이 있다면 즉시연금을 활용하라

노후를 위한 연금을 준비할 때 많은 분들이 월적립식 연금보험을 가입합니다. 경제활동을 하는 동안 수입의 일정 금액을 적립했다가 원하는 나이에 연금을 받을 수 있기 때문입니다.

만약 경제활동기에 월적립식 저축성보험에 가입하지 못했다면 일시납 연금보험을 활용하는 것도 좋습니다. 그동안 모아두었던 목돈을 일시에 납입한 후 매월 연금 형태로 수령할 수 있습니다.

일시납 연금보험은 거치기간의 유무에 따라 두 가지로 구분합니다. 가입 후 다음 달부터 즉시 연금을 받을 수 있는 즉시연금보험, 가입 후 일정기간 거치했다 연금을 받는 거치형 연금보험입니다.

또 운용 방식에 따라 공시이율형(금리연동연금), 투자실적형(변액연금), 최저보증연금으로 나누기도 합니다. 운용 방식은 가입자의 성향에 맞춰 선택하는 것이 좋습니다. 연금을 수령하는 방법도 다양합니다. 정해진 기간 동안 적립금을 나누어 받는 '확정형 연금', 적립금에서 이자만 연금으로 받다가 원금은 상속하는 '상속형 연금', 적립금 원리금을 사망시까지 종신토록 지급하는 '종신형 연금' 등이 있습니다.

일시납 즉시연금보험에 가입해, 가입 즉시 연금을 받아도 비과세 될까요?

일시납 연금 중 특히 즉시연금은 가입 한 달 후부터 바로 연금을 수령하게 됩니다. 그래서, 저축성 보험의 비과세 요건 중 '10년 이상 유지'를 어기게 돼 비과세 혜택을 못 받는 건 아닌지, 궁금해하는 분들이 많습니다.

즉시연금에 대한 과세 여부는 보험 가입 시기와 연금수령 방법에 따라 달라집니다.

먼저 확정형 연금부터 살펴보겠습니다.

확정형 연금은 5년, 10년 등 확정된 기간 동안 받는 연금을 가리킵니다. 선택한 기간 동안 원금과 이자를 나눠서 수령하는 구조입니다. 다른 연금 형태에 비해 연금액이 많고 짧은 기간 동안 많은 연금을 수령하기를 원하는 사람에게 적합합니다. 그러나 가입 후 10년이 경과하기 전에 확정된 기간 동안 연금 형태로 분할하여 수령하는 경우 보험차익에 대한 비과세 혜택을 받을 수 없습니다. 즉시연금을 가입하고 다음 달부터 연금을 수령하기 시작하면 보험사는 납입한 원금부터 인출해 주고 납입한 원금이 초과되는 시점부터 보험차익을 지급하게 되는데 이때 이자소득세를 원천징수하고 지급합니다. 이처럼 세금 문제가 있어 즉시연금 가입자에게 확정형 연금 형태는 잘 권유하지 않습니다.

다음은 상속형 연금 형태입니다.

상속형 연금은 정해진 기간 동안 이자만 수령하다가 만기가 되면 원금을 돌려받는 구조입니다. 대출을 받을 때 '이자만 상환하다가 만기에 원금을 일시상환'하는 방식을 생각하면 이해가 쉬우실 겁니다. 보통 연금재원이 소멸되는 것을 원치 않거나 자녀에게 원금을 물려주고 싶을 경우 선택합니다.

상속형 연금은 가입 시점에 따라 비과세 한도가 다릅니다.

2013.2.14. 이전 즉시연금에 가입하고 10년 이상 연금을 수령하면 금액에 관계없이 비과세 혜택을 받을 수 있습니다. 그러나 그 이후 비과세 한도가 축소되어 2017.3.31.까지는 1인당 전 금융기간 통합 2억원, 2017.4.1.부터는 1억원으로 줄어들었습니다.

마지막으로 종신형 연금입니다.

가입자가 살아 있는 동안 내내 연금을 수령할 수 있고 조기 사망에 대비해 지급 보증기간을 설정할 수 있습니다. 수령하는 연금액은 상속형보다는 많지만 확정형보다는 적습니다. 종신형으로 연금수령을 선택하면 중도에 해약이 불가능합니다. 너무 오래 사는 것이 걱정인 고령화 시대 장수위험에 대비하기 적합한 연금 형태입니다. 연금 고유의 기능에 가장 충실한 만큼 비과세 혜택이 더 많습니다.

2013.2.14. 이전에 가입한 계약은 10년 이상 유지하기만 하면 금액에 상관없이 비과세 혜택을 받을 수 있습니다. 그러나 그 이후에 가입했다면 다음과 같은 조건을 갖춰야 비과세 혜택을 받을 수 있습니다. 가입 시점에 계약자와 피보험자 수익자가 모

두 동일인이어야 합니다. 연금은 55세 이후부터 수령해야 하고 연금이 개시되면 해약이 불가능합니다. 피보험자가 사망하면 연금재원이 소멸해야 하고 가입 시 설정한 보증기간이 피보험자의 기대수명 이내여야 합니다. 이 조건을 충족하면 납입한도에 제약 없이 가입하고 비과세로 연금을 수령할 수 있습니다.

2017.4.1. 이후 가입한 연금보험의 비과세 요건

연금 종류	과세 여부
일시납	계약기간 10년 이상 & 납입 한도 1억원 ※계약기간 판단은 계약자 명의 변경시(사망에 의한 변경 제외)마다 재기산
월적립식	5년 이상 납입하고 10년 이상 유지 & 납입한도(월 150만원까지)
종신형	월적립식, 일시납이 아래 요건 모두 충족시 납입한도 제한 없이 비과세 **계약 요건** · 계약자, 피보험자, 수익자 동일 · 연금 개시 후 해약 불가 · 기내어명연수 이내 지급보증 **수령 요건** · 55세 이후부터 연금으로만 수령 · 연금한도($\frac{평가액}{기대여명연수} \times 3$) 내 수령 · 사망 시 보험금 소멸

관련 법규

- 소득세법시행령(제25조) (저축성보험의 보험차익)

05 연금을 상속·증여 받을 때 세금은 어떻게 낼까요?

(1) 국민연금에서 유족연금을 받을 때도 세금을 내나요?

> Q 맞벌이를 하는 이행복 씨(47세)는 최근 퇴근길 교통사고로 남편 김노후 씨(50세)를 하늘나라로 떠나보내야 했습니다. 마트에서 근무하는 이행복 씨는 남편이 근무하는 회사에서 퇴직금과 퇴직위로금을 받으면서 앞으로 살아갈 계획을 세우다 궁금한 점이 생겼습니다. 남편이 20년간 납입해 오던 국민연금은 언제부터 어떻게 받는 것인지요?

다양한 사회적 위험에서 국민을 보호하고 빈곤을 해소하여 국민생활의 질을 향상시키기 위해 국가는 사회보장제도라는 장치를 마련하였습니다. 대표적인 사회보장제도로 국민연금, 건강보험, 노인장기요양보험, 산재보험, 고용보험이 있습니다. 기초생활보장과 의료보장을 주목적으로 하는 공공부조제도인 국민기초생활보장제도, 그리고 노인·부녀자·아동·장애인 등을 대상으로 제공되는 다양한 사회복지서비스도 포함됩니다.

국민연금은 보험원리에 따라 운용되는 대표적인 사회보험제도입니다. 가입자와 사용자로부터 정률의 보험료를 받고, 이를 재원으로 사회적 위험에 노출되어 소득이 중단되거나 상실될 가능성이 있는 사람들이 다양한 급여를 받을 수 있도록 설계되었습니다.

국민연금제도를 통해 제공되는 급여에는 ① 노령으로 인한 근로소득 상실을 보전하기 위한 노령연금, ② 주소득자의 사망에 따른 소득상실을 보전하기 위한 유족연금, ③ 질병 또는 사고로 인한 장기근로능력 상실에 따른 소득상실을 보전하기 위한 장애연금 등이 있으며, 이러한 급여를 지급함으로써 국민의 생활안정과 복지증진을 도모하고자 합니다.

국민연금의 유족연금이란?

유족연금은 국민연금 가입자가 사망했을 때, 남은 가족들이 안정된 삶을 살아갈 수 있도록 지원하기 위한 연금입니다. 국민연금에 일정한 가입기간이 있는 사람 또는 노령연금이나 장애등급 2급 이상의 장애연금을 받던 사람이 사망하면, 그에 의하여 생계를 유지하던 유족에게 가입기간에 따라 일정률의 기본연금액에 부양가족 연금액을 합한 금액을 지급합니다.

유족연금, 누가 받을 수 있을까요?

유족은 '사망자에 의해 생계를 유지하고 있던 가족'을 뜻합니다. 배우자, 자녀, 부모, 손자녀, 조부모 중 최우선 순위에 해당하는 사람에게 유족연금을 지급합니다. 1순위자는 배우자입니다. 배우자가 없으면 다음 순위인 자녀, 부모, 손자녀, 조부모의 순으로 유족연금이 지급됩니다. 같은 순위로 유족연금을 받을 수 있는 대상자가 2명 이상이면 같은 금액을 나누어 지급하지만, 유족이 대표자를 선정해 한 사람이 유족연금을 수령할 수 있습니다.

상속세법에서 사실혼 배우자는 상속인으로 인정하지 않지만, 국민연금법은 사실혼 관계도 부부로 인정해 유족연금을 지급합니다. 사실혼 여부는 법원판결이나 다른 공적기관이 판단을 내린 자료가 있으면 그것을 근거로 결정합니다.

유족연금, 얼마나 받을 수 있을까요?

유족연금의 급여수준은 국민연금 가입기간과 가입기간 중의 소득수준에 따라 결정됩니다.

 가입기간이 10년 미만인 경우는 기본연금액의 40%, 10~20년 사이일 때는 50%, 20년 이상일 때는 60%를 받을 수 있습니다. 여기에 부양가족 연금액을 더해서 지급합니다.

유족연금, 언제까지 받을 수 있나요? [지급정지]

 유족연금 지급이 일시적으로 중단되는 경우도 있습니다. 유족연금 수령자가 배우자인 경우 수급권이 발생한 때부터 3년 동안은 소득유무와 상관없이 유족연금을 지급합니다. 3년 후에는 월평균소득금액*이 일정금액을 초과하면 지급이 정지되었다가, 만 55세~60세**가 되면 소득금액에 상관없이 유족연금이 계속 지급됩니다.

 배우자의 유족연금 지급정지 해제 연령은 출생연도에 따라 달라지는데 1953~56년생은 56세, 57~60년생은 57세, 61~64년생은 58세, 65~68년생은 59세, 1969년 이후 출생자는 60세부터 유족연금이 다시 지급됩니다.

 다만 유족연금을 수령하는 배우자가 장애 등급 2급 이상이거나, 사망자의 25세 미만 자녀나 장애등급 2급 이상 자녀의 생계를 유지하고 있거나, 소득이 없는 경우에는 지급을 정지하지 않습니다.

유족연금 지급은 언제 끝나나요? [수급권의 소멸]

 유족연금 수급자의 신분 관계에 변동이 생기거나 생계보호가 더 이상 필요하지 않게 되면 유족연금 수급권이 소멸됩니다. 유족연금 수급자가 사망하거나, 배우자인 수급권자가 재혼하는 경우, 수급자인 자녀가 25세가 되거나 손자녀가 19세가 되는 경우입니다.

---

*　2023년 기준 2,861,091원 (출처: 국민연금공단)

**　출생연도에 따라 만 55세~60세로 시기가 달라짐.

유족연금, 빚이 많아 상속포기해도 받을 수 있을까요?

국민연금을 납부하던 사람이 사망하였는데 상속자산에 부채가 더 많아 유가족이 상속을 포기한 경우에 유족연금의 지급이 중단될까요? 상속포기를 하더라도 유족연금을 받을 수 있습니다.

유족연금은 국민연금 가입자나 노령연금 수급자가 사망했을 때 유족의 생계를 유지하기 위해 지급하는 것으로, 유족에게 주어지는 국민연금법상의 권리입니다. 다시 말해 유족연금은 피상속인이 남긴 재산이 아니라 유족의 고유 재산입니다.

유족연금도 세금을 내나요?

유족연금을 수령할 때는 노령연금과는 달리 소득세가 부과되지 않습니다. 또한 장애연금과 사망일시금에도 소득세가 부과되지 않습니다. 상속세를 계산할 때도 유족연금은 상속자산에 합산되지 않습니다.

관련 법규

- 국민연금법
- 소득세법 12조
- 상속세 및 증여세법 10조

(2) 연금저축, 가입자가 사망하면 해약해야 할까요?

> **Q** 맞벌이를 하는 이행복 씨(47세)는 최근 퇴근길 교통사고로 남편 김노후 씨(50세)를 하늘나라로 떠나보내야 했습니다. 마트에서 근무하고 있는 이행복 씨는 남편이 근무하는 회사에서 퇴직금과 퇴직위로금을 받고 앞으로 살아갈 계획을 세우는 중입니다. 그런데 10년 전부터 남편이 불입해 오던 연금저축을 승계해서 연금을 수령해야 할지, 해약하여 일시금으로 찾아야 할지 고민에 빠졌습니다.

은퇴하여 편안한 노후생활을 위해 준비한 연금저축도 건강하게 노후를 맞이해야 그 효력을 발하게 됩니다. 김노후 씨처럼 갑작스러운 사고로 생을 달리하게 되면 연금저축도 효력을 상실하게 됩니다. 남은 유가족이 효력을 잃어가는 연금저축을 활용하는 방법은 없을까요?

연금저축, 해약이냐 승계냐

유가족은 연금저축을 해약하거나 승계하는 방법 중 하나를 선택할 수 있습니다.

먼저 연금저축을 해약하는 경우를 보겠습니다. 연금저축은 중도에 해약하면 그동안 세액공제를 받으며 저축한 금액과 운용 수익에 대해 기타소득세 16.5%를 부과합니다. 그러나 김노후 씨처럼 가입자가 사망해 연금저축을 해약하는 경우에는 기타소득세를 부과하지 않습니다. 소득세법에서는 가입자 사망과 같은 부득이한 사유로 해약할 경우에는 연금을 수령할 때와 같이 연금소득세 3.3%~5.5%를 부과합니다. 그리고 연간 1,500만원 미만으로 수령하면 다른 소득과 분리과세 합니다. 다만 세제혜택을 받으려면 부득이한 사유가 발생한 날로부터 6개월 이내에 해약 신청을 해야 합니다.

가입자 사망 외에 세법에서 인정하는 부득이한 사유는 가입자의 해외 이민, 부양가족의 3개월 이상 장기 요양, 파산선고 또는 개인회생절차 개시, 천재지변으로 인한 피해 등이 있습니다.

다음은 배우자가 보험계약을 승계하는 경우입니다. 사망한 배우자의 연금저축을 승계하려면 사망한 날이 속하는 달의 말일로부터 6개월 이내에 해당 금융 회사에 신청해야 합니다. 6개월 이내에 승계 신청을 하지 않고 6개월이 지난 다음 해약하면 기타소득세 16.5%가 부과됩니다.

연금저축을 승계한 배우자가 연금을 수령하려면 두 가지 조건을 충족해야 합니다.

가입기간이 5년 이상이고, 만 55세 이상 이후 연금을 수령해야 합니다. 이때 가입기간은 사망한 피상속인이 최초로 연금저축을 가입한 날로부터 기산합니다. 연금개시연령은 승계를 받은 배우자의 나이를 기준으로 합니다. 사망한 김노후 씨는 10년 전부터 연금저축을 불입하였으니 가입기간 5년 조건은 충족하였고 47세인 이행복 씨는 8년이 경과한 후 본인이 55세가 되는 시점 이후 원하는 시기에 연금을 개시할 수 있습니다.

연금을 수령할 때는 연금을 승계받은 사람의 연령과 수령 방법에 따라 3.3%~5.5%의 연금소득세가 과세됩니다. 또한 승계 후 해약하거나 연금 수령 한도를 초과해 적립금을 인출하면 기타소득세 16.5%가 부과되니 주의해야 합니다.

> **관련 법규**
>
> - 소득세법시행령 제20조 2   - 소득세법 제44조   - 소득세법시행령 제100조 2

(3) 연금보험을 자녀에게 증여하거나 상속할 수도 있나요? [연금보험 증여·상속시 평가 방법]

> **Q** 이행복 씨(75세, 여)는 10년 전 계약자와 수익자는 본인으로, 피보험자는 딸로 지정해서 2억원으로 가입한 즉시연금보험이 있습니다. 본인이 현재 종신형으로 연금을 수령하다가 사망하면 하나뿐인 딸이 연금을 계속 받아 생활비로 사용할 수 있다고 설명을 들었습니다. 어머니의 연금을 승계받는 딸은 얼마의 세금을 내야 할까요?

계약자와 수익자가 어머니이고 피보험자가 딸인 종신형 즉시연금은 피보험자인 딸이 살아있는 동안에는 계속해서 연금이 지급됩니다. 계약자이자 수익자인 어머님이 사망하게 되면 상속인이 연금을 상속받게 됩니다. 그러므로 유일한 상속인인 딸이 계약자와 수익자를 본인으로 변경하여 본인 사망 시까지 종신토록 연금을 수령할 수 있습니다.

연금보험의 상속재산 평가는 어떻게 할까요?

이때 종신토록 받아야 할 연금액의 상속자산 평가를 해야 합니다. 평가하는 방법은 두 가지인데 둘 중 큰 금액을 상속 재산가액으로 봅니다.

첫 번째는 미래에 정기적으로 받을 연금액을 평가 기준일 현재의 가치로 할인해 평가하는 방법입니다.

두 번째는 상속 시점에 연금보험 계약을 해약하여 일시금으로 받는 금액입니다. 그 일시금이 할인해 받는 금액보다 큰 경우에는 일시금을 상속재산으로 봅니다.

이행복 씨의 경우에는 딸이 사망할 때까지 매년 일정한 금액을 종신토록 수령하게 되므로 이를 종신정기금이라 합니다. 종신정기금 평가에서 고려하는 부분은 피보험자인 딸이 언제 사망할지 모른다는 것입니다. 이런 경우 피보험자의 기대여명까지 연금을 수령하는 것으로 보고 미래에 받을 연금을 현재 가치로 할인하여 상속 재산가액을 산정합니다. 할인율은 상속증여세법 시행규칙으로 정하고 있으며 현재는 3%입니다. 이행복 씨가 생전에 계약자와 수익자를 딸로 변경하게 되면 증여가 되고 증여재산 평가 방법은 상속재산 평가 방법과 동일합니다.

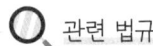 관련 법규

- 상속세 및 증여세법 시행규칙 제19조 2

06 보장성보험, 잘못하면 세액공제를 못 받을 수도 있다고요?

(1) 보장성보험이라고 해서 무조건 세액공제를 받는 건 아니라고요?

> **Q** 근로소득자인 김튼튼 씨(52세)는 군 전역 후 작년 9월에 복학한 대학생 아들이 있습니다. 김튼튼 씨는 올해 초 연말정산을 하는데 대학생 아들이 가입한 건강보험료는 보장성보험료 공제가 안 된다는 통보를 받았습니다. 왜 그럴까요?

보장성보험료 공제는 근로자만 적용받을 수 있습니다. 2013년까지는 소득공제 방식을 적용하였으나 2014년부터 세액공제 방식으로 변경되었습니다. 소득공제 방식 적용시 세율이 높은 고소득자에게 유리하였으나 세액공제 방식으로 변경되면서 형평성을 가지게 되었습니다.

보장성보험료 세액공제

보장성보험료의 세액공제는 매년 납입한 보장성보험료의 12%이며, 연간 100만원 한도입니다. 단 장애인전용 보장성보험은 15%를 적용합니다. 예를 들어 연봉 6천만원인 근로자의 경우 근로소득공제와 각종 소득공제 후의 과세표준 구간이 1,400만원~5,000만원으로 15% 세율 적용대상자라고 한다면, 이전 소득공제를 적용하면 100만원 × 15%로 15만원을 절세할 수 있습니다. 변경된 세액공제를 적용하면 100만원 × 12%로 12만원의 세금을 줄일 수 있습니다.

보장성보험료 세액공제의 조건

근로소득자가 납부한 보장성보험료를 세액공제 받기 위해서는 근로자 본인 또는 기본공제 대상자를 피보험자로 하여야 합니다. 그런데 배우자나 장애인을 제외한 나머지 기본공제 대상자는 나이와 소득에 제한이 있습니다. 기본공제 대상자는 근로자 본인, 배우자, 직계비속, 입양자, 직계존속, 형제자매입니다. 배우자의 직계존속, 형제자매도 포함됩니다.

나이 제한은 직계비속과 입양자는 만 20세 이하, 직계존속은 만 60세 이상, 형제자매는 주민등록에 같이 등재된 만 20세 이하 또는 만 60세 이상이어야 합니다. 배우자와 장애인은 나이 제한이 없습니다.

소득 요건은 필요경비를 차감한 후의 소득금액입니다. 소득금액은 종합소득금액, 퇴직소득금액, 양도소득금액 모두 합하여 연 100만원 이하여야 합니다. 단, 비과세와 분리과세 되는 소득금액은 연 100만원에 포함되지 않습니다. 연봉 500만원 이하 및 일용직은 기본공제 대상자입니다. 이자와 배당소득을 합한 금융소득이 2,000만원 이하이면 분리과세 되므로 이자와 배당소득만 있고 2,000만원 이하 수령하면 기본공제 대상자입니다.

과세대상 사적연금 수령 총액이 연간 1,200만원 이하인 사람도 기본공제 대상자입니다. 보장성보험 가입 시 피보험자가 근로자 또는 기본공제 대상자가 되도록 설계해야 세액공제가 되는 점을 유의해야 합니다. 참고로 근로자 본인이 아닌 기본공제 대상자가 납입한 보험료도 세액공제가 가능합니다.

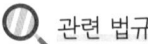 관련 법규

- 소득세법 제59조 4(특별세액공제)

(2) 맞벌이 부부, 보험가입 방법에 따라 세액공제 여부가 달라진다? [맞벌이 부부의 보장성보험 세액공제]

> **Q** 간호사인 김천사 씨는 보험사에 입사한 친구에게 계약자와 수익자를 본인으로 하고 피보험자를 대기업 차장인 남편으로 하는 보장성보험에 가입하였습니다. 다음 해 연말정산 시 김천사 씨가 가입한 보장성보험은 세액공제가 될까요?

A 간호사인 김천사 씨의 남편은 연간 소득금액이 100만원을 넘기 때문에 기본공제 대상자에서 제외되므로, 남편을 피보험자로 하는 보장성보험의 보험료는 연말정산 시 세액공제 받을 수 없습니다.

근로소득자가 납입한 보장성보험료를 세액공제 받기 위해서는 근로자 본인 또는 기본공제 대상자를 피보험자로 하여야 합니다. 기본공제 대상자는 나이와 소득 조건을 갖춰야 합니다. 소득 조건은 연간 소득금액이 100만원 이하여야 합니다.

위 사례에서 계약자인 김천사 씨의 남편은 대기업 차장으로 연간 소득금액이 100만원을 넘기 때문에 기본공제 대상자에서 제외됩니다. 그러므로 김천사 씨가 남편을 피보험자로 가입한 보장성보험의 보험료는 연말정산 시 세액공제를 받을 수 없습니다. 이럴 경우 계약자, 피보험자를 모두 남편으로 설계하여 남편이 연말정산 때 보장성보험료 세액공제를 받도록 해야 합니다. 자녀를 피보험자로 하는 보장성보험은 자녀를 기본공제 대상자로 공제받는 쪽에서 보험계약을 하고 보험료를 납입해야 공제 가능합니다.

 관련 법규

- 소득세법 제59조 4(특별세액공제)

07 개인사업자도 가입한 보험에 대해 비용처리 받을 수 있을까요?

(1) 개인사업자가 종업원을 위해 가입한 보험의 보험료는 비용처리가 가능할까요?

> **Q** 주방기기를 제조하는 개인사업자 김부자 씨는 직원들을 위해 보장성보험을 가입해 주려고 합니다. 매월 납입하는 보험료가 비용처리 되어야 사업소득세도 줄일 수 있습니다. 개인사업자가 직원을 위해 가입한 보험의 보험료, 과연 비용처리가 가능할까요?

보험은 계약자, 피보험자, 수익자로 구성되는 금융상품입니다. 계약자, 피보험자, 수익자를 누구로 하느냐에 따라 과세 여부가 결정되고, 비용으로 처리되거나 자산으로 처리되기도 합니다.

위 사례의 경우 계약자는 개인사업을 운영하는 김부자 씨이고, 피보험자는 직원들입니다. 이제 남은 것은 수익자 지정입니다. 수익자를 직원으로 하느냐 개인사업자로 하느냐에 따라 사업자의 비용으로 처리하느냐 자산으로 처리하느냐가 결정됩니다.

수익자를 직원으로 하는 경우

피보험자와 수익자가 모두 직원이면 사고, 질병 시 또는 만기 시 모든 보험금은 직원이나 직원의 가족에게 지급됩니다. 개인사업자(사장님)가 직원을 위해 보험을 가입하고 보험료를 대신 납부한 것과 마찬가지입니다. 이럴 경우 소득세법에서는 개인사업자가 지급한 보험료를 직원에 대한 급여로 간주합니다. 개인사업자는 납입한 보험료 전액을 비용으로 처리하면 되지만, 직원은 급여로 간주되어 근로소득세를 추가로 납부해야 합니다. 그렇지만 연간 70만원 이내의 직원을 위한 단체보험은 예외적으로 근로소득세를 과세하지 않아 직원도 이익입니다. 이때의 보험은 만기에 납입보험료를 환급하지 않는 "단체순수보장성보험"이어야 합니다.

만약 납입보험료가 연간 70만원을 초과하게 되는 경우는 그 초과금액에 대해서는 근로소득세가 과세됩니다. 또한 만기에 일부 환급되는 단체환급부보험과 종신보험은 근로소득세가 과세됩니다.

수익자를 개인사업자(사장님)로 지정하는 경우

피보험자가 직원이고 수익자가 개인사업자(사장님)이면 개인사업자는 직원의 질병, 사고 등으로 보험금을 받아 이익을 얻게 됩니다.

소득세법에서는 이럴 경우 개인사업자의 보험료 납부를 일종의 저축, 투자로 간주합니다. 따라서 납입보험료 전액을 비용처리 하지 않고 자산으로 처리합니다.

직원의 업무상 사고나 질병으로 보험금이 발생하면 일단 개인사업자가 수령한 후 이를 직원에게 지급합니다. 이때 필요경비로 처리할 수 있습니다.

직원 또한 업무상 사고, 질병으로 회사로부터 받은 보상금은 근로소득세 비과세입니다. 이때 지급되는 보상금은 사회 통념상 금액 범위 이내여야 합니다.

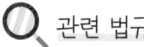 관련 법규

- 소득세법시행령 제38조 제1항 12호

(2) 기타 개인사업자의 보험 활용 방법 [노란우산공제]

> **Q** 치킨 가게를 오픈한 개인사업자 나개인 씨는 주위 상인들에게서 사업을 시작하면 노란우산공제를 준비해야 한다는 이야기를 들었습니다. 도대체 노란우산공제가 무엇이고, 어떤 혜택이 있는 걸까요?

노란우산공제는 자영업자의 노후생활 안정과 사업 재기를 돕기 위해 중소기업중앙회가 운용하는 공적 공제제도입니다. 직장인과 달리 퇴직금이 없는 자영업자는 별도로 노후자금을 모아두어야 합니다. 그래서 퇴직금 용도로 많이 가입하는 것이 노란우산공제입니다. 자영업자들에게는 노란우산공제가 일종의 퇴직금 역할을 하는 셈입니다.

노란우산공제 가입 대상

우선 노란우산공제에 가입할 수 있는 대상을 알아보고, 가입하면 어떤 혜택이 있는지 살펴봐야 합니다. 노란우산공제는 업종별 연평균 매출이 10억원에서 120억원 이하인 개인사업자 또는 법인대표자가 가입할 수 있습니다. 매달 5만원에서 100만원까지 1만원 단위로 납부할 수 있는데, 납부금액은 공제금을 수령할 때까지 복리로 운용됩니다.

노란우산공제의 혜택

노란우산공제 가입자는 납부 금액을 소득공제 받을 수 있습니다. 소득공제 한도는 소득 규모에 따라 다릅니다. 사업소득이 4,000만원 이하인 개인사업자는 연간 최대 500만원을 소득공제 받을 수 있습니다. 그리고 사업소득이 4,000만원 초과 1억원 이하이면 연간 최대 300만원까지, 1억원을 초과하면 연간 최대 200만원까지 소득공제를 받을 수 있습니다. 소득공제 혜택만 있는 것은 아닙니다. 채권자가 공제금액을 압류할 수 없도록 법으로 보호하고 있으므로 공제금을 실질적으로 노후자금이나 사업 재기 자금으로 활용할 수 있습니다.

중도해약시 불이익

가입자에게 주는 혜택이 많은 만큼 해약했을 때 불이익도 적지 않습니다. 계약을 해약하면 해약환급금을 '기타소득'으로 보아 소득세(16.5%)를 원천징수합니다. 이때 납입할 당시 소득공제 받지 않은 금액이 있으면 과세대상소득에서 차감해 줍니다.

예를 들어 가입자가 노란우산공제에 총 3,600만원을 납입했는데, 이 기간 동안 3,000만원을 소득공제를 받았고, 해약하면서 환급금은 4,000만원을 수령했다고 가정해 보겠습니다. 이 경우 해약환급금 4,000만원에서 납부기간 동안 소득공제를 받지 않은 금액(600만원)을 뺀 3,400만원이 과세대상소득이 됩니다. 따라서 3,400만원에 16.5%(지방소득세 포함)의 세율을 적용하면, 납부할 세금은 561만원입니다.

> **해약시 납입할 세금 계산**
>
> - 총 납부액 3,600만원 / 해약 환급금 4,000만원
>   - 소득공제 받은 금액 3,000만원
>   - 소득공제 받지 않은 금액 600만원
> - 과세대상소득 = 4,000만 − 600만 = 3,400만
> - 납입할 세금 = 3,400만 × 16.5% = 561만

대다수 노란우산공제 가입자는 자신의 소득공제 한도에 맞춰 매달 납입금액을 정합니다. 만약 납입금액을 모두 소득공제 받았으면, 해약환급금이 그대로 과세대상소득이 됩니다. 앞에서 언급한 사례에서 납부 금액 3,600만원을 전부 소득공제 받았다면, 해약환급금 4,000만원에 그대로 기타소득세가 부과됩니다. 이 경우 기타소득세로 납부할 금액은 660만원이 됩니다.

공제금의 수령

이처럼 노란우산공제는 임의로 해약했을 때 세금 부담이 큽니다. 세금 부담을 줄이려면 무턱대고 해약하기 보다 공제금 수령 사유에 해당하는지 꼼꼼히 따져봐야 합니다.

정당하게 공제금을 받을 수 있는 사유는 4가지입니다. 가입자가 사망하거나, 개인사업자나 법인사업자가 폐업 또는 해산하거나, 법인대표자가 질병 또는 부상으로 퇴임하거나, 만 60세 이상으로 10년 이상 납부한 가입자가 공제금을 지급해 달라고 청구한 경우입니다.

> **공제금 지급 사유**
> ① 가입자의 사망
> ② 개인사업자나 법인사업자의 폐업 또는 해산
> ③ 법인대표자가 질병 또는 부상으로 퇴임
> ④ 만 60세 이상으로 10년 이상 납부한 가입자가 공제금을 지급해 달라고 청구한 경우

공제금은 얼마나 받을 수 있을까요? 공제금은 기본공제금과 부가공제금으로 분류할 수 있습니다. 기본공제금은 납부 횟수가 6회 이하이면 원금을 돌려받고, 7회 이상이면 원금에 이자를 더해 수령합니다. 현재 적용 이율은 연 3.0%인데, 폐업, 사망공제금에는 여기에 0.3%포인트를 더해 최대 연 3.3%를 적용받게 됩니다. (2023년 1분기 기준)

그리고 기본공제금을 더해 자산운용실적에 따라 지급되는 부가공제금이 있습니다. 공제금은 일시에 수령하는 것이 원칙이지만, 금액이 1,000만원이 넘고 가입자가 60세 이상이면 분할해서 수령할 수도 있습니다.

공제금을 수령할 때는 임의로 해약했을 때보다 세금 부담이 훨씬 적습니다. 과세방식은 가입시기에 따라 다릅니다. 2015년 이전 가입자가 공제금을 수령할 때는 운용수익에 이자소득세(15.4%)가 부과되고, 2016년 이후 가입자는 퇴직소득세가 부과됩니다. 이때도 소득공제를 받지 않고 납부한 금액이 있으면 과세대상소득에서 차감해 줍니다. 퇴직소득은 다른 소득과 분리과세 하는 데다 각종 공제가 많아 세 부담이 크지 않습니다.

단기적인 자금난 때문에 노란우산공제를 해약하고자 한다면 해약보다는 대출을 받는 방법도 있습니다. 노란우산공제 가입자는 해약환급금의 90% 이내에서 1년간 대출을 받을 수 있습니다. 대출금리는 3.8%로 분기별 변동금리가 적용됩니다. 대출을 신청하면 당일에 바로 대출금을 받을 수 있습니다.

관련 법규

- 중소기업기본법 제12조(공제제도의 확립)
- 중소기업협동조합법 제115조(소기업과 소상공인 공제사업의 관리·운용) ~ 제121조(보험업법의 적용배제)

PART 4

상속·증여에서 보험 활용하기

01. 상속세는 남의 일? 알고 보니 나의 일!

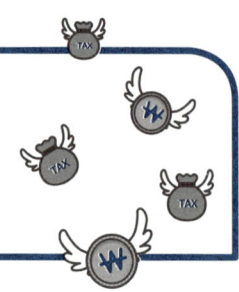

상속세와 증여세, 나와 상관있을까요?

> **Q** 노걱정 씨는 평소 상속과 증여는 남의 일이라 생각해서 전혀 관심이 없었습니다. 최근 언론을 통해 상속세와 증여세 대상자가 늘어나고 있다는 소식을 들었습니다. 또 뜻밖에도 주변 지인들 중에서 상속세를 납부하는 사람도 심심찮게 보게 되면서 슬그머니 걱정이 됩니다. 노걱정 씨에게 상속세는 정말 남의 일일까요?

국세청 자료에 따르면, 2017년 상속세 신고 대상 피상속인 수는 약 7,000명이었습니다. 대상 인원은 매년 증가하여 2021년에는 약 13,000명으로 2배 가까이 증가했습니다. 총상속재산가액 역시 매년 증가세를 보이고 있습니다. 2017년 약 14조원에서 2021년 약 27조원으로 증가했습니다.

상속세 대상이 늘어나면서 사전증여도 덩달아 늘었습니다. 상속세 절세를 위한 대표적인 방법 중 하나가 사전증여이기 때문입니다. 증여 건수가 해마다 늘어나고, 증여를 받는 대상의 연령이 점차 낮아지는 추세입니다.

사전증여의 증가세는 어느 정도일까요? 국세통계포털 자료를 통해 전체 증여 건수와 수증자가 40대 이하인 증여 건수를 살펴보았습니다.

2017년 증여세를 신고한 전체 인원 수는 약 15만 명입니다. 이 역시 매년 증가세를

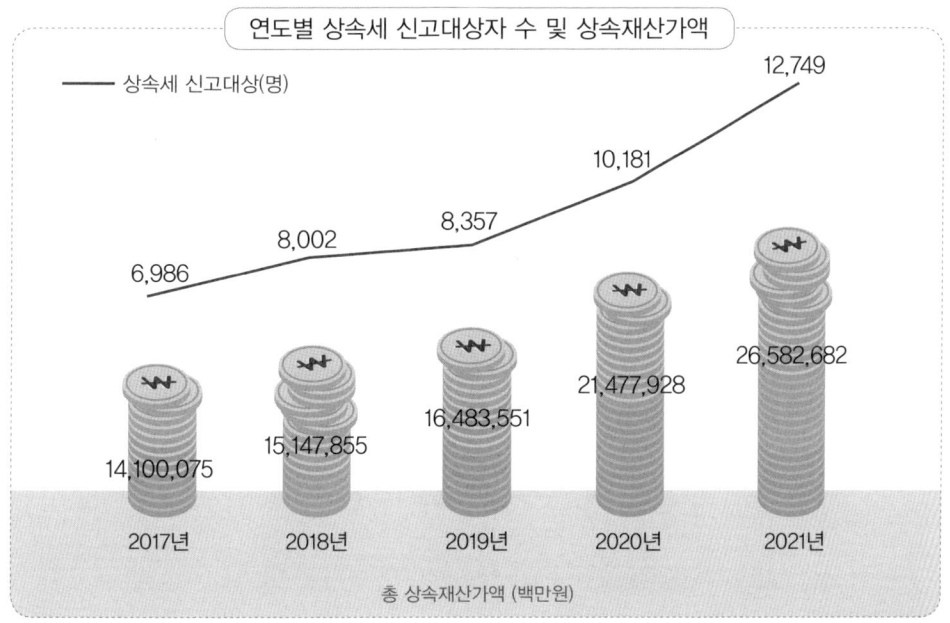

구분	2017년	2018년	2019년	2020년	2021년
과세인원(피상속인 수/명)	6,986	8,002	8,357	10,181	12,749
총상속재산가액(백만원)	14,100,075	15,147,855	16,483,551	21,477,928	26,582,682

출처: 국세청 국세통계연보

보이고 있어 2021년에는 약 28만 명이 증여세를 신고하였습니다. 수증자가 40대 이하인 경우 증여 건수의 증가폭은 훨씬 더 크게 나타나고 있습니다. 2017년 약 5만3천 명에서 2021년에는 약 13만 명으로 2배 이상 증가했습니다.

　이런 통계 자료는 상속과 증여에 대해 여러분이 관심을 가져야 한다고 얘기하고 있습니다. 더 이상 남의 일이 아닌 것입니다.
　상속세와 증여세의 부담에서 벗어날 방법이 있을까요? 이번 장에서는 상속 및 증여세의 기본 이론과 절세를 위해 보험을 활용하는 방법에 대해 살펴보겠습니다.

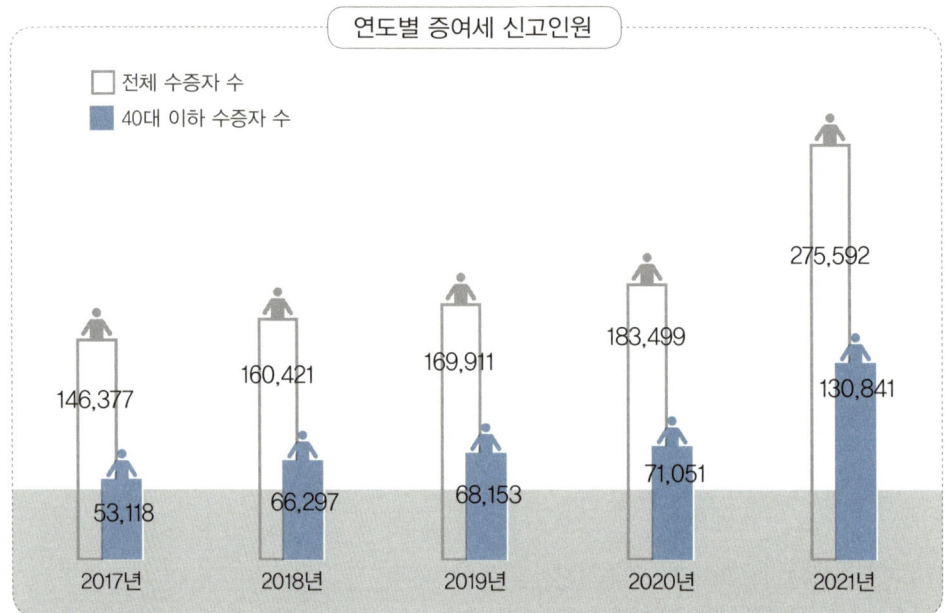

구분	2017년	2018년	2019년	2020년	2021년
전체 수증자 수	146,377	160,421	169,911	183,499	275,592
40대 이하 수증자 수	53,118	66,297	68,153	71,051	130,841

출처: 국세청 국세통계연보

02 상속·증여, 이 정도는 알아야 절세한다

(1) 상속세와 증여세, 같은 듯 다른 듯 서로 닮은 둘

부를 이전하는 대표적인 방법에는 상속과 증여가 있습니다. 본인의 재산을 타인에게 이전하지만 아무런 대가를 받지 않음으로써, '부의 무상이전'을 실천하는 행위입니다. 부의 대물림이라는 특징 때문에 상속 또는 증여를 받는 사람은 무상으로 증가한 재산에 대해 상속세 또는 증여세를 납부해야 합니다.

상속과 증여 모두 '부의 무상이전'이라는 공통점을 가지고 있지만, 발생 시점의 차이에 따라 상속과 증여로 구분하고 있습니다. 한마디로 정의해, 부를 물려줄 때 살아서 주면 증여, 죽어서 주면 상속이라 부릅니다.

상속세와 증여세는 계산 방식이 거의 비슷한 쌍둥이 세금입니다. 상속세, 증여세 모두 과세표준 구간별로 10%~50%의 세금을 부과합니다.

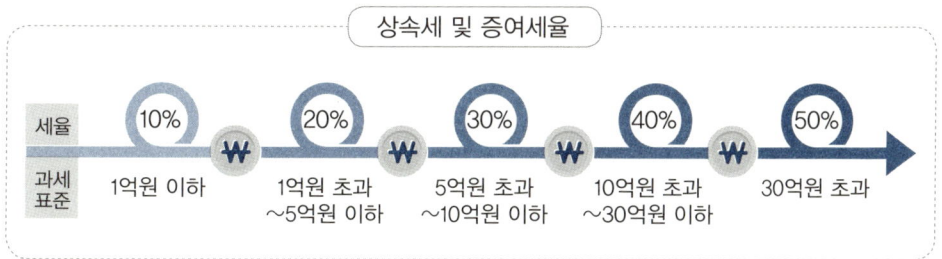

상속세 및 증여세율

세율	10%	20%	30%	40%	50%
과세표준	1억원 이하	1억원 초과 ~5억원 이하	5억원 초과 ~10억원 이하	10억원 초과 ~30억원 이하	30억원 초과

두 세금의 가장 큰 차이는, 세금을 매기는 방식에 있습니다. 상속세는 유산과세형, 증여세는 취득과세형 과세방식을 채택하고 있습니다. 상속세는 자산을 주는 사람(피상속인)의 전체 자산에 대해 세금을 매기고, 증여세는 자산을 받는 사람(수증자)이 받은 만큼에 대해 세금을 매긴다는 뜻입니다.

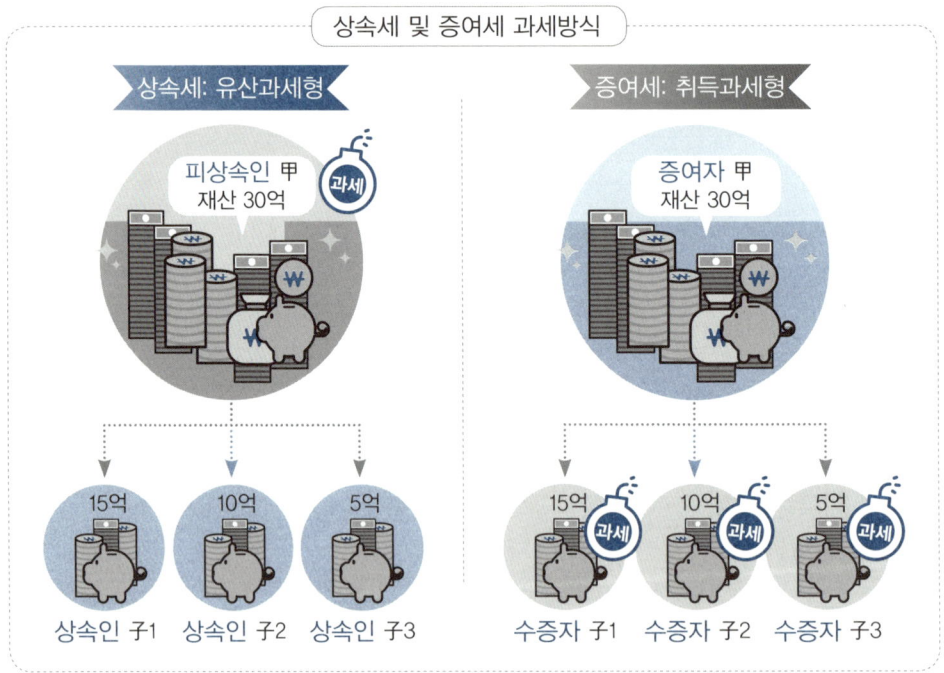

이런 과세방식의 차이에서 절세 전략은 출발합니다. 위 그림에서 알 수 있듯이, 똑같은 규모의 자산이라도, 증여처럼 받는 사람(수증자)별로 나누어 세금을 매기면, 더 낮은 세율을 적용받을 수 있기 때문입니다.

물론, 공제제도나 그 밖의 여러 조건에 따라 세금이 달라질 수 있으므로, 단순히 세율만으로 절세 여부를 결정할 수는 없겠지요. 따라서, 다음으로 증여세와 상속세는 어떻게 계산되는지, 계산 방법을 짚어보도록 하겠습니다.

(2) 증여세, 어떻게 계산할까요?

■ 증여란?
- 생전에 무상으로 재산이 이전되는 것

■ 증여세 계산 구조

	구분	비고
	증여재산가액	
+	사전증여재산가액	· 증여일 전 10년 이내 동일인으로부터 받은 증여재산가액
-	채무액	· 증여재산이 담보하는 채무
=	증여세 과세가액	
-	증여재산공제	· 수증자*별 10년간 공제 | 직계비속	직계존속	배우자	기타친족
---	---	---	---
5천만원 (미성년자 2천만원)	5천만원	6억원	1천만원	
-	감정평가 수수료 공제	· 재산에 따라 최대 500만원 ~ 1천만원
=	과세표준	
×	세율	· 10~50%
=	산출세액	
+	세대생략가산	· 세대를 건너 뛴 증여인 경우 30~40% 할증과세
-	세액공제 및 감면	· 납부세액공제, 외국납부세액공제, 신고세액공제
=	납부세액	

■ 증여세 납세의무자
- 증여세는 재산을 무상으로 취득하는 수증자에게 부과하는 '취득과세형'의 세금입니다. 따라서, 증여세 납세의무자는 재산을 주는 증여자가 아닌 재산을 받는 수증자가 됩니다.

---

* 수증자: 거주자

- ■ 증여세 신고 및 납부기한
    - 증여일이 속하는 달의 말일부터 3개월 이내

- ■ 증여세 신고 장소
    - 수증자 주소지의 관할세무서

일정 금액 이상의 재산을 보유하는 경우, 상속세는 피할 수 없는 세금입니다. 상속이 유리한지 증여가 유리한지 일반화할 수는 없습니다. 하지만 재산 분배에 대한 관점과 세금 대비 측면에서 상속과 증여를 적절히 활용해야만 최소의 세금을 납부할 수 있습니다.

(3) 상속세, 어떻게 계산할까요?

- ■ 상속이란?
    - 사후에 무상으로 재산이 이전되는 것

- ■ 상속의 순위
    - 상속의 순위는 1~4순위까지 법에서 규정하고 있습니다.

1순위	피상속인의 직계비속
2순위	피상속인의 직계존속
3순위	피상속인의 형제자매
4순위	피상속인의 4촌 이내의 방계혈족

    ※ 피상속인의 배우자는 1순위 또는 2순위 상속인이 있는 경우 그 상속인과 같은 순위로 공동상속인이 되고, 1순위 또는 2순위 상속인이 없는 경우에는 단독상속인이 됩니다.

■ 상속세 계산 구조

	구분	비고
	총 상속재산가액	· 국내외 모든 재산 + 보험금 등 · 재산처분 등 금액이 1년 이내 2억원 or 2년 이내 5억원 이상으로 미소명 금액
⊕	사전증여재산가액	· 피상속인*이 증여한 재산(상속인 10년 이내, 상속인 외 5년 이내)
⊖	채무 등	· 공과금 및 장례비용(최소 500만원~최대 1,500만원)
⊜	상속세 과세가액	
⊖	상속공제 등	· Max(2억원 + 인적공제, 5억원) · 배우자상속공제: 배우자가 실제 상속받은 금액(최소 5억원~최대 30억원) · 금융재산상속 공제 MIN [Max (순금융재산 × 20%, 2천만원), 2억원] (단, 순금융재산이 2천만원 이하인 경우, 순금융재산가액) · 가업상속공제: (최대 600억원) · 이외: 영농상속공제, 재해손실공제, 동거주택상속공제 등
⊖	감정평가 수수료 공제	· 재산에 따라 최대 500만원~1천만원
⊜	과세표준	
⊗	세율	· 10~50%
⊜	산출세액	
⊖	세액공제 등	· 증여세액공제, 외국납부세액공제, 단기재상속세액공제, 신고세액공제
⊜	납부세액	

■ 상속세 납세의무자

- 상속세는 피상속인이 보유한 재산 전체에 대해 세금을 부과하는 '유산과세형'의 세금입니다. 피상속인의 모든 재산에 대해 상속세를 부과하게 되는데, 피상속인은 납부할 수 없기 때문에 해당 상속세를 상속인들이 공동으로 납부하는 구조입니다. 따라서, 상속세 납세의무자는 상속인들이 됩니다. 다만, 유언 등을 통해 피상속인의 재산을 받은 사람도 상속세 납부의무가 있습니다.

* 피상속인: 거주자

■ 상속세 신고 및 납부기한
  – 피상속인의 사망개시일이 속하는 달의 말일부터 6개월 이내

■ 상속세 신고 장소
  – 피상속인 주소지의 관할세무서

(4) 증여세, 어떻게 줄일 수 있을까요?

> **Q** 50억원의 부동산을 소유하고 있는 김자산 씨는 상속세 대비를 위해 자녀에게 미리 증여를 하려고 합니다. 하지만 부동산 가액이 너무 커 자녀가 납부해야 할 증여세가 걱정입니다. 자녀에게 부동산을 미리 증여하고 싶은데 효과적인 방법이 없을까요?

증여세의 세율은 10~50%의 누진세율이 적용됩니다. 증여재산의 가액이 클수록 증여세도 커지는 구조입니다. 증여세를 줄이기 위해서는 세율을 낮출 수 있어야 합니다. 따라서 증여받는 수증자를 늘리는 분산증여를 활용한다면, 증여세를 줄일 수 있습니다.

■ 분산증여 적극 활용하기

김자산 씨의 현재 재산 보유 현황: 부동산(50억원)
자녀: 기혼

① 자녀 1인에게 부동산을 증여하는 경우 증여세

단위: 원

	구분	금액
	증여재산가액	50억원
(−)	채무 등	−
(=)	증여세 과세가액	50억원
(−)	증여재산공제	5,000만원
(=)	과세표준	49억5,000만원
(×)	최고 세율	50%
(=)	산출세액	20억1,500만원
(−)	신고세액공제	6,045만원
(=)	납부세액	19억 5,455만원

② 자녀와 자녀의 배우자에게 50%씩 분산하여 증여하는 경우 증여세

단위: 원

	구분	자녀 금액	자녀의 배우자 금액
	증여재산가액	25억원	25억원
(−)	채무 등	−	−
(=)	증여세 과세가액	25억원	25억원
(−)	증여재산공제	5,000만원	1,000만원
(=)	과세표준	24억5,000만원	24억9,000만원
(×)	최고 세율	40%	40%
(=)	산출세액	8억2,000만원	8억3,600만원
(−)	신고세액공제	2,460만원	2,508만원
(=)	납부세액	7억9,540만원	8억1,092만원

자녀 1인에게만 부동산을 증여하는 경우와 자녀와 자녀의 배우자에게 분산하여 증여하는 경우 증여세를 비교해보면, 약 3억 5천만원 정도의 차이가 발생합니다. 분산

하여 증여받을 수증자가 더 많을수록 증여세는 더 줄어들 수 있습니다. 따라서 분산 증여를 적극 활용해 재산을 이전하는 것은 세 부담 측면에서 권장하는 방법입니다.

- **증여재산공제**(증여일 기준 10년 동안 증여세 없이 증여할 수 있는 금액)
  - 배우자: 6억원
  - 직계비속: 5천만원(미성년자 2천만원)
  - 직계존속: 5천만원
  - 기타 친족: 1천만원 (사위, 며느리 등)

(5) 상속세, 어떻게 줄일 수 있을까요?

> **Q** 시가 30억원 상당의 부동산 2채를 소유하고 있는 김자산 씨는 상속세가 많이 나올 것 같아 걱정입니다. 열심히 일궈온 재산을 하나뿐인 자녀에게 최소의 세금납부만으로 물려주고 싶은데 김자산 씨의 상속세를 줄이기 위한 방법이 있을까요?

상속세 절세 방법으로는 여러 가지가 있습니다. 그중에서도 대표적인 방법이 '사전증여 활용하기'입니다. 상속세는 피상속인의 재산이 클수록 많은 세금이 부과되는 구조이기 때문에, 상속개시일 당시 피상속인이 보유하는 재산이 줄어들어야 세금도 줄일 수 있습니다.

■ 사전증여 적극 활용하기

> 김자산 씨 현재 재산 보유 현황 : A 부동산(30억원), B 부동산(30억원)
> 10년 후 상속발생 시 부동산 가액: A 부동산(45억원), B 부동산(45억원), 1.5배 상승 가정
> 상속인 : 배우자 없음, 성인 자녀 1명
> 장례 비용 : 1천만원

① 사전증여를 하지 않고 상속이 발생한 경우 상속세

단위: 원

	구분	금액
	총 상속재산가액	90억원
⊕	사전증여재산가액	-
⊖	채무 등	1,000만원
=	상속세 과세가액	89억9,000만원
⊖	상속공제(일괄공제)	5억원
=	과세표준	84억9,000만원
⊗	최고 세율	50%
=	산출세액	37억8,500만원
⊖	신고세액공제	1억1,355만원
=	납부세액	36억7,145만원

② 사전증여를 활용하는 경우 증여세와 상속세(증여 후 부동산 1.5배 상승 가정)
  - A 부동산은 자녀에게 사전증여
  - B 부동산은 상속

A 부동산 증여세

단위: 원

	구분	금액
	증여재산가액	30억원
⊖	채무 등	-
⊜	증여세 과세가액	30억원
⊖	증여재산공제	5,000만원
⊜	과세표준	29억5,000만원
⊗	최고 세율	40%
⊜	산출세액	10억2,000만원
⊖	신고세액공제	3,060만원
⊜	납부세액	9억8,940만원

B 부동산 상속세

단위: 원

	구분	금액
	총 상속재산가액	45억원
⊕	사전증여재산가액	-
⊖	채무 등	1,000만원
⊜	상속세 과세가액	44억9,000만원
⊖	상속공제(일괄공제)	5억원
⊜	과세표준	39억9,000만원
⊗	최고 세율	50%
⊜	산출세액	15억3,500만원
⊖	신고세액공제	4,605만원
⊜	납부세액	14억8,895만원

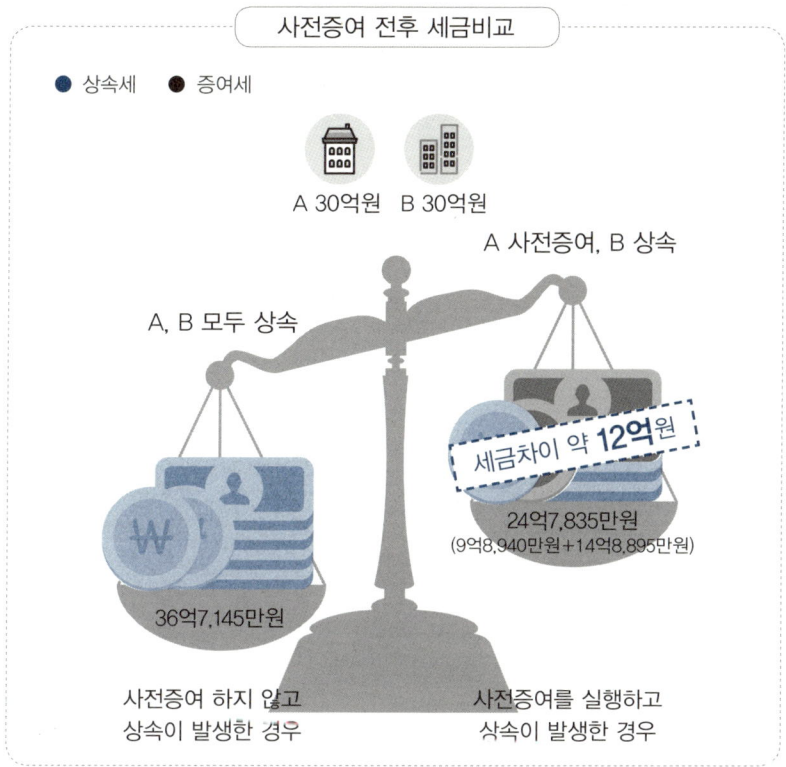

　사전증여를 실행하지 않았을 경우와 일부 재산의 사전증여를 실행했을 경우, 약 12억원 정도의 세금 차이를 확인할 수 있습니다. 사전증여 실행 시 증여세가 발생하지만, 상속재산을 줄여 상속세가 줄어드는 결과를 만들 수 있습니다. 궁극적으로 증여세와 상속세를 합한 금액이 사전증여를 실행하지 않은 경우의 상속세보다 줄어드는 결과가 만들어집니다. 따라서 부동산 등 가치 상승이 예상되는 재산은 사전증여를 적극 활용하는 것이 절세의 방안입니다.

03 증여에서 보험 활용하기

(1) 미래의 증여, 보험으로 지금 실행하세요 [보험금의 증여신고시기]

> **Q** 김절세 씨는 향후 자녀에게 증여할 재원을 마련하기 위해 금융상품을 알아보던 중 지인으로부터 보험을 활용하면 만약의 사고도 대비할 수 있고, 수익자를 자녀로 지정해서 미래의 증여를 지금 실행할 수 있다는 얘기를 들었습니다. 자녀를 수익자로 하는 계약을 하면 가입 즉시 증여가 아닌가요? 미래의 증여를 지금 실행한다는 게 무슨 말인가요?

세법에서는 보험사고 발생일 또는 만기보험금을 지급받는 날에 계약자가 수익자에게 보험금을 증여한 것으로 봅니다.

부모가 보험료를 납입하고, 보험금을 자녀가 수령하는 보험(계약자: 부모, 수익자: 자녀)을 가입하는 경우, 보험금 수령 시 증여신고를 하면 됩니다.

증여세 절세를 위해서는 10년 주기를 잘 활용하시는 게 좋습니다.
기존 증여일부터 10년이 지나야 증여재산공제를 다시 받을 수 있습니다. 증여받은 재산이 많을수록 높은 증여세율이 적용됩니다. 만약 동일인(직계존속의 경우 부모 합산)으로부터 10년 안에 증여받은 재산이 있다면 이를 더하여 증여세율이 적용되어 증여세 부담이 더 늘어나게 됩니다. 결국, 기존 증여일부터 10년이 지난 후 증여하여야 증여세를 줄일 수 있습니다.

보험을 활용하면 10년 주기 증여를 지금 실행할 수 있습니다.
기존 증여일부터 10년이 지난 때에 자녀가 보험금을 수령하는 보험을 가입하면 보험금을 수령하는 날이 증여일이 되어 계획대로 증여재산공제도 다시 받을 수 있고, 기존 증여재산을 더하지 않고 증여세를 계산할 수 있습니다. 다음 10년, 그다음 10년 뒤 미래의 증여도 보험을 활용하면 지금 실행이 가능합니다.

 관련 법규
- 상속세 및 증여세법 제34조 (보험금의 증여)

(2) 장애인에게 증여하고 싶다면 보험을 활용하세요

> **Q** 임꺽정 씨는 장애가 있는 자녀가 있습니다. 자녀를 위해 자산을 남겨주고 싶은데, 증여세도 만만치 않아 걱정이 많습니다. 혹시 보험을 통해 이를 해결할 수 있을까요?

장애인의 생계보장을 지원하기 위한 목적으로 장애인이 수령하는 연간 4천만원 이내 보험금은 비과세 증여재산에 해당하여 증여세가 발생하지 않습니다.
'장애인 전용보험'으로 표시된 보험에서 받는 보험금만을 말하는 것은 아닙니다. 장애인이 받는 모든 보험금에 대하여 적용됩니다. 보험금을 받는 장애인이 소득이 있더라도 가능합니다.
만약, 보험금이 아닌 부동산 또는 보험 외 금융상품 등을 통한 증여는 장애인이 받았어도 비과세 증여재산에 해당하지 않아 증여세가 과세됩니다.

세법에서는 다음 중 어느 하나에 해당하는 자를 장애인으로 정하고 있습니다.
① 장애인복지법에 따른 장애인
② 장애아동 복지지원법에 따른 장애아동 중 발달재활서비스를 지원받고 있는 사람
③ 국가유공자 등 예우 및 지원에 관한 법률에 의한 상이자
④ 지병에 의해 평상시 치료를 요하고 취학, 취업이 곤란한 상태에 있는 자

임걱정 씨처럼 장애인 자녀를 가진 분들은 '부모 사후에도 돈 걱정 없이 생활할 수 있도록 만들어 주기'를 희망합니다. 장애인 자녀가 평생 돈 걱정 없이 살 수 있는 생활비 지급 시스템, 연금보험을 활용하면 만들 수 있습니다. 더욱이 연간 4천만원까지 비과세 되니 일석이조입니다.

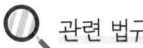 관련 법규
- 상속세 및 증여세법 제46조 (비과세되는 증여재산)

(3) 증여받은 돈으로 보험료를 납부하면 증여세를 안 내도 될까요?

> **Q** 주황당 씨는 아버지로부터 현금을 증여받고, 증여세를 신고하고 납부하였습니다. 그리고 증여받은 현금으로 보험료를 납부하고 만기가 되어 보험금을 수령하였습니다. 보험료를 본인 돈으로 납부했으니 보험금에 대해서는 당연히 본인 돈으로 생각하여 증여세 신고는 하지 않았습니다.
> 그런데 몇 달 후 세무서로부터 보험금과 보험료의 차액에 대해 증여세를 내라는 통지를 받게 되었습니다. 어찌 된 일일까요?

증여받은 현금이나 부동산 등의 재산을 증여받고 이를 양도하여 마련한 현금(이하

'증여받은 현금 등')으로 보험료를 납부하고 보험사고 또는 만기로 보험금을 수령하는 경우, 보험금에서 보험료를 차감한 금액을 당초 증여받은 현금 등을 증여한 자가 보험금 수령인에게 증여한 것으로 보아 증여세를 과세합니다.

만약, 보험료 중 일부를 증여받은 현금 등이 아닌 본인의 소득으로 납부했다면 보험금에서 납부한 보험료 총액 중 증여받은 현금 등이 차지하는 비율에 해당하는 금액에 대해서만 증여세가 부과됩니다.

 잠깐!

이는 납입한 보험료 대비 큰 보험금을 수령할 수 있는 보험의 특성을 활용하여 증여세를 의도적으로 회피하는 것을 방지하기 위한 규정입니다. 증여받은 현금 등으로 보험료를 납부하는 것과 증여자가 직접 보험료를 납부한 것은 실질이 동일하다고 보아 전체 보험금을 증여재산가액으로 하여 증여세를 과세하는 것입니다.

해당 규정을 피하기 위해 증여받은 현금 등을 주식 등 다른 금융자산에 투자한 후 다시 회수하여 보험료를 납입하는 경우가 있습니다. 증여세는 형식 등에 관계없이 실질에 따라 판단하여 과세합니다. 따라서 다른 금융자산으로 우회하여 보험료를 불입하여도 보험금에 대해 증여세가 부과될 수 있으니 주의하여야 합니다.

다만, 실무적으로 보험료 납입자가 소득 활동을 하고 있고, 보험료를 일시에 납입하지 않고 매월 나누어 납입하고 있다면 보험료가 증여받은 현금 등으로 납입되었는지 여부를 확인하는 것은 상당히 어려울 것으로 판단됩니다.

 관련 법규

- 상속세 및 증여세법 제34조 (보험금의 증여)

(4) 계약자를 변경하면 증여세를 내야 할까요?

> **Q** 정변경 씨는 계약자와 수익자를 본인으로 하는 보험을 가입한 후 계약자와 수익자를 자녀로 변경했습니다. 아직 보험금을 수령한 것도 아니어서 증여신고를 하지 않았습니다. 유튜브를 보던 중 계약자 변경일을 증여일로 하여 증여신고를 해야 한다는 내용을 봤습니다. 지인들에게 물어보니 본인도 계약자 변경 후 증여신고를 하지 않았는데 아무런 문제가 없었다고 하네요. 도대체 뭐가 맞는 거죠?

실생활에서 일어날 수 있는 증여 방법은 수천 가지가 넘습니다. 세법에서 모든 증여를 열거하기란 불가능합니다. 따라서 타인에게 무상으로 재산 또는 이익을 이전하는 것을 증여라고 포괄적으로 규정하고 있습니다. 증여일은 경제적 실질이 이전된 날입니다. 보험금은 보험사고 발생일 또는 만기 보험금을 지급받는 날이 증여일입니다.

보험 계약자 변경의 증여시기는 계약자 변경이 보험금의 증여에 해당하는지 그 외 재산 또는 이익의 이전에 해당하는지 여부에 따라 달라지게 됩니다.

계약자의 변경만으로 변경된 계약자에게 이전되는 재산 또는 이익이 없거나 현저히 작은 경우에는 보험금을 증여한 것으로 보아 계약자 변경일이 아닌 실제 보험금을 지급받는 날이 증여일에 해당합니다.

관련 판례를 살펴보겠습니다.

> 대법2010두5493(2010.6.24.)
> **제목** 보험계약자 및 수익자 변경만으로는 증여가 있었다고 볼 수 없음
> **요약** 보험계약자 및 수익자의 변경만을 가지고 그때 상증법상의 증여가 있었다고 볼 수 없고, 실제 보험금을 수취하거나 해약환급금을 수취하였을 때 실제 보험료 불입자로부터 증여받은 것으로 보는 것임

계약자가 변경된 때를 증여일로 실제 증여세를 과세한 판례도 있습니다.

> 서울고법2017누42677(2017.8.30.)
>
> **제목** 보험계약자의 명의변경 시점을 증여시기로 볼 수 있는지와 증여시기에 따른 증여재산가액 산정의 적정성 여부
>
> **요약** 이 사건 보험계약의 계약자 및 수익자 명의변경을 통한 증여일은 2008.10.31.(계약자 변경일)이고, 이 사건 보험계약의 약관에 의하여 산출되는 해약환급금 상당액 000,000,000원이 원고가 증여받은 이 사건 보험 계약의 계약자 및 수익자 지위의 재산적 가치에 가장 부합하는 금액이라고 봄이 상당함

위 판례는 계약자 및 수익자 지위 변경으로 변경된 계약자에게 재산 또는 이익이 이전되었다고 보아 계약자 변경일을 증여일로 하고 있습니다.

이 외에도 보험의 계약자 지위 변경에 따른 증여일을 서로 달리 판단하는 유권해석은 많습니다.

결국, 계약자 지위 변경으로 변경된 계약자가 얻는 재산 또는 이익이 증여로 볼 수 있을 만큼 상당한지 여부에 따라 증여일은 달라지게 됩니다.

잠깐!

관련 유권해석에는 공통점이 있습니다. 증여일을 보험금 수령일로 해석하고 있는 사례의 보험의 종류는 보장성 성격을 띠는 것이 대부분입니다. 보장성보험의 경우 저축성보험에 비해 해약환급권 등 계약자가 가질 수 있는 권리가 현저히 작습니다.

반면, 계약자 변경일을 증여일로 하여 증여세를 과세하는 사례의 보험은 저축성(대부분 연금보험)보험입니다. 보험의 성격이 저축성보험에 가깝고 상품명에 연금 또는 저축성 관련 명칭이 들어간 보험이라면, 계약자 변경 시 증여세가 과세될 수 있으니 반드시 전문가와 상의 후 진행하시기 바랍니다.

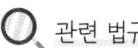
관련 법규

- 상속세 및 증여세법 제34조 (보험금의 증여)

04 상속에서 보험 활용하기

(1) 사망보험금도 상속세를 내야 할까요?

> **Q** 이상속 씨는 배우자의 사망으로 사망보험금을 수령하였습니다. 사망보험금을 상속세 납부 재원으로 활용하여 무사히 상속세 납부를 할 수 있었습니다. 다만 아쉬운 점은 사망보험금이 상속재산에 포함되어 납부할 상속세 총액이 늘어난 점입니다. 혹시 사망보험금을 상속세 납부 재원으로 200% 활용하기 위해 상속재산가액에서 제외할 수 있는 방법은 없나요?

피보험자의 사망으로 수령하는 사망보험금의 상속재산 포함 여부는 보험료를 누가 납부했는지에 따라 달라집니다. 만약, 보험료를 사망한 피상속인이 납부하고 상속인이 사망보험금을 수령했다면 사망보험금 전체가 상속재산에 포함됩니다.

위 보험의 구조를 살펴보면, 피상속인이 납부한 보험료를 재원으로 한 사망보험금을 피상속인의 사망으로 인해 상속인이 수령한 경우로, 사망을 원인으로 재산의 무상이전이 발생한 경우입니다. 이는 세법상 상속에 해당하므로 피상속인의 상속재산에 포함되는 것입니다.

위 보험의 구조를 조금 바꿔보겠습니다. 계약자와 수익자는 피상속인의 배우자이고, 피보험자는 피상속인으로 가정해보겠습니다. 이 경우 피보험자의 사망이 발생하면 피상속인의 배우자가 납부한 보험료를 재원으로 피상속인의 배우자가 사망보험금을 수령하게 됩니다. 결국, 보험료를 납부한 자와 보험금을 수령한 자가 같아져 재산의 무상이전이 발생하지 않게 되는 것입니다. 당연히 상속세 부담은 발생하지 않게 됩니다.

세법은 실질과세를 원칙으로 하고 있습니다. 위 보험의 구조와 같이 계약자를 피보험자의 배우자로 했어도 실제 해당 보험료를 피상속인이 납부한 경우에는 사망보험금은 상속재산에 포함됩니다.

계약자와 수익자의 관계 및 보험금 지급 원인에 따른 상속세 및 증여세 과세 여부에 대해 살펴보겠습니다.

순번	계약자	실제 보험료 납부자	피보험자	수익자	보험금 지급 원인	과세여부
1	부	부	부	자녀	부 사망	상속세
2	부	부	모	자녀	모 사망	증여세
3	자녀	부	부	자녀	부 사망	상속세
4	자녀	자녀	부 또는 모	자녀	부 또는 모 사망	과세안됨

보험료 납부자와 보험금 수령자가 다른 경우 과세대상에 해당합니다. 보험금의 지급 원인이 보험료 납부자의 사망이라면 보험금은 상속세 과세대상에 해당하고, 그 외의 경우에는 증여세가 과세됩니다.

보험금을 200% 활용하기 위해서는 보험료를 실제로 납부한 자와 보험금을 수령하는 수익자를 동일하게 하실 것을 권해드립니다.

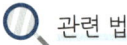 관련 법규

- 상속세 및 증여세법 제8조 (상속재산으로 보는 보험금)

(2) 사망시 수익자를 지정하면 사망보험금을 상속인 중 한 명에게만 줄 수도 있을까요?

> Q 이유언 씨는 경제적인 능력이 없는 자녀 이근심 군이 항상 걱정입니다. 자녀들끼리 사이라도 좋으면 본인이 먼저 세상을 떠나더라도 서로 도와가며 살겠지만, 이마저도 기대할 수 없는 상황입니다. 이유언 씨는 이근심 군을 수익자로 지정하는 종신보험을 가입하면서 고민을 해결할 수 있었습니다. 보험이 어떻게 이유언 씨의 고민을 해결했을까요?

사망보험금은 피보험자가 사망하게 되면 수익자에게 지급됩니다. 이때 지정된 수익자가 없다면 피보험자의 법정 상속인에게 지급됩니다. 법정 상속인이 여러 명이라면 전원의 동의에 따라 수령하게 됩니다. 위 사례처럼 특정 상속인 1명에게 사망보험금이 지급되게 하려면 반드시 수익자를 지정해야 합니다.

민법상 사망보험금은 피상속인이 남긴 상속재산이 아니라 보험계약에 따른 수익자의 고유자산에 해당합니다. 즉, 수익자가 특정 상속인으로 지정되어 있다면 다른 상속인의 동의 여부와 관계없이 지급이 가능한 것입니다.

사망보험금 외 다른 재산을 특정 상속인에게 남기고 싶다면 반드시 유언이 필요합니다.

유언은 반드시 민법에서 정한 방식을 따라야 합니다. 어느 하나라도 지키지 않으면 그 유언은 효력이 없습니다. 우리나라는 총 5가지 유언(자필증서, 녹음, 공증증서, 비밀증서, 구수증서)만 인정하고 있습니다. 그중 자필증서와 공증증서를 대표적인 방법으로 꼽을 수 있습니다. 자필증서의 경우 증인이 없어 유언의 진위 여부에 따른 상속인들 간 분쟁이 발생할 수 있습니다. 공증증서의 경우 유언 내용에 따른 분쟁을 줄일 수 있으나 비용이 발생하는 단점이 있습니다.

복잡하고 어려운 유언 대신 수익자를 지정하는 종신보험 가입을 통해 상속분쟁을 방지할 수 있습니다.

> **사망시 수익자를 지정하면 사망보험금을 상속인 중 한 명에게만 줄 수도 있을까요?**
>
>
> 계약자   피보험자   수익자 지정
> 이유언(父)   이유언(父)   이근심(子)
>
> 사망보험금은 수익자의 고유자산에 해당 수익자가 특정 상속인으로 지정되어 있다면 다른 상속인의 동의여부에 관계없이 지급 가능

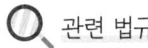 관련 법규

- 상속세 및 증여세법 제34조 (보험금의 증여)

PART 4   상속·증여에서 보험 활용하기

(3) 빚 때문에 상속포기 해도 사망보험금은 상속인이 받을 수 있을까요?

> **Q** 최채무 씨는 중소기업을 운영하고 있습니다. 지금은 사업이 잘되고 있지만, 혹시나 사업이 잘못되어서 자녀들에게 빚만 남겨 주는 것은 아닐지 항상 걱정입니다.
> 최채무 씨가 우려하는 최악의 상황 속에서도 자녀들에게 자산을 안전하게 넘겨줄 방법은 없을까요?

민법상 상속은 피상속인의 모든 재산과 부채의 포괄적 승계를 원칙으로 하고 있습니다. 만약, 상속으로 인해 받을 재산보다 부채 즉, 빚이 더 많다면 받을 재산을 한도로 하여 빚을 상환하는 한정승인을 상속개시일부터 3개월 이내에 신청해야 합니다.

상속을 포기하는 경우 그다음 순위 상속인에게 상속권이 넘어가게 되어 민법상 상속인이 될 수 있는 전원이 상속포기를 해야 하는 불편한 상황이 발생하게 됩니다.

한정승인을 하게 되면 상속인들이 받을 수 있는 상속재산은 '0'이 됩니다. 만약, 종신보험을 통해 미리 수익자를 상속인으로 지정하였다면 빚이 더 많은 상황에서도 사망보험금은 안전하게 상속인에게 지급될 수 있습니다. 앞서 살펴본 바와 같이 사망보험금은 민법상 상속재산이 아니라 수익자인 상속인의 고유자산에 해당하기 때문입니다.

상속포기를 신청했어도 피상속인 사망 시 수익자에게 보험금 지급이 가능합니다. 한정승인을 신청했더라도 사망보험금으로 피상속인의 채무를 상환할 의무가 없어 상속인에게 지급이 가능합니다.

어떤 상황에서도 수익자에게 남겨줄 수 있는 재산, 종신보험 가입을 통해 미리 준비하세요.

> 빚 때문에 상속포기 해도 사망보험금은 상속인이 받을 수 있을까요?

계약자   피보험자   수익자

사망보험금은 수익자의 고유자산.
부채가 많아 상속포기나 한정승인한 경우에도 사망보험금은 안전하게 상속인에게 지급.
(사망보험금으로 피상속인의 채무를 상환할 의무없음)

🔍 관련 법규

- 대법원 2001.12.28. 선고 2000다31502판결

(4) 상속세, 더 이상 부자들만의 세금이 아닙니다 [상속세 재원 마련은 종신보험을 활용하세요]

> **Q** 안부자 씨는 수도권에 주택 1채를 보유하고 중견기업에 다니고 있는 중산층의 가장입니다. 최근 언론을 통해 매년 상속세 신고 인원이 증가하고 있고, 수도권에 주택 1채만 보유하고 있어도 상속세가 발생한다는 기사를 접하였습니다. 부자들만의 세금이라 생각했던 상속세, 안부자 씨도 미리 준비해야 할까요? 준비한다면 어떤 방법이 좋을까요?

드라마 속 부자들만의 이야기로 생각했던 상속세가 대도시 내 주택 1채만 가지고 있어도 미리 준비해야 할 정도로 대상자가 늘어나고 있습니다. 통계 자료에 따르면 2010년 약 4,500명 수준이었던 상속세 신고인원이 10년 뒤인 2020년에는 약 10,000명으로 2배 이상 증가했습니다.

원인 중 하나로 주택 가격 상승을 꼽을 수 있습니다. 한국 부동산원 조사 결과에 따르면 전국 주택 매매가는 최근 10년간 24%, 아파트는 40% 상승했다고 합니다. 대도시 내 주택 가격의 상승률은 더 가파릅니다. 최근 5년 새 서울 아파트의 평균 매매가

는 2배 이상 상승하여 2022년 3월 기준 11억 5천만원입니다. 또한 대형 아파트보다 전용면적 85제곱미터 이하 중소형 아파트 가격 상승률이 더 높아 주택 가격 상승에 따른 자산가치 상승이 부유층보다 중산층에 더 큰 영향을 미칠 수 있습니다.

자산가치가 오르는 동안 상속세법상 공제금액은 제자리걸음을 하고 있습니다. 일괄공제 5억원, 배우자 상속공제 최대 30억원이 가장 대표적인 상속 공제입니다. 해당 금액은 20년이 넘도록 변동이 없습니다.
종전에는 상속세 공제금액 범위 내 있었던 주택 가격이 큰 폭으로 상승하면서 공제 범위를 벗어난 것이 상속세 신고인원이 증가한 원인으로 분석하고 있습니다.

현재 시가 10억원 아파트 1채를 보유하고 있고 연 10%씩 가격이 오른다고 가정했을 때, 10년 후 예상 상속세액은 배우자가 있는 경우 약 2억 6천만원, 배우자가 없다면 약 5억원입니다. 참고로 최근 5년간 서울 아파트 가격 평균 상승률은 연 20% 수준입니다. (현재 10억원 아파트, 연 10% 상승, 10년 후 가격 약 26억원)

상속세가 더 이상 부자들의 세금이 아니라는 것이 조금 더 와닿으시나요? 힘들게 모은 자산을 자녀 세대로 잘 물려주기 위해서는 상속세 재원을 어떻게 마련할지도 고민해야 하는 때가 온 것입니다.

재원 마련 방법은 다양합니다. 상속개시 이후 자산을 양도해서 양도대금으로 상속세를 납부할 수도 있고, 대출을 활용하거나, 국세청의 최대 10년간 세금을 나눠서 납부하는 연부연납 제도도 활용할 수 있습니다. 하지만 양도하는 경우 급매로 제 가격을 못 받을 가능성이 높고, 대출 또는 연부연납 제도는 이자부담이 발생하는 단점이 있습니다.

상속세 재원마련, 종신보험을 활용하세요

종신보험을 활용한다면, 훨씬 적은 비용으로 상속세 재원 마련이 가능합니다.

상속세가 1억 2천만원이고 이를 종신보험으로 마련한다면, 50세 남자 기준 월 보험료 약 30만원씩 20년 동안 납부하여 총 7천4백만원 정도의 보험료를 불입하면 사망 시 1억 2천만원의 사망보험금 수령이 가능합니다.*

총납입보험료는 미리 준비할수록 줄어들 수 있습니다. 만약 전 사례의 경우 가입시점이 40세로 10년 빨라진다면 월 보험료는 약 19만원으로 총납입보험료 4천6백만원 정도의 보험료로 보장이 가능합니다.*

만에 하나, 보험료 납입이 끝나기 전에 사망이 발생하는 경우에도 사망보험금은 100% 지급됩니다.

적은 비용으로 상속세를 완벽하게 대비할 수 있는 종신보험을 통해 상속세 걱정을 한 방에 해결하시기 바랍니다.

＊ 메트라이프생명보험 상품 기준

05 알아두면 세금이 줄어드는 보험종류별 상속증여 활용법

(1) 연금보험으로 상속 증여세 줄이는 법 [정기금평가의 활용법]

> **Q** 자산가 김현명 씨(50세)는 보험사의 연금상품을 활용하면 증여세 및 상속세 절세가 된다는 정보를 듣고 이를 준비하고자 합니다. 연금으로 상속이나 증여를 해주는 것은 정말 절세효과가 있을까요?

상속세 또는 증여세 계산 시 무상으로 받는 재산의 가액 평가가 선행되어야 합니다. 평가는 상속개시일 또는 증여일 현재의 '시가'에 따릅니다. 시가를 산정하기 어려운 경우에는 관련 법령에서 정하는 방법으로 평가합니다. 연금수령권의 경우 '정기금을 받을 권리의 평가'에 따릅니다.

'정기금을 받을 권리의 평가'란 미래에 받을 연금을 현재 시점으로 평가하는 것을 말합니다. 매년 1,000만원의 연금을 수령할 수 있는 연금수령권을 받는 경우, 미래에 받을 1,000만원은 현재의 1,000만원보다 가치가 작으니 이를 보정하여 평가하는 것입니다.

> 정기금을 받을 권리의 평가 = 각 연도에 받을 정기금액 / $(1+0.03)^n$ 의 합계
> - n: 평가기준일부터의 경과연수
> - 0.03: 기획재정부령 이자율 (3%)

할인율 적용 및 연금수령기간에 따른 절세 효과

미래에 받을 연금을 현재 시점으로 평가할 때 연 3%의 할인율이 적용되어 연금수령권으로 증여했을 때 목돈에 비해 재산의 평가금액이 줄어들어 절세가 가능합니다. 절세 효과를 더 높이기 위해서는 연금수령기간이 길어야 합니다. 연금수령기간이 길수록 할인율이 높아져 평가금액이 더 낮아질 수 있습니다.

1억원을 매년 1,000만원씩 10년간 연금으로 받는 경우 약 8,500만원으로 평가됩니다. 이를 매년 500만원씩 20년간 받는다면 평가금액은 약 7,400만원으로 더 줄어들게 되어 절세 효과도 더 커지게 됩니다.

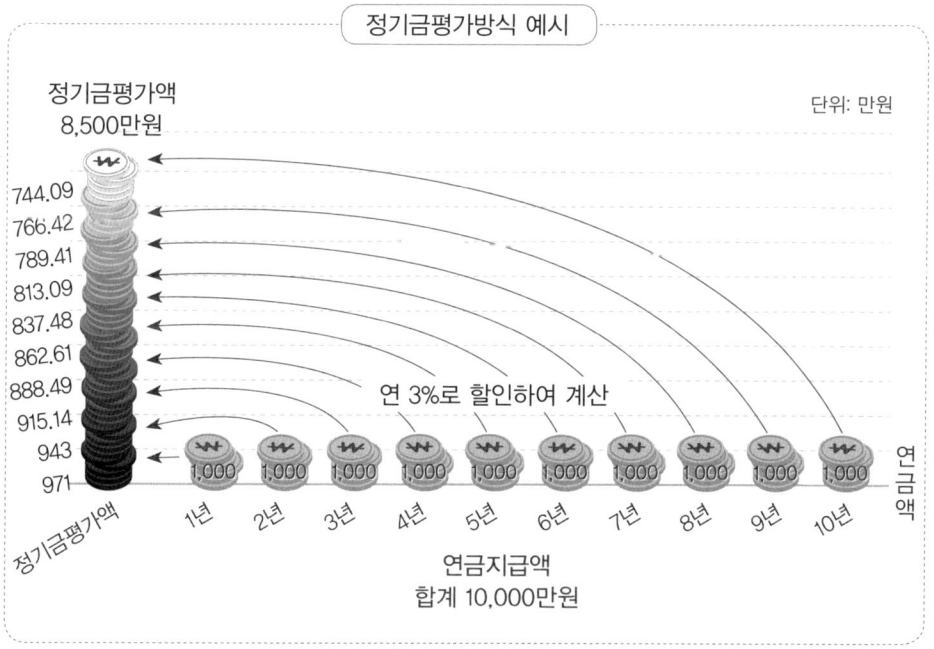

보험을 통해 정기금평가를 활용하려면 계약 형태를 다음과 같이 설계합니다.

1. 계약자와 수익자를 부(모)로 설정하고, 피보험자를 자녀로 설정, 연금보험 가입
2. 이후 연금으로 전환하고 연금수령권자를 자녀로 변경

절세 효과를 극대화하려면 연금을 오래 지급받을수록 좋습니다. 종신토록 연금을 지급받는 연금수령권을 증여하면 얼마나 절세할 수 있을까요? 고객 사례를 통해 알아보겠습니다.

다음은 월납 500만원, 12년 납입하고 13년 거치 후 종신형 연금으로 전환되는 고객의 예시입니다. 적립금을 그대로 증여하는 것보다 연금개시 후 연금수익자를 아들로 변경하여 연금수령권을 증여하게 되면 평가금액이 낮아져서 증여세를 절세할 수 있습니다. 사례에서 보듯, 종신정기금평가에 따르면, 증여세를 9천만원가량 줄일 수 있습니다.

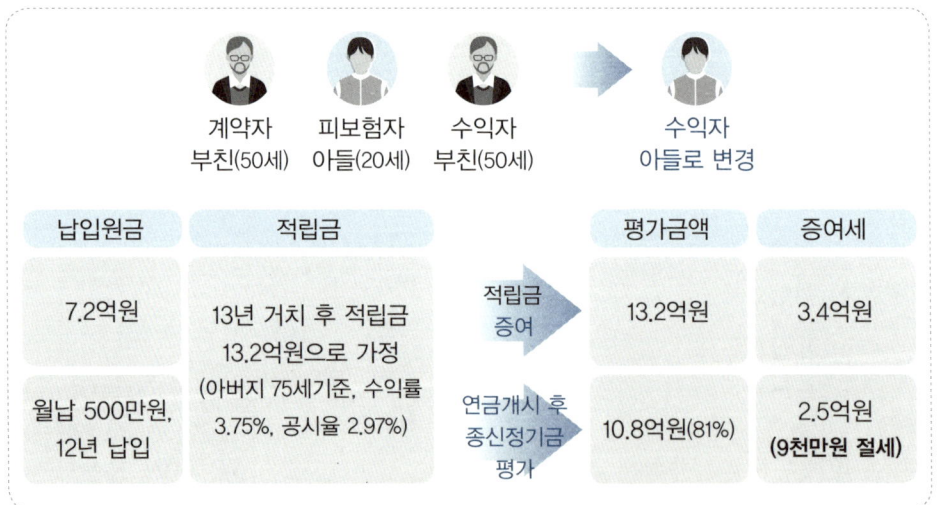

기대여명의 계산

종신형 연금을 수령하는 경우 실제로 몇 살까지 연금을 받을지 알 수 없는 문제가 발생합니다. 그래서 종신정기금을 평가할 때는 통계청 완전생명표 상의 기대여명을 이용해 연금수령기간을 선택합니다. 성별·연령별 기대여명의 연수까지 연금을 수령하는 것으로 하여 평가하는 것입니다.

> 상속세 및 증여세법 시행령 제62조 3항
>
> 종신정기금이란 『정기금을 받을 권리가 있는 자의 「통계법」 제18조에 따라 통계청장이 승인하여 고시하는 통계표에 따른 성별·연령별 기대여명의 연수까지의 기간 중 각 연도에 받을 정기금액을 기준으로 위 계산식에 따라 계산한 금액의 합계액

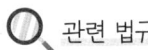
관련 법규

- 상속세 및 증여세법 시행령(제62조) (정기금을 받을 권리의 평가)

완전 생명표 2021년
남자

단위: 년

연령 Age	사망확률 $_nq_x$	생존자수 l_x	사망자수 $_nd_x$	정지인구 $_nL_x$	총생존년수 T_x	기대여명 e^o_x	연령 Age
0	0.00258	100,000	258	99,796	8,061,279	80.61	0
1	0.00016	99,742	16	99,735	7,961,483	79.82	1
2	0.00014	99,727	14	99,720	7,861,749	78.83	2
3	0.00012	99,713	12	99,706	7,762,029	77.84	3
4	0.00010	99,700	10	99,695	7,662,323	76.85	4
5	0.00008	99,690	8	99,686	7,562,628	75.86	5
6	0.00006	99,682	6	99,678	7,462,942	74.87	6
7	0.00006	99,675	6	99,672	7,363,264	73.87	7
8	0.00006	99,670	6	99,667	7,263,591	72.88	8
9	0.00006	99,664	6	99,661	7,163,924	71.88	9
10	0.00007	99,657	7	99,654	7,064,264	70.89	10
11	0.00009	99,650	9	99,646	6,964,610	69.89	11
12	0.00011	99,641	11	99,636	6,864,964	68.90	12
13	0.00013	99,630	13	99,624	6,765,328	67.90	13
14	0.00015	99,618	15	99,610	6,665,704	66.91	14
15	0.00019	99,603	19	99,593	6,566,094	65.92	15
16	0.00023	99,584	23	99,572	6,466,501	64.94	16
17	0.00028	99,561	28	99,547	6,366,928	63.95	17
18	0.00031	99,533	31	99,517	6,267,382	62.97	18
19	0.00033	99,502	33	99,485	6,167,865	61.99	19
20	0.00034	99,469	34	99,452	6,068,380	61.01	20
21	0.00037	99,434	37	99,416	5,968,928	60.03	21
22	0.00041	99,398	41	99,377	5,869,512	59.05	22
23	0.00046	99,357	46	99,334	5,770,135	58.07	23
24	0.00051	99,311	50	99,286	5,670,801	57.10	24
25	0.00053	99,261	53	99,234	5,571,515	56.13	25
26	0.00055	99,208	55	99,180	5,472,281	55.16	26
27	0.00058	99,153	57	99,124	5,373,101	54.19	27
28	0.00060	99,095	60	99,066	5,273,977	53.22	28
29	0.00063	99,036	62	99,005	5,174,911	52.25	29
30	0.00065	98,974	65	98,941	5,075,906	51.29	30
31	0.00067	98,909	66	98,876	4,976,965	50.32	31

단위: 년

연령 Age	사망확률 $_nq_x$	생존자수 l_x	사망자수 $_nd_x$	정지인구 $_nL_x$	총생존년수 T_x	기대여명 e_x^o	연령 Age
32	0.00068	98,843	68	98,809	4,878,089	49.35	32
33	0.00070	98,775	69	98,740	4,779,280	48.39	33
34	0.00072	98,706	71	98,670	4,680,540	47.42	34
35	0.00076	98,635	75	98,597	4,581,870	46.45	35
36	0.00084	98,560	82	98,519	4,483,272	45.49	36
37	0.00093	98,477	92	98,432	4,384,754	44.53	37
38	0.00103	98,386	102	98,335	4,286,322	43.57	38
39	0.00113	98,284	111	98,229	4,187,987	42.61	39
40	0.00121	98,174	119	98,114	4,089,758	41.66	40
41	0.00129	98,055	127	97,991	3,991,644	40.71	41
42	0.00137	97,928	134	97,861	3,893,653	39.76	42
43	0.00145	97,794	142	97,723	3,795,792	38.81	43
44	0.00157	97,652	153	97,575	3,698,069	37.87	44
45	0.00175	97,499	171	97,413	3,600,494	36.93	45
46	0.00198	97,328	193	97,232	3,503,081	35.99	46
47	0.00222	97,136	216	97,028	3,405,849	35.06	47
48	0.00244	96,920	237	96,802	3,308,821	34.14	48
49	0.00264	96,683	255	96,556	3,212,020	33.22	49
50	0.00284	96,429	274	96,292	3,115,464	32.31	50
51	0.00307	96,155	295	96,007	3,019,172	31.40	51
52	0.00334	95,860	320	95,700	2,923,165	30.49	52
53	0.00369	95,539	353	95,363	2,827,465	29.59	53
54	0.00405	95,187	386	94,994	2,732,102	28.70	54
55	0.00442	94,801	419	94,592	2,637,108	27.82	55
56	0.00477	94,382	450	94,157	2,542,516	26.94	56
57	0.00512	93,932	481	93,692	2,448,359	26.07	57
58	0.00554	93,451	518	93,192	2,354,667	25.20	58
59	0.00605	92,934	562	92,652	2,261,475	24.33	59
60	0.00662	92,371	611	92,066	2,168,822	23.48	60
61	0.00719	91,760	660	91,430	2,076,757	22.63	61
62	0.00775	91,100	706	90,747	1,985,327	21.79	62
63	0.00843	90,394	762	90,013	1,894,579	20.96	63
64	0.00925	89,632	829	89,218	1,804,566	20.13	64
65	0.01016	88,803	902	88,352	1,715,348	19.32	65
66	0.01115	87,901	980	87,411	1,626,996	18.51	66
67	0.01216	86,921	1,057	86,392	1,539,585	17.71	67
68	0.01332	85,864	1,144	85,292	1,453,193	16.92	68
69	0.01464	84,720	1,240	84,100	1,367,901	16.15	69
70	0.01605	83,480	1,340	82,810	1,283,801	15.38	70
71	0.01769	82,140	1,453	81,414	1,200,991	14.62	71
72	0.01926	80,687	1,554	79,910	1,119,578	13.88	72
73	0.02114	79,133	1,673	78,296	1,039,667	13.14	73
74	0.02351	77,460	1,821	76,549	961,371	12.41	74
75	0.02655	75,639	2,008	74,635	884,822	11.70	75
76	0.03043	73,631	2,241	72,510	810,187	11.00	76
77	0.03496	71,390	2,496	70,142	737,676	10.33	77
78	0.04022	68,894	2,771	67,509	667,534	9.69	78
79	0.04626	66,123	3,059	64,594	600,026	9.07	79
80	0.05285	63,064	3,333	61,398	535,432	8.49	80
81	0.06026	59,732	3,599	57,932	474,034	7.94	81
82	0.06824	56,132	3,831	54,217	416,102	7.41	82
83	0.07671	52,302	4,012	50,296	361,885	6.92	83
84	0.08570	48,290	4,138	46,221	311,589	6.45	84
85	0.09590	44,151	4,234	42,034	265,368	6.01	85
86	0.10698	39,917	4,270	37,782	223,334	5.59	86

단위: 년

연령 Age	사망확률 $_nq_x$	생존자수 l_x	사망자수 $_nd_x$	정지인구 $_nL_x$	총생존년수 T_x	기대여명 e_x^o	연령 Age
87	0.11897	35,647	4,241	33,527	185,552	5.21	87
88	0.13191	31,406	4,143	29,335	152,025	4.84	88
89	0.14580	27,264	3,975	25,276	122,690	4.50	89
90	0.16067	23,289	3,742	21,418	97,414	4.18	90
91	0.17650	19,547	3,450	17,822	75,996	3.89	91
92	0.19331	16,097	3,112	14,541	58,174	3.61	92
93	0.21107	12,985	2,741	11,615	43,633	3.36	93
94	0.22975	10,244	2,354	9,068	32,019	3.13	94
95	0.24932	7,891	1,967	6,907	22,951	2.91	95
96	0.26973	5,923	1,598	5,125	16,044	2.71	96
97	0.29092	4,326	1,258	3,696	10,919	2.52	97
98	0.31281	3,067	959	2,588	7,223	2.35	98
99	0.33532	2,108	707	1,754	4,635	2.20	99
100+	1.00000	1,401	1,401	2,881	2,881	2.06	100+

출처: 통계청

완전 생명표 2021년

여자

단위: 년

연령 Age	사망확률 $_nq_x$	생존자수 l_x	사망자수 $_nd_x$	정지인구 $_nL_x$	총생존년수 T_x	기대여명 e_x^o	연령 Age
0	0.00218	100,000	218	99,815	8,661,586	86.62	0
1	0.00013	99,782	13	99,775	8,561,772	85.80	1
2	0.00010	99,769	9	99,764	8,461,990	84.82	2
3	0.00007	99,760	7	99,756	8,362,232	83.82	3
4	0.00006	99,752	6	99,749	8,262,476	82.83	4
5	0.00006	99,746	6	99,743	8,162,727	81.84	5
6	0.00007	99,739	7	99,736	8,062,985	80.84	6
7	0.00006	99,733	6	99,729	7,963,249	79.85	7
8	0.00006	99,726	6	99,723	7,863,519	78.85	8
9	0.00005	99,720	5	99,718	7,763,796	77.86	9
10	0.00005	99,715	5	99,712	7,664,078	76.86	10
11	0.00006	99,710	6	99,707	7,564,366	75.86	11
12	0.00009	99,703	9	99,699	7,464,659	74.87	12
13	0.00011	99,695	11	99,689	7,364,960	73.88	13
14	0.00012	99,684	12	99,678	7,265,271	72.88	14
15	0.00013	99,672	13	99,665	7,165,593	71.89	15
16	0.00015	99,658	15	99,651	7,065,928	70.90	16
17	0.00016	99,644	16	99,636	6,966,277	69.91	17
18	0.00019	99,628	19	99,618	6,866,642	68.92	18
19	0.00023	99,608	23	99,597	6,767,024	67.94	19
20	0.00026	99,586	26	99,573	6,667,427	66.95	20
21	0.00029	99,559	29	99,545	6,567,854	65.97	21
22	0.00030	99,531	30	99,516	6,468,309	64.99	22
23	0.00031	99,501	31	99,485	6,368,793	64.01	23
24	0.00032	99,470	32	99,454	6,269,308	63.03	24
25	0.00032	99,438	32	99,422	6,169,854	62.05	25
26	0.00033	99,406	32	99,390	6,070,432	61.07	26
27	0.00032	99,374	32	99,358	5,971,042	60.09	27
28	0.00034	99,342	33	99,325	5,871,684	59.11	28
29	0.00036	99,308	36	99,291	5,772,359	58.13	29

단위: 년

연령 Age	사망확률 $_nq_x$	생존자수 l_x	사망자수 $_nd_x$	정지인구 $_nL_x$	총생존년수 T_x	기대여명 e_x^o	연령 Age
30	0.00039	99,273	39	99,253	5,673,069	57.15	30
31	0.00042	99,234	42	99,213	5,573,815	56.17	31
32	0.00043	99,192	43	99,171	5,474,602	55.19	32
33	0.00044	99,149	44	99,127	5,375,432	54.22	33
34	0.00046	99,105	46	99,083	5,276,305	53.24	34
35	0.00050	99,060	50	99,035	5,177,222	52.26	35
36	0.00055	99,010	55	98,983	5,078,187	51.29	36
37	0.00059	98,956	59	98,926	4,979,204	50.32	37
38	0.00063	98,897	62	98,866	4,880,278	49.35	38
39	0.00064	98,835	63	98,803	4,781,412	48.38	39
40	0.00066	98,772	65	98,739	4,682,609	47.41	40
41	0.00071	98,706	70	98,671	4,583,870	46.44	41
42	0.00077	98,636	76	98,598	4,485,199	45.47	42
43	0.00082	98,560	81	98,520	4,386,600	44.51	43
44	0.00087	98,479	86	98,436	4,288,081	43.54	44
45	0.00092	98,393	91	98,348	4,189,644	42.58	45
46	0.00098	98,303	97	98,254	4,091,296	41.62	46
47	0.00107	98,206	105	98,154	3,993,042	40.66	47
48	0.00116	98,101	114	98,044	3,894,888	39.70	48
49	0.00125	97,988	122	97,927	3,796,844	38.75	49
50	0.00133	97,866	130	97,801	3,698,917	37.80	50
51	0.00140	97,736	137	97,667	3,601,117	36.85	51
52	0.00147	97,599	143	97,527	3,503,450	35.90	52
53	0.00152	97,455	149	97,381	3,405,923	34.95	53
54	0.00159	97,307	155	97,229	3,308,542	34.00	54
55	0.00171	97,152	166	97,069	3,211,312	33.05	55
56	0.00183	96,986	178	96,897	3,114,243	32.11	56
57	0.00197	96,808	191	96,713	3,017,346	31.17	57
58	0.00211	96,617	203	96,515	2,920,634	30.23	58
59	0.00223	96,414	215	96,306	2,824,119	29.29	59
60	0.00237	96,199	228	96,085	2,727,813	28.36	60
61	0.00253	95,971	243	95,850	2,631,728	27.42	61
62	0.00272	95,729	260	95,599	2,535,878	26.49	62
63	0.00293	95,468	280	95,329	2,440,279	25.56	63
64	0.00319	95,189	304	95,037	2,344,951	24.63	64
65	0.00353	94,885	335	94,717	2,249,914	23.71	65
66	0.00395	94,550	374	94,363	2,155,197	22.79	66
67	0.00443	94,176	418	93,967	2,060,834	21.88	67
68	0.00495	93,758	464	93,526	1,966,867	20.98	68
69	0.00550	93,295	513	93,038	1,873,340	20.08	69
70	0.00616	92,781	571	92,495	1,780,302	19.19	70
71	0.00701	92,210	647	91,886	1,687,807	18.30	71
72	0.00799	91,563	731	91,198	1,595,921	17.43	72
73	0.00908	90,832	825	90,420	1,504,723	16.57	73
74	0.01037	90,007	934	89,540	1,414,303	15.71	74
75	0.01200	89,074	1,069	88,539	1,324,763	14.87	75
76	0.01411	88,005	1,242	87,384	1,236,224	14.05	76
77	0.01669	86,763	1,448	86,039	1,148,839	13.24	77
78	0.01979	85,315	1,689	84,471	1,062,800	12.46	78
79	0.02335	83,627	1,952	82,651	978,329	11.70	79
80	0.02735	81,674	2,233	80,558	895,679	10.97	80
81	0.03190	79,441	2,534	78,174	815,121	10.26	81
82	0.03708	76,907	2,852	75,481	736,947	9.58	82
83	0.04322	74,055	3,201	72,455	661,466	8.93	83
84	0.05034	70,854	3,567	69,071	589,011	8.31	84

단위: 년

연령 Age	사망확률 $_nq_x$	생존자수 l_x	사망자수 $_nd_x$	정지인구 $_nL_x$	총생존년수 T_x	기대여명 e_x^o	연령 Age
85	0.05817	67,288	3,914	65,331	519,940	7.73	85
86	0.06692	63,374	4,241	61,253	454,609	7.17	86
87	0.07664	59,133	4,532	56,867	393,356	6.65	87
88	0.08739	54,601	4,772	52,215	336,489	6.16	88
89	0.09920	49,829	4,943	47,358	284,274	5.70	89
90	0.11211	44,886	5,032	42,370	236,916	5.28	90
91	0.12613	39,854	5,027	37,341	194,545	4.88	91
92	0.14128	34,827	4,920	32,367	157,204	4.51	92
93	0.15754	29,907	4,711	27,552	124,837	4.17	93
94	0.17489	25,196	4,406	22,993	97,285	3.86	94
95	0.19328	20,789	4,018	18,780	74,293	3.57	95
96	0.21267	16,771	3,567	14,988	55,513	3.31	96
97	0.23295	13,204	3,076	11,666	40,525	3.07	97
98	0.25404	10,128	2,573	8,842	28,858	2.85	98
99	0.27581	7,555	2,084	6,513	20,017	2.65	99
100+	1.00000	5,472	5,472	13,503	13,503	2.47	100+

출처: 통계청

(2) 손자녀에게 줄 때는 보험이 유리합니다 [3대 자산이전 플랜 설계법]

> **Q** 열심히 부를 축적해 온 자산가 정부자 씨(70세)는 이미 자녀에게 많은 자산을 사전증여해 주었습니다. 추가로 증여해주고 싶은 마음은 굴뚝같지만 증여세율이 너무 높아서 결정하기가 쉽지 않습니다. 그런 중에 종신보험을 활용하면 손주 세대로 안전하게 자산을 이전해줄 방법이 있다고 하여 궁금증이 커졌습니다. 어떻게 하면 될까요?

우리나라 상속세 최고 구간의 세율은 50%입니다. 부를 축적한 고액 자산가분들은 나이가 들어갈수록 상속세에 대한 고민이 더욱 커질 수밖에 없습니다. 상속세를 줄이기 위해 이미 많은 자산을 자녀에게 물려주었고, 자녀의 자산 규모도 상당한 수준에 이른 경우도 많습니다. 이런 경우, 세대를 건너뛰어 손주들에게 직접 증여하는 방법을 고려해 볼 만합니다.

손주 세대로의 안전한 자산 이전을 위해 보험을 활용하는 방법은 다음과 같습니다.

1. 계약자를 조부, 피보험자를 부(모), 수익자를 손주로 설정하고 종신보험을 계약합니다.
2. 조부 유고 시 손주로 계약자를 변경하고 할증된 상속세를 부담합니다.

   [조부 ⋯➔ 손주로 계약자 변경 상세 절차]
   ① 종신보험평가액은 불입보험료에 이자상당액을 더한 금액입니다. 이때 순금융재산가액의 20%와 2억 중 작은 금액으로 금융재산 상속공제를 적용받을 수 있습니다.
   ② 세대생략할증이 적용되어 산출세액의 30%가 할증됩니다(미성년자 20억 초과시 40% 할증).
   ③ 상속세는 연대납부의무에 따라 손주 대신 부(모)가 납부 가능합니다.
   ④ 손주로의 계약자 변경을 위해 유언장 작성이 필요합니다.
3. 부모 사망 시 손주가 사망보험금을 수령합니다.
4. 계약자와 수익자 = 손주, 피보험자 = 부(모)로 설정된 계약은 상속세를 내지 않습니다.
   손주는 상속세 걱정 없이 자산을 물려받을 수 있게 됩니다.

위 2번 절차에서 손주가 상속받기 위한 유언공증 또는 유언장 작성이 필요합니다. 또한 상속인들의 유류분 침해 여부를 검토해볼 필요도 있습니다.

다음 그림은 3대 자산이전 플랜의 개념을 요약 정리한 것입니다.

	계약자	피보험자	수익자
조부 생존 시	조부	부(모)	손주
조부 유고 시	손주	부(모)	손주

- 조부의 상속자산에 합산
- 손주가 보험금 수령 시 상속세 無

절차 1. 종신보험 체결
- 계약자 = 조부, 피보험자 = 부(모), 수익자 = 손주

절차 2. 계약자 변경 (조부 유고시)
- 조부 유고 시 손주로 계약자 변경하고 할증된 상속세 부담
  (종신보험 평가액 = 불입보험료 + 이자상당액)
- 금융재산 상속공제 적용 Min (순금융재산가액 × 20%, 2억원)
- 상속세는 산출세액의 30% 할증(미성년자 20억 초과시 40%할증)
- 손주가 상속받기 위한 유언 필요 (유류분 검토)

절차 3. 사망보험금 수령 (손주)
- 부모 사망시 손주가 사망보험금 수령
- 상속세 無

실제 사례를 한 번 볼까요? 부의 세대이전을 목적으로 50억원 종신보험을 가입하신 사례입니다. 원래는 조부모 – 부모 – 손자를 거치며 두 번 내야 하는 상속세를 한 번으로 줄이고 세금도 절약할 수 있습니다. 무엇보다, 눈에 넣어도 아프지 않은 손주에게 조부모가 직접 자산을 물려줄 수 있어 고객님의 만족도가 높은 방법입니다.

계약자	피보험자	수익자
조부/65세	부/39세	손주/4세

※ 20년 후 조부(85세) 유고 가정 시

손주/24세	부/59세	손주/24세

- 조부의 상속자산에 합산
- 손주가 보험금 수령 시 상속세 無

종신보험 계약
- 종신보험 사망보험금 50억원
- 15년납
- 월 1,353만원/총 납입보험료: 24.3억원

 조부(祖父) 유고시 (상속세 과세표준 50% 가정)
- 금융재산상속공제: 2억원
- 상속세 산출세액: 11.2억원
  ((총 납입보험료 24.3억원 − 금융재산상속공제 2억원) × 50%)
- 30% 할증시 : 14.5억원 3.3억원 할증 포함액

 부(父) 유고시
- 만약 50% 과세표준 구간 가정 시 산출세액: 50억 × 50% = 25억원
  − 조부 사망 시 상속세를 냈으므로 상속세 無, 손자 50억원 수령

 관련 법규

- 상속세 및 증여세법 제27조 (세대를 건너뛴 상속에 대한 할증과세)
- 상속세 및 증여세법 제3조의 2 (상속세 납세 의무)

(3) 자녀가 종피보험자인 어린이 VUL(변액유니버셜보험) 상속증여 활용법

Q 초등학생 자녀를 둔 최미모 고객님은 자녀를 위한 목적자금 준비 및 증여 목적으로 어린이 변액유니버셜보험*을 가입했습니다. 중도인출 기능을 활용해 학비 등의 목적자금으로 사용하다가, 자녀가 독립 나이(20~27세)가 되면 계좌를 증여해주고 싶습니다. 어떻게 해야 자녀에게 변액유니버셜보험 계약을 온전히 넘겨주고 자녀가 평생 사용하도록 할 수 있을까요?

어린이 VUL은 주피보험자를 부(모)로 하고, 종피보험자를 자녀로 설정하여 가입하는 상품입니다. 자녀의 독립 나이(20~27세)가 되면 피보험자를 자녀 단독으로 교체할 수 있습니다. 이 기능을 이용해 피보험자 교체시기에 계약자를 자녀로 변경하는 경우가 종종 있습니다. 상품을 증여해 자녀의 평생통장을 만들어주려는 목적입니다. 정말 계약자를 변경하면 증여로 인정될까요?

과세당국은 계약자 변경만으로는 증여로 인정할 수 없다는 입장입니다. 인출, 해약, 만기, 보험사고 등으로 보험금을 지급받는 시점을 증여일로 본다는 겁니다.

> **상속세 및 증여세법 제34조(보험금의 증여)**
> 「상속세 및 증여세법」 제34조에 의하여 생명보험 또는 손해보험(저축성보험 포함)에 있어 보험금수령인과 보험료 불입자가 다른 경우에는 보험료 불입시점이 아닌 보험사고(보험만기 포함)가 발생한 때를 증여시기로 하여 보험료 불입자가 그 보험금 수령자에게 증여한 것으로 보아 증여세가 과세되는 것이며, 보험사고가 발생하여 수익자가 보험금을 수취한 경우에 보험금을 증여한 것으로 보아 증여세가 과세되는 것입니다.
> 따라서 계약자 변경시 변경시점에 증여세가 과세되는 것은 아니며, 보험료를 불입하고 보험사고(보험만기 포함)가 발생하여 수익자가 보험금을 수령하는 경우 보험사고 발생시에 보험금 수령인에게 증여세가 과세되는 것입니다. 이때 증여재산가액은 보험금에서 납부한 보험료 총액 중 보험금 수령인이 아닌 자가 납부한 보험료의 점유비율에 상당하는 금액을 증여재산가액으로 하는 것입니다.

보험금 수령시(중도인출, 해약 등 포함) 납부한 보험료의 점유 비율에 상당하는 금액을 증여재산가액으로 계산합니다.

---

* 당사 상품명 기준으로는 '키즈플랜(키즈드림) 변액유니버설보험'

QUIZ 1 5천만원을 적립한 고객이 자녀독립나이 이후 피보험자를 자녀로 교체하고, 동시에 계약자도 자녀로 변경하였습니다. 증여로 인정될까요?
정답 : NO

QUIZ 2 총 5천만원의 보험료를 부모가 납입한 후 계약자, 피보험자를 자녀로 변경하였습니다. 그 후 자녀가 5천만원을 추가로 납입하였고, 적립금이 2억원이 되었을 때 자녀가 5천만원을 중도인출 하였습니다. 증여인가요?
정답 : YES

QUIZ 3 위 QUIZ 2에서 자녀가 인출한 돈 5천만원 중 증여재산은 얼마인가요?
정답 : 2천5백만원 (납입한 총 보험료 중 부모가 납입한 비율이 50%이므로, 인출금액의 50%인 2천5백만원을 증여재산가액으로 봄.)

이를 감안해 어린이 VUL 계약을 자녀로 이전시키는 방법을 다음과 같이 제안드릴 수 있습니다.

적립금의 크기 및 납입 잔여기간 등을 고려하여 다음의 제안을 적절하게 활용하시기 바랍니다.

제안 1

1. 계약자 변경 전에 계좌의 적립금을 대부분 인출하고, VUL계좌는 적립금이 거의 남지 않은 빈 계좌로 만든다.
2. 인출한 현금을 자녀에게 증여하고 수증자인 자녀의 주소지 관할 세무서에 증여신고를 한다. (또는 홈택스 신고)
3. 계약자를 자녀로 변경한 후, 증여받은 자녀 명의의 현금을 어린이 VUL에 추가납입한다.
4. 계약자 변경 후 보험계약을 잘 유지하면서, 자녀의 자금출처 증빙된 자금으로 보험료를 지속적으로 납부하고, 추가납입 기능도 적극 활용한다.

주의 보험계약기간 중 증여받은 금전으로 보험료 납부 시 추가 증여 문제가 발생할 수 있습니다.

단, 보험계약을 자녀가 이전 받아온 후 일시에 해약하지 아니하고 자녀의 자금출처로 지속적으로 납부하면서 유지한다고 가정하면, 그리고 대부분의 어린이 VUL 계약금액이 크지 않은 점을 감안하면, 그 위험은 크지 않을 것으로 판단됩니다. 월 납입 보험료 및 계약자적립액 크기가 큰 경우엔 개별적으로 세무 전문가의 의견을 청취하기를 권고합니다.

제안 2

1. 계약자를 변경한다.
2. 자녀가 본인의 자금으로 보험료를 계속 납입해 총 납입보험료 중 자녀의 납입보험료 비중을 키운다.
   (자녀의 자금출처가 확보되어 있어야 한다.)
3. 이후 중도인출 시 납부한 보험료의 점유비율에 따라 증여가 발생하나, 성년(만 19세 이상)의 경우 10년간 합산 증여재산 5천만원까지는 비과세 가능하다.

> 별도의 증여 계획이 없고 VUL계좌의 적립액이 크지 않다면 증여세 발생없이 계좌를 유지할 수 있다.

어린이 VUL은 중도인출과 추가납입이 가능한 비과세통장으로 인기가 높습니다. 많은 부모들이 자녀의 미래를 생각하며 가입한 만큼 계약이전과 증여 방법에도 신경을 써 제대로 세금혜택을 누리시기 바랍니다.

 관련 법규

- 상속세 및 증여세법 제34조(보험금의 증여)

(4) 법인 종신보험을 활용한 개인 상속세 절세 설계법

> **Q** 나상속 대표님은 아내와 함께 20여 년간 법인을 운영해 왔습니다. 본인은 대표이사, 아내는 이사로 재직 중이며, 그간 노력해 온 덕분에 회사의 규모도 제법 많이 커졌습니다. 최근 나상속 대표님은 우연히 액면가 5천원으로 시작한 회사가 현재 주당 20만원으로 평가된다는 사실을 알게 되었습니다. 회사가치가 높아져 상속세가 10억원 이상 나올 수 있다는 이야기를 들으니 걱정이 앞섭니다. 법인에 모든 것을 투자하였기 때문에 개인자산은 거주 아파트와 약간의 금융재산이 전부입니다.
> 나상속 대표님의 상속세, 어떻게 준비해야 할까요?

개인 자산은 충분치 않지만 법인에 잉여금이 많이 쌓여있는 법인 대표님의 경우, 법인 잉여금을 활용하여 개인의 상속세 납부 부담을 줄일 수 있습니다.

임원퇴직금 재원 마련 및 위험관리 목적의 법인 종신보험에 가입한다

법인의 상근 임원은 법인으로부터 퇴직금을 수령할 수 있습니다. 법인은 임원 퇴직 시 퇴직금을 지급할 의무가 있고, 정관 내 임원퇴직금 지급규정을 잘 정비해 둠으로써 임원은 법정퇴직금 이상의 퇴직금을 수령할 수 있습니다. 이때 법인에서는 임원의 퇴직금 재원 마련 및 위험관리 목적으로 법인 종신보험을 가입할 수 있습니다.

가입 시 계약자와 수익자는 법인으로 설정되며, 피보험자는 상근 임원으로 설정하게 됩니다. 위 사례의 경우엔 부부가 상근 임원이므로 각자를 피보험자로 하여 계약할 수 있습니다.

임원의 퇴직시 퇴직금을 보험상품으로 수령한다(보험계약자를 법인에서 임원으로 변경)

임원의 퇴직 시점에 정관에 규정된 퇴직금의 규모에 맞춰 퇴직금을 지급합니다. 이때 계약자 변경을 통해 임원의 퇴직금으로 수령할 수 있습니다. 즉, 계약자를 법인에서 퇴직하는 임원으로 변경하여 퇴직금 처리를 하는 것입니다. 이때 보험의 재산가액은 불입보험료에 이자상당액을 더한 금액으로 평가됩니다.

계약자와 피보험자를 부부 상호 간에 교차하여 설정한다

부부가 임원으로 등재되어 있는 법인은, 부부 상호 간 계약자와 피보험자를 교차하여 퇴직금으로 수령합니다.

즉, 남편 퇴직 시에는 아내가 피보험자로 설정된 법인의 종신보험을 계약자 변경하여 남편의 퇴직금으로 수령하고, 아내 퇴직 시에는 남편이 피보험자로 설정된 법인의 종신보험을 계약자 변경하여 아내의 퇴직금으로 수령할 수 있습니다.

수령한 보험의 보험금은 상속재산에 포함되지 않으므로, 상속세 절세가 가능하며, 상속세 재원으로 활용할 수 있다

이렇게 되면 보험계약의 형태는 계약자와 수익자는 남편, 피보험자는 아내인 계약과, 계약자와 수익자는 아내, 피보험자는 남편인 계약으로 설정되며, 이는 차후 피보험자 사망 시 상속재산에 합산되지 않으므로 상속세 절세 및 상속세 재원 마련에 적합한 역할을 합니다.

다음은 법인에서 등기 임원으로 함께 근무하던 부부가 퇴직한 후, 남편이 선 사망한 경우를 가정한 예시입니다.

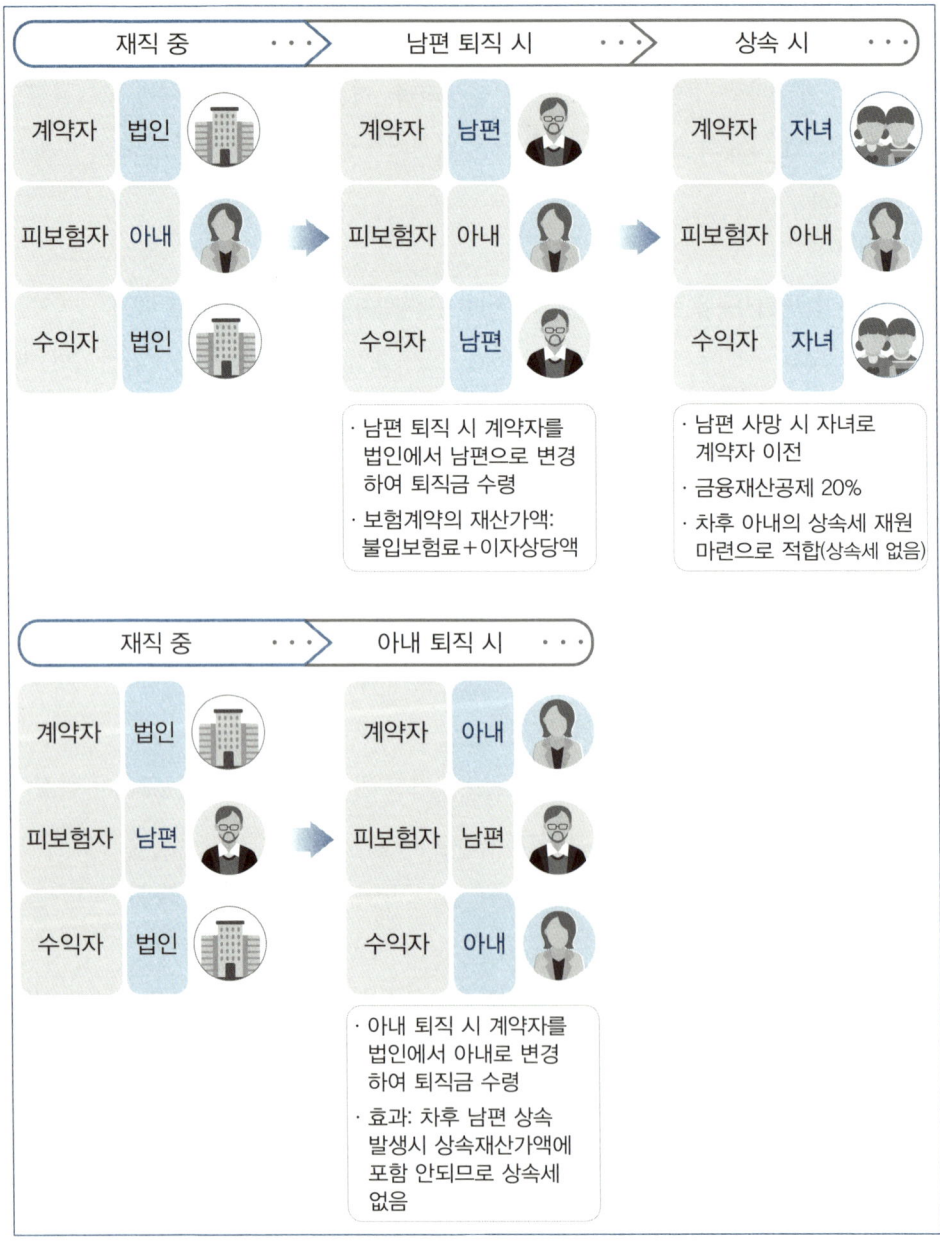

> 관련 법규
>
> - 상속세 및 증여세법 제8조 (상속재산으로 보는 보험금)

(5) 법인 대표의 상속세는 법인 종신보험으로 준비하세요

Q 법인 대표 전 사장님은 개인사업자로 시작해 법인 전환 후 60세가 된 지금까지 법인을 키우는 데 몰두해 왔습니다. 젊은 시절 온 힘을 다해 집중했던 사업이지만, 나이가 들수록 버겁게 느껴져 이제 자녀에게 회사를 물려주고 싶습니다. 어느 정도 준비가 되면 자녀를 회사로 영입해 가업승계를 할 생각입니다.

법인에는 자산가치가 높은 부동산도 많고, 어느 정도는 매출 증가에 대한 확신도 있습니다. 앞으로 주된 업종에서 매출이 줄어도, 부동산 임대업 형태로 법인을 지속하게 될 것으로 예상합니다.

법인을 키우는 사이에 개인 자산의 규모도 커졌고, 법인에는 미처분 이익잉여금이 많이 쌓여 회사의 주식가치도 높아졌습니다. 현재 상속세만 해도 약 50억원 이상은 될 거라고 합니다.

상속세 재원 마련을 위해 자녀를 계약자, 수익자로 한 종신보험을 가입하고 싶지만 아직은 무리입니다. 자녀들의 자산 규모가 작고 소득도 높지 않아서입니다.

개인적인 상속세 준비와 더불어 법인에서도 상속세 재원을 준비하고 싶습니다. 어떻게 해야 할까요?

법인 종신보험으로 상속세 재원을 마련하는 방법을 소개해 드리겠습니다.

법인 종신보험을 가입하는 목적은 일반적으로 임원의 퇴직금 지급입니다. 계약자를 법인에서 임원으로 변경하고 퇴직금으로 지급함으로써 임원의 위험관리와 은퇴 준비를 하기 위해서입니다.

그러나 전 사장님처럼 상속세 재원 마련이 목적인 경우, 법인 종신보험을 대표이사 유고 시 자기주식취득 대금으로 활용하면 효과적입니다.

이를 위한 절차를 정리해 보겠습니다.

상속세 재원 마련을 위한 법인 종신보험의 활용법

1. 법인 계약의 형태로 종신보험을 가입합니다.
   계약자, 수익자는 법인, 피보험자는 주식을 보유한 대표이사(임원)로 설정합니다.
2. 대표이사가 사망하면 사망보험금은 수익자인 법인에 귀속됩니다. 법인은 유동자금을 확보합니다.
2-1. 동시에 대표이사의 보유주식은 상속인에게 상속됩니다. 상속인은 상속세 납부 재원이 필요하게 됩니다.
3. 유족은 상속받은 주식 중 일부를 법인에 양도하고, 그 대금을 수령합니다.
   법인 입장에서는 자기주식취득이 됩니다.
4. 법인은 수령한 종신보험 사망보험금을 재원으로 자기주식취득 대금을 지급합니다. 법인이 취득한 자기주식은 차후 소각 등을 통해 정리합니다. 소각 목적으로 취득 시 배당소득세가 과세되며, 상법상 배당가능이익 범위 등을 고려하여 법적 절차와 요건을 만족하는 범위 내에서 실행합니다.
5. 유족은 위 자기주식취득 대금을 수령하고, 상속세 납부 재원으로 활용합니다.

법인 종신보험 계약은 상속 발생시 법인에게 현금 유동성을 부여합니다. 법인은 자기주식취득을 위한 자금을 확보하고, 상속인은 상속세 재원을 마련할 수 있게 됩니다.

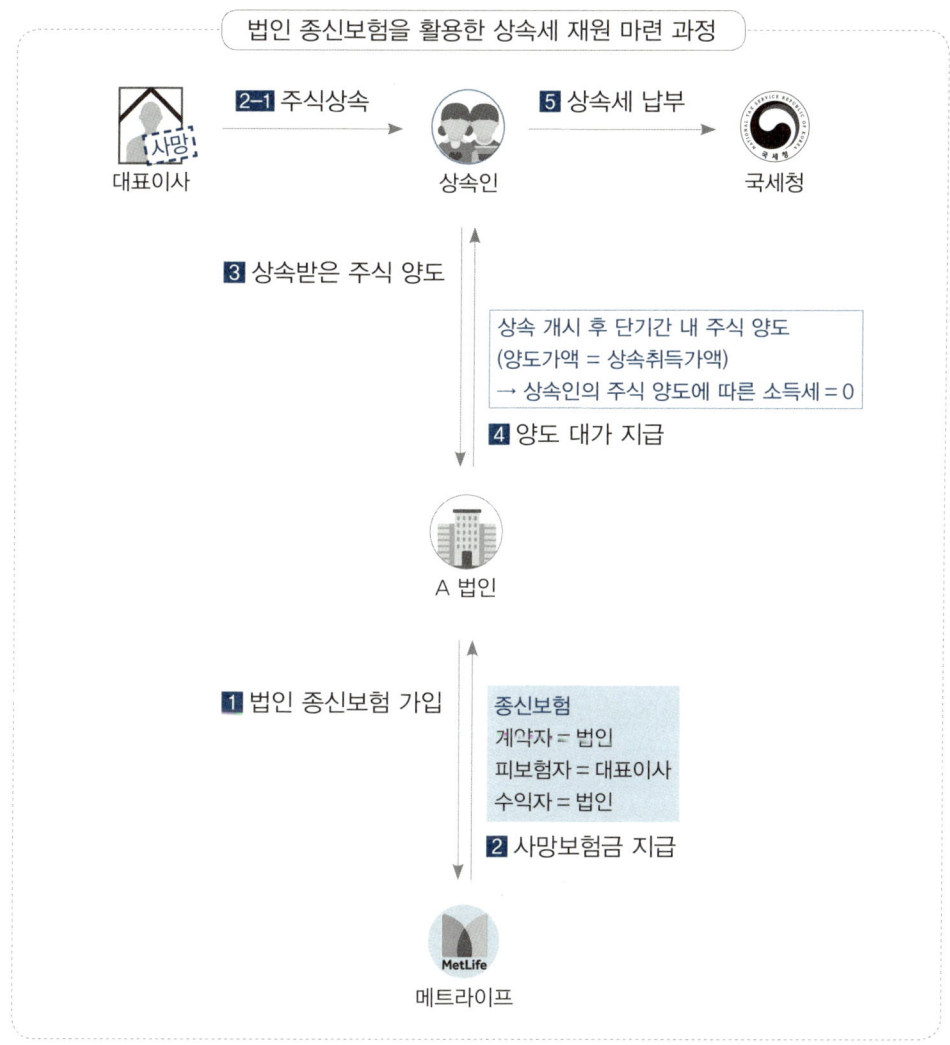

⇨ 보유주식은 유족에게 상속되며, 유족은 상속받은 주식을 법인에 양도하여 상속세 재원을 마련합니다.
⇨ 법인은 수령한 보험금을 활용해 자기주식취득을 합니다. (자기주식은 이후 소각)

법인에서 가입한 종신보험으로 유가족들이 상속세 납부위험을 해결하는 방안은 특히 기업을 자녀에게 물려주고 싶은 대표님들이 많이 선택하고 있습니다. 보험을 활용해 법인의 상황에 맞는 상속 전략을 수립하여 위험에 대비하시기 바랍니다.

> **관련 법규**
>
> - 상법 제341조 (자기주식의 취득)   - 상법 제343조 (주식의 소각)

(6) 종신보험이 유류분 반환청구 소송의 위험을 줄일 수 있을까요?

> **Q** 법인 대표인 나대표 씨는 슬하에 아들 하나와 딸 하나를 두고 있습니다. 딸은 출가외인이라 생각해 아들 위주로 사전증여를 해왔고, 규모가 상당한 법인도 아들에게 물려줄 생각입니다. 다만, 딸이 본인 사후에 유류분 반환청구 소송을 벌일까 걱정입니다. 아들이 온전히 회사를 물려받지 못하는 상황이 생기지 않았으면 합니다. 어떻게 하면 딸의 유류분 반환청구 소송 위험을 줄일 수 있을까요?

피상속인은 유언 또는 증여에 의해 재산을 자유로이 처분할 수 있지만, 상속인에게 최소한의 재산을 남겨주어야 합니다. 이를 유류분이라 부릅니다.

나 대표님처럼 한도를 넘는 유증이나 증여가 있을 때 그 상속인이 반환을 청구할 권리가 있으며, 이를 유류분반환청구권이라고 합니다.

- 유류분 권리자: 직계비속, 배우자, 직계존속, 형제자매
  직계비속, 배우자 : 법정상속분의 1/2
  직계존속 및 형제자매 : 법정상속분의 1/3

- 유류분 산정의 기초재산: 상속개시시 소유 재산 + 증여재산 − 채무
  상속 개시 전 1년간 행한 증여에 한해서만 산입되나, 공동상속인이 이미 증여받은 것은 1년 전에 받은 것도 모두 산입

• 유류분반환청구권 소멸 시효

유류분의 침해 사실을 안 날로부터 1년 또는 상속이 개시된 때로부터 10년

나 대표님 사례를 자세히 살펴보겠습니다.

> • 현재 자산: 70억원
> • 가족 상황: 배우자, 아들, 딸
> • 아들에게 사전증여내역 있음

법정상속분은 배우자 5할 가산주의를 적용하여 배우자 1.5, 자녀 1, 자녀 1의 비율로 적용되며, 본 사례에서 딸의 법정상속분은 2/7입니다. 딸의 유류분 권리는 법정상속분의 1/2까지이므로, 딸의 유류분은 1/7이 됩니다. 즉 10억원에 대해 유류분 반환청구를 할 수 있게 되는 것입니다.

공동상속인에게 사전증여한 자산은 기간에 상관없이 유류분 산정의 기초재산에 포함될 수 있으므로, 과거 아들에게 주었던 사전증여 재산까지 포함한다면 딸은 최소 10억원 이상의 유류분을 갖게 됩니다.

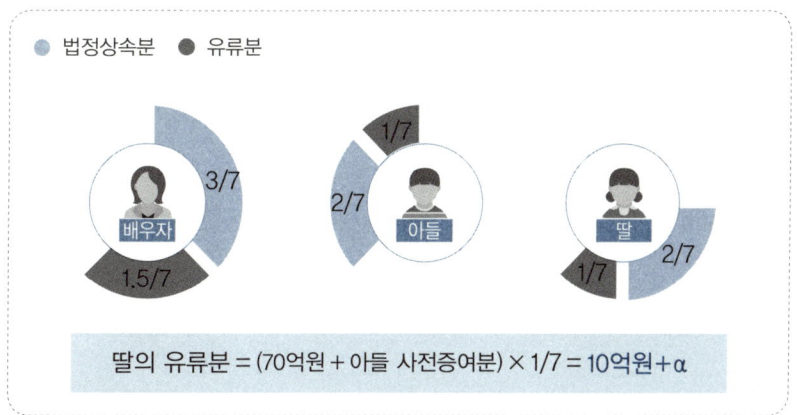

딸의 유류분 = (70억원 + 아들 사전증여분) × 1/7 = 10억원 + α

물론 딸이 이 모든 상황을 이해하고 반환청구를 하지 않는다면 문제가 되지 않겠지

만, 그렇지 않다면 다음의 방법들을 실행할 필요가 있습니다.

> 1. 과거 증여재산 및 현재 보유 자산 등을 고려하여 딸의 유류분을 추정합니다.
> 2. 나 대표 개인 자산 중 미래가치가 높은 부동산 등의 자산이 있다면 딸에게 사전 증여를 실행합니다.
> 유류분 산정시 증여받은 재산의 평가는 상속개시 당시의 시가로 평가합니다. 현재 시점에 증여한 부동산의 가치가 나 대표 사망시점에 올라가 있다면, 딸의 유류분 반환청구액은 줄어들게 됩니다.
> 3. 종신보험의 수익자를 딸로 설정하여 준비합니다. (계약자, 피보험자 = 나 대표 / 수익자 = 딸)
> 보험금은 세법상 간주상속재산으로 상속재산에 포함되지만 금융재산상속공제 20%를 적용받을 수 있습니다. 또한 수익자가 딸로 지정되어 있으므로 딸의 유류분 반환청구액이 줄어드는 효과가 있습니다.

동시에 딸을 위한 이런 적극적인 노력과 부친의 마음을 딸이 헤아린다면, 무리해서 유류분 반환청구 소송까지 진행할 확률은 현저하게 낮아질 것입니다.

>
> 특정 자녀나 공동상속인중 한명을 보험수익자로 지정하는 것은 유류분 산정의 기초재산에 포함되는 증여에 해당합니다. 이 경우 증여가액을 어떻게 산정할 것인지 문제가 되는데, 대법원은 '특별한 사정이 없으면 이미 납입된 보험료 총액 중 피상속인이 납입한 보험료가 차지하는 비율을 산정하여 이를 보험금액에 곱하여 산출한 금액'이 된다고 판시하여 그 기준을 명확히 하였습니다. (대법원 2022.8.11. 선고된 2020다247428 판결)

관련 법규

- 민법 제1112조 (유류분의 권리자와 유류분)
- 민법 제1113조 (유류분의 산정)
- 민법 제1114조 (산입될 증여)
- 민법 제1115조 (유류분의 보전)

꼬
리
말

마무리 하며

『보험절세모음.zip』은 대외적으로 출간하는 노블리치센터의 첫번째 책입니다. 2005년부터 VIP자산관리 노하우를 쌓아 온 지 꼭 20년 만입니다.

  이 정도 세월이면 할 때도 되었다며, 너나 할 것 없이 팔을 걷어붙이는 통에 일은 시작됐지만, 순탄하지만은 않았습니다. 정확성을 높이기 위해 엄정한 잣대를 세우고 수차례의 논의와 검증을 거쳤고, 정신이 혼미해질 때까지 파고들었습니다. 들인 공과 시간에도 불구하고 자꾸만 모자란 점이 눈에 밟혀 수없이 되돌아 가야 했습니다. 조금은 어설펐던, 압도적으로 치열했던 첫정을 쏟아 부은 책입니다.

  이 책이 독자들께 밥이면 좋겠습니다. 허전한 속 든든히 채워 줄, 정성스러워 군침 도는 그런 밥상 말입니다. 보험과 세금에 대한 전문성을 채우고, 보험에 대한 애정과 자신감으로 배 부른 책이 되고 싶습니다. 보험세금의 궁금증을 해소하고, 절세에 활용하는 합법적이고 훌륭한 방안을 발견하게 되기를 바랍니다.

  짧지 않은 여정 동안 노하우와 역량을 아낌없이 내어 준 솔루션랩 식구들과 기꺼이 따뜻한 관심과 도움을 건넨 모든 분들께 감사드립니다. 언제나 든든하게 곁을 지켜 주신 메트라이프의 임직원과 FSR 여러분께 특히 감사드립니다.

집단지성으로 최적의 솔루션을 연구합니다!

솔루션랩 Solution Lab.

솔루션랩은 자산가, 법인 등 고객의 상황과 니즈, 법과 제도의 변화에 민감하게 반응합니다. 보다 특화된 솔루션 제공을 목적으로 노블리치센터 산하 자산관리 연구소로 설립되었습니다.

― 연구분야 ―

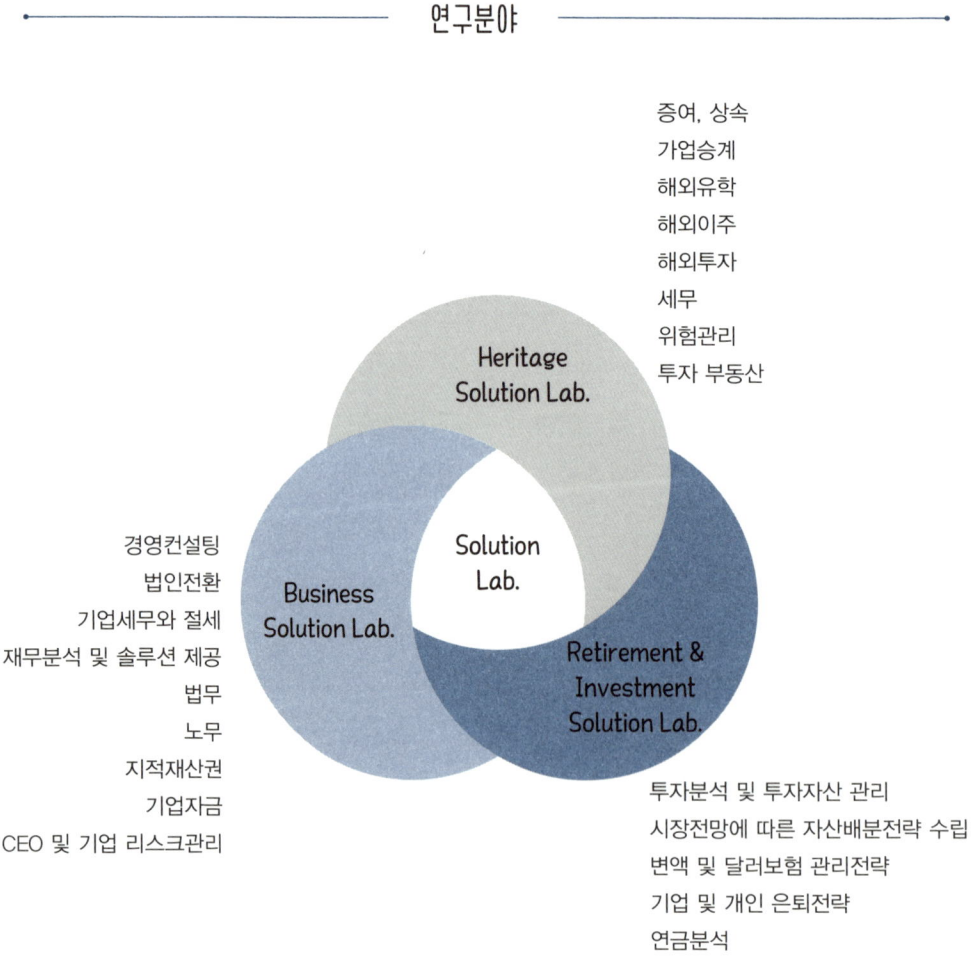

보험절세모음.zip 《1. 개인편》

초판 1쇄 인쇄 2025년 06월 10일
초판 1쇄 발행 2025년 06월 17일
지은이 메트라이프생명 노블리치센터 산하
   조영호·조하림·김대근·고경남·고재현·김인태·신일환·안종현·이은철·최은주
엮은이 조미정
펴낸이 김양수
펴낸곳 도서출판 맑은샘
출판등록 제2012-000035
주소 경기도 고양시 일산서구 중앙로 1456 서현프라자 604호
전화 031) 906-5006
팩스 031) 906-5079
홈페이지 www.booksam.kr
블로그 http://blog.naver.com/okbook1234
이메일 okbook1234@naver.com

ISBN 979-11-5778-704-3 (04320)
       979-11-5778-703-6 (SET)

* 이 책은 저작권법에 의해 보호를 받는 저작물이므로 무단전재와 무단복제를 금지하며, 이 책 내용의 전부 또는 일부를 이용하려면 반드시 저작권자와 도서출판 맑은샘의 서면동의를 받아야 합니다.
* 파손된 책은 구입처에서 교환해 드립니다.   * 책값은 뒤표지에 있습니다.
* 이 도서의 저자 판매 수익금은 전액 독거노인의 긴급 의료비와 생활비 지원을 위해 기부됩니다.